# 俄罗斯高等教育治理研究

RUSSIA

主　编｜王恩华
副主编｜王　熹

中南大学出版社
www.csupress.com.cn
·长沙·

该书获湖南工业大学出版基金资助，是湖南省教育科学规划办重点课题(课题编号：XJK014AGD008)

# 作者简介

王恩华，教育学博士，教授，硕士生导师，中共党员，曾任湖南工业大学外国语学院党委书记，现任湖南工业大学国际学院院长。研究方向为高等教育学、俄罗斯文化与教育，出版学术专著两部，其中一部获全国教育科学研究优秀成果三等奖，主持省级以上课题 12 项，其中国家社科基金 1 项，教育部人文社科规划基金 1 项，在《高等教育研究》《中国高教研究》等学术刊物上发表论文 50 余篇，其中在 *Образование и саморазвитие* 上发表俄文论文 1 篇。2008—2009 年在俄罗斯喀山国立大学教育学教研室做访问学者一年。

王熹，法学硕士，讲师，中共党员，湖南省共青团和青年工作研究专业委员会委员，研究方向为宪法与行政法学、高校思想政治教育。发表论文多篇，主持团中央重点课题一项。荣获湖南省高校学生思想政治教育研究与实践百佳个人、湖南省辅导员工作理论与实践百佳个人等荣誉称号。

# 目 录

# 绪 论

　　苏联解体后，俄罗斯从计划经济体制转向市场经济体制，体制的变革对社会各个领域产生了巨大影响，作为社会重要领域之一的高等教育领域也随之进入重要的变革和发展时期。俄罗斯逐步建立起了与市场经济相适应的高等教育运行机制，进行了高等教育管理体制、财政体制、人才培养体制等方面的改革，国家对高等教育管理在逐步放权，将高等教育的管理权限下放到地方与高校，并扩大高校的办学自主权等。俄罗斯在高等教育领域的改革虽然还存在一些尚未解决的问题，但改革符合当今世界高等教育发展的潮流和趋势，使高等教育实现了可持续发展，高等教育领域改革的经验可供我们参考借鉴。当前，我国现代大学制度建设正处于关键时期，选择俄罗斯作蓝本，无疑对改革我国高等教育治理体制具有重要的参考价值和很强的实践意义。

　　据查阅中外文献，近年来随着欧洲高等教育一体化及俄罗斯加入博洛尼亚进程，俄罗斯正在着手高等教育范式的转变和治理改革。博洛尼亚进程是29个欧洲国家于1999年在意大利博洛尼亚提出的欧洲高等教育改革计划，目的是整合欧盟的高教资源，打通教育体制，希望在2010年博洛尼亚签约国中任何一个国家大学毕业生的毕业证书和成绩，都能获得其他签约国家的承认，大学毕业生可以毫无障碍地在其他欧洲国家申请硕士阶段的课程或寻找就业机会，实现欧洲高教和科技一体化，建成欧洲高等教育区，为欧洲一体化进程做出贡献。目前，我国高教界对俄罗斯高等教育治理主要关注以下几个方面：

　　一是博洛尼亚进程与俄罗斯大学改革；二是俄罗斯大学管理体制改革；三是俄罗斯高等教育评估制度与质量保障制度研究；四是俄罗斯大学通识教育制度、多级教育制度、财政拨款制度、全国统考制度方面的研究。但我国对俄罗斯大学治理结构的研究还很少，目前只有刘淑华对俄罗斯大学的外部治理结构做过研究，并认为苏联时期全能型政府全方位控制高等教育的传统治理模式正在被政府—市场—社会—大学四元分化与互补的现代治理模式所取代。政府职能发生转变，政府从对大学的直接全方位控制转变为对大学的宏观调控，政府体制内部实现垂直分权；市场力量增长迅猛，高等教育的市场性质显著增强；社会力量参与得以扩大，高等教育的"国家—社会"模式得以确立；大学自治理念备受关注，大学获得了一定的学术、行政和财政自主权。

从笔者查阅的俄、英文资料看，俄罗斯高教界更多关注欧洲高等教育一体化和俄罗斯加入博洛尼亚进程后的应对策略研究以及大学自治、学术自由、高等教育国家标准、大学章程及教育法制建设等方面的研究。当然也有探讨大学内部治理模式方面的研究，如俄罗斯学者 Yaroslav Kuzminov 认为，俄罗斯大学的治理模式在很大程度上是由大学与国家（政府）之间的关系类型决定的，同时也受大学内部运行的机构要素制约。俄罗斯的高等教育系统存在较强的纵向（行政）控制和较弱的横向（学术）控制。这种权力分配在很大程度上是由国家学术市场的衰弱和机构之间教职流动性低造成的。在过去的十年里，传统以教席主导教学为核心的治理模式伴随着许多支持教职参与研究政策的出现而悄然发生改变。以国立研究型高等经济学院为例，该校近来实施了基于学术治理的新的控制和分配机制的变革，正着力摆脱传统的低效率治理模式。

从以上研究看，国内外对俄罗斯现代大学治理研究都比较零星与分散，未做全面、系统、深入地研究。

本书以治理理论、利益相关者理论为支撑，以俄罗斯现代大学制度建设为背景，从教育学、法学、管理学多视角出发，综合运用文献研究、比较研究和个案研究等方法探索苏联解体后俄罗斯教育现代化背景下高等教育范式转变和俄罗斯高等教育治理改革，从中提炼出俄罗斯大学治理改革的价值意蕴。

第一，对俄罗斯高等教育治理的历史背景进行分析，包括欧洲高等教育一体化、欧洲高等教育治理改革对俄罗斯大学的影响；第二，探讨俄罗斯高等教育治理的现状与特点；第三，研究俄罗斯大学的治理结构和权力运行机制，大学自治、学术自由的发展历程及其与俄罗斯大学治理的关系；第四，探索俄罗斯《教育法》《高等及大学后职业教育法》《自治机构法案》《国立非营利组织法案》在建立现代大学制度中的作用和意义；第五，研究俄罗斯大学学术委员会章程及在俄罗斯大学治理中的地位与作用，俄罗斯"学术委员会""观察委员会""理事会"在治理结构中的地位与作用；第六，探索俄罗斯高等教育评估制度及质量监控制度，俄罗斯高等教育国家标准及其对大学自治、学术自由的影响；第七，探索俄罗斯世界一流大学建设与内部治理结构改革等。

通过分析我们认为，俄罗斯高等教育治理变革是一种强制性制度变迁，欧洲高等教育一体化、欧洲大学参与式大学治理的推行以及"博洛尼亚进程"要求是其制度变迁的外在动因;高等教育现代化、国际化、体制转型以及世界一流大学建设的迫切要求是促使俄罗斯高等教育治理变革的内在原因。

当前,俄罗斯高等教育进入了一个全面的体制机制创新时代。在国家创新发展战略背景下,俄罗斯实施了国家干预下的新公共管理体制改革,改变大学法人地位,提高"自治机构"比例;调整结构布局,重新分类定位;推行"绩效型"组织文化,实施竞争拨款方式,优化资源配置;转变政府职能,提高管理效率;完善法律调节机制,注重制度创新,从而实现了高等教育从结构到制度的创新发展。

俄罗斯国立大学正逐步从管理走向治理,其中构建新的治理体系是主要内容,即建立观察委员会、理事会、学术委员会三者并立的大学治理机制。这种治理机制的优点是削弱了大学校长的权力,使权力流向学术基层,避免了大学集权。

俄罗斯非国立大学享有高度自治权,其治理正在向协同治理模式转变,建立了校长负责制与各委员会协同配合的治理体制,形成了董事会、学术委员会决策,校长负责执行,监事会、国际咨询委员会对执行进行监督的工作机制,较好地解决了在国家监管弱化、大学高度自治情况下谁来监管大学及大学高效运行问题。在治理结构改革上权力分配明晰,体现了全员协同参与的理念。

俄罗斯大学自治、学术自由已从理念向制度转变,大学自治制度、学术自由制度是俄罗斯现代大学制度建设的根基。若没有大学自治制度作保障,大学章程也只能流于形式。

大学集权是大学校长及其职能部门的集权,是一种新的集权形式,俄罗斯大学治理结构变革应尽量避免这种集权化,让各教学二级单位享有充分的自治权。

俄罗斯大学的治理特征在于:形成了中央、地方、大学、院系多个治理当局,这种治理结构较好地解决了长期以来困扰高校办学的集权、分权问题。

然而,世界上并不存在一种理想的大学治理模式。事实上,现存大学治理模式的多样性并不是体现大学实践的无效率,而是基于不同国家的大学任务、办学水平以及社会环境的差异。因此,治理模式的选择是与大学的建设目标及其所处的社会环境相联系的。一旦办学目标或社会环境发生变化,大学就要调整其治理模式。在调整模式之时,必须要考虑内在的学术文化以及行政和学术控制系统中权力的合理分配。如,当学术权力偏弱、学术流动性低时,治理模式就呈现较强的纵向控制,并阻碍学术的横向流动。随着竞争性和流动性的增加,学术控制开始在大学决策中扮演越来越重要的角色。

# 第一章

# 俄罗斯高等教育治理借鉴〈一〉
## ——欧洲大陆国家大学协同治理

## 一、什么是协同治理

2010 年以来，协同治理被广泛运用于俄罗斯高等教育领域，但是其作为组织劳动的各种因素的作用、应用潜力与应用边界等问题，在俄罗斯学术界研究得还不够。协同治理( shared governance) 于 20 世纪 70 年代开始推广于管理实践，国外对此研究非常热衷，无论是对生产管理改革成效的评价，还是对这一新管理技术潜力的评论都达到了着迷的程度，关于这一主题还发表了上千论文与专著。1995 年至 1998 年"协同治理"原则已推广至许多企业，甚至还创办了协同治理的专业杂志。关于什么是协同治理，尚无统一的定义。Bruce Speck 指出，协同治理包括治理结构、决策过程、法律关系、行为方式等因素。[1]许多学者如 Ben – Ruwin 把治理分成两个组成部分，即决策过程与决策落实。[2]因此需要强调的是协同治理的原初意义不是垂直管理，而是横向管理，也就是说，不是权力临下，而是权力为谁的问题。协同治理的产生是以管理中新的社会趋势为前提的，这种新的社会趋势包括事务公开、领导汇报的义务以及所有代表共同参与协同治理的意向等。研究者们，如 Elston. 对"协同治理"许多有争议的观点进行了分类。即：第一，根据对 shared 这一术语的理解，把 shared 理解为"共同的，划分的"意思，这里需要明确的是，划分对象是按"管理( 责任) 义务"划分还是按"保障度"(supply) 划分。引起对协同治理概念分歧的第二个因素是提供服务的特征，即这种服务是交易性的还是合作性的( co – produced)。我们认为，作者关注的是正在推行这一新管理技术企业的部门特征、管理领域以及正在采用这一管理技术的部门的各种关系。第二，根据 Elston 的观点，必须对责任划分等级，包括地方、地区、国家或国家之上的责任。因为各层级的责任内容不同。换句话说，他指出了形成基本概念的必要性及针对部门、决议等级及具体情况分解责任等级的必要性。[3] 我们所分析的大部分论文都谈到了这方面的特征。在这些内容中研究者们对"协同治理"都给出了自己的定义或工作上的定义。

以下我们列举一些构成" shared governance"这一概念的本质要素。

第一，所有参与管理的人员权力平等。权力平等的实际就是强化否决权，但很少实施，因而意义不大。

第二，互相提供意见与建议。因为每个权力主体都有自己的立场和观点，有自己的信息渠道。

第三，伙伴关系。这种伙伴关系与其说是行动上的，还不如说是观念上的。行政人员应当保持权力距离作为监控的基础，而实践中一致性要求迁移到了相互退让的体制里，但并没迁移到出台最好决策的竞争里。根据大学条例，管理机构都有自己的责任范围，各机构的权力并没有渗透到各自领域，更何况学术环境与行政环境就其本性而言是有区别的。

第四，要有一套义务与标准体系，因为"只有好的篱笆使邻居变好"。

第五，排序体系，也就是说，这是一个开放的交流平台。

所有这些观点都是正确的，而且正在实践中贯彻。协同管理模式的创新特征在于，它保证了每个员工都有机会参与管理决策进程，追求劳动成果的创造性与多样性，促进了商务的成功与组织使命的履行。员工意识到自己是集体的一部分，跟集体一道分享成功与失败。共同参与管理应遵循以下四个原则。即伙伴原则、平等原则、汇报原则和共同参与管理原则。这些原则把劳动过程中的所有员工都组织起来，共同追求获得最好的（高质量的）成果。所谓伙伴关系（partnership）即是每个人都有自己的义务，成果当中都有自己的贡献。所谓平等（equity）就是一种承认每个人重要性的方式，这是保证一体化及员工紧密关系的最有效办法，也是衡量集体价值的基础与方式。所谓报告工作的责任（accountability）或者说准备参与决策过程及准备承担责任，这是 shared governance 的主要部分。所谓共同参与（ownership）就是要承认每位员工的特殊性与重要性，还要承认以下事实，即一个组织所取得的成就取决于每位员工的表现。这一原则要求所有员工应该为事业发展做点什么，并在这种成功中有自己的贡献，分享成功的喜与乐。

Mary. K. Anthony 在自己的论文《协同治理模式：理论与实践》中指出，协同治理理论发展了"成套"的其他管理科学理论，特别是组织理论和人际关系理论，甚至还包括方法论方面的质量评价。协同治理理论的基础为：自治、集体决策权力的扩大，员工进入并参与决策，[4]在这一规范里我们研究了美、俄大学里的协同治理要素及协同治理推广经验。哈佛大学战略与规划管理副校长李亚·罗扎夫斯基认为，美国教育系统里高校各机关的权力相当分散，权力从行政部门流向其他部门，监事会及拥有主要权力的校长把权力分配至各系主任，系主任在本系各机构再分配权力，因此各系都拥有自己的权力，包括编制预算、工作人员遴选、编制课程规划与课程日程安排、根据教学规划录取学生等。美国大学很少采用选举制度原则，这是该体制的特征之一。即便采用这一原则，那也是象征性的。至于是什么原因在促使"协同治理"有效运转，主要在以下几个准则。一是角色明朗清晰，每位管理人员都清楚自己的权利与义务。二是管理风格，即信任是美国高校管理体制的重要元素。不同层次管理人员相互影响，这种影响有正式的，也有非正式的，例如非正式的集体午餐成为一种常态，集体午餐时同行们可以交流工作，还可建立友好关系，并且在未来的工作中深深地影响着员工的情感。三是开放性。即是说，任何一项倡议不可能自治性地获得某些管理人员的确认，任何提议都应当与上级机关取得一致意见，因此会产生共同商量某一倡议的过程，在商议中某一倡议会获得同行的回应。事实上，一项改革如果得不到其他人员的呼吁和宣扬，那注定要失败。任何一项改革都要通过整个管理系统的商讨才能获得通过。这就使得倡议者要想隐瞒某些行为变得相当困难，同时也影响着工作人员提高本职工作质量的动机。四是教学。如果从前对遴选至某个岗位的人员理应承担某种新的义务的话，那么现在遴选至某岗位人员的教学义务则在行政管理系统中占有重要地位。那么高校为了达成协同治理的相应工作而采取了什么样的有效行动呢？第一，改变领导模式。领导不是发号施令者，而是教练、助手。第二，这里包含双重责任。每位管理人员都应当向自己的部属报告工作。也就是说，校长不仅要向监理会承担责任，还要向系主任承担责任。同样，系主任也要双面报告工作。第三，这也是一种各个层面的质量监控。例如，在哈佛大学校长与系主任每5年就要开展一次正式的工作过程检查，其他管理机构大致每7年举行一次。第四，这实际是一种非物质鼓励。当然，奖励、奖金处于良好运行状态的话，谁也不会取消对全体工作人员的各种物质奖励，但如果在正式会议上校长对某位教授工作不满，那这位教授就需要详细说明原委。

## 二、欧洲大学治理改革

为了适应新公共管理的需要，建设世界一流大学，欧洲大陆各国竞相实施了大学治理改革，推崇"参与式大学治理"。主要措施是使治理模式由"政府单一管制"向"多元主体多层治理"转变，并围绕新的模式重塑治理结构。在外部治理结构上变"强政府－弱市场"为"弱政府－强市场"，在内部治理结构上变"教授治校"为"多元主体"共同治理。这种治理变革充分体现了学术责任与社会责任的统合，初步实现了利益相关者的利益平衡。

## （一）推行"参与式大学治理"的目的

### 1. 适应新公共管理模式的要求

从 20 世纪 80 年代开始，西方国家乃至全世界范围内兴起一股公共行政改革浪潮，即推行新公共管理模式。传统的行政管理模式是一种被马克斯·韦伯称为科层制的模式。这种模式是伴随西方诸国工业化的完成而建立起来的，其主要特点是：权力集中，层级分明；官员照章办事、循规而行；官员行为标准化、非人格化；运用相对固定的行政程序来实现既定目标。这种体制分工细致，行为必须依照明确的规则和程序。在分工精细、任务简单、外部环境相对稳定的工业社会，科层制模式的公共行政符合社会需要。但随着经济全球化趋势越来越明显，各国之间联系更紧，相互依赖程度更大，各国民众的民主意识和参与意识不断增强。时代变化对政府治理提出了新要求，政府必须更加灵活，更加高效地开展工作，且应具有较强的应变力和创造力，对公众的要求更具响应力，更多地使公众参与管理。而与工业社会相适应的科层制则比较僵化、迟钝，难以适应新时代的需要，时代变迁呼唤新的公共行政模式。欧洲大学历来是与政府一体化的，受新公共管理浪潮的影响，欧洲高等教育的治理模式也经历了快速转型，许多欧洲国家的高等教育治理完成了或正从"政府单一管制"向"多元主体参与多层治理"模式的转变。但是，各国历史传统和现实禀赋不同，其高等教育领域的新公共管理变革步伐各不相同、并且各不一样，现实运转的治理模式也存在差异，但参与性是它们共同的特性。

### 2. 建设世界一流大学的需要

欧盟委员会教育委员菲格尔曾表示，如果英国、法国和德国的大学不能提高教育质量和吸引更多海外学生，那么很可能将在未来十年内被中国和印度的大学迎头赶上。2018 年欧洲大学在世界大学四大排名体系中的情况分别是：在 US News 排名中占据了前 100 强的 25 所，前 200 强的 60 所；在 TIMES 排名中占据了前 100 强的 26 所，前 200 强的 67 所；在 QS 排名中占据了前 100 强的 17 所，前 200 强的 59 所；在 ARWU 排名中占据了前 100 强的 25 所，前 200 强的 58 所，[5] 而同期美国大学几乎占据了前 100 强的一半。由于美国大学多占据了排名的顶端,而大部分欧洲大学排名较后,这就促使许多欧洲国家加入了排名比赛,确保建成"自己的哈佛大学"。[6]为此许多欧洲国家都在实施世界一流大学建设工程,如法国的"校园计划"、德国的"卓越创新计划"。

总之,世界大学排名促使欧洲大学开始认识、反思并解决自身存在的问题,既涉及自身状况,如发展现状、使命目标、现有地位、治理结构、组织特性、资源分配、信息收集、利益相关者的评价等,也包括与排名相关的一系列问题,力图通过解决这些问题,特别是以变革治理结构、治理模式和组织机构等措施来扫除影响其世界排名的体制障碍,实现世界一流大学建设的目标。

### 3. 把大学变成制度上的"双责人"

这里包含两方面的含义,一是大学向外要对国家和社会负责,向内要对教职员工和学生负责。二是每位管理人员都应当向上级及自己的部属报告工作。也就是说,校长不仅要向监事会承担责任,还要向系主任承担责任;同理,系主任(或学院院长)既要向校长负责,又要向教研室主任负责;教研室主任要向系主任与教师负责。[7]欧洲大学治理不同于美国,欧洲大学的大部分权力集中在教师手里,而不在校长和外部委员会手里,因此欧洲大学的行政系统改革就是要把权力转移到行政管理方。也就是说,要强化从前从不干预系部事务的校领导责任。这是向新的、参与式管理体制转变的一项重要任务。

### (二)欧陆国家"参与式大学治理"的措施

#### 1. 治理模式与治理结构改革

欧洲大学的传统管理模式是教授强权的洪堡模式,大学的最高管理机构是由各系教师代表及各部代表组成的评议会。校长是"平等中的首席",他在大学内部的权力很弱。大学没有外部委员会,即使有,也只不过履行仪式职能。

大学传统管理模式的主要特征包括:来自国家方面的微观控制;董事长、校长处于弱势地位;教师强权;缺乏外部监督;大学之间缺乏竞争。

在传统洪堡模式里即强调教授治权教学与科研相统一的模式,教授事实上可对大学里的所有问题做出决定,并且首先坚持自己的大学观。1990—2000年欧洲大学传统管理体系改革时机成熟,从此大学内部开始推行以评价工作质量为主、有"参与式大学治理"成分的新管理模式。[7]欧洲大学改革的主要任务就是改革洪堡模式,弱化学术评议会(教授代表)的权力,并强化以董事长、外部委员会为首的行政人员的影响。其针对性包括三个方面:一是强化"外部"利益相关者的权力;二是强化行政群体的权力;三是降低教授的影响。[8]

（1）从"教授治校"向共同治理转变

"教授治校"作为欧洲大学的传统管理模式，萌芽于中世纪法国的巴黎大学，成熟于德国的柏林大学。柏林大学"构建起来新型的'正教授治校'的组织模式，把教授管理大学事务的权力推向了极致"。具体而言，柏林大学教授治校的实现形式主要体现在三个方面。第一，教授是大学基层组织的负责人，享有经费预算权、研究自由和教学自由。第二，学部设有部务委员会，其成员主要由教授组成，拥有领导研究所、设置课程、安排考试和从事科研的权力和自由。第三，大学设有学术评议会，成员由教授组成，享有对学校重大事务的决定权。这种传统模式是将大学的责任限定于学术领域，认为大学的责任就是学术责任。这种责任观是以大学只是一个学术团体，其主要社会功能限于研究高深学问为前提的。在高等教育日益成为社会中心的背景下，大学社会责任观成为大学责任观的重要组成部分，且当代大学已经不仅是"象牙塔"式大学，它与政治、经济、文化的联系越来越多，其功能也在不断拓展，依靠"教授治校"显然不符合时代要求。这正如约翰·布鲁贝克所言："高等教育越卷入社会的事务中就越有必要用政治观点来看待它。就像战争意义太重大，不能完全交由将军们决定一样，高等教育也相当重要，不能完全留给教授们决定。"[9]为落实大学的社会责任，必须对"教授治校"模式进行变革，向"多元主体参与多层治理"模式转变。而这一模式转变主要通过大学治理结构改革来实现，即通过组织结构改革和利益结构调整来实施。

（2）"参与式大学管理"框架下的组织结构改革

首先，成立外部委员会或监事会对大学事务实施监督。成员由教育部代表、私营业主代表、社会代表组成。外部委员会的主要任务是解决外部问题和战略问题，在大学与公众之间或大学与代表社会利益的教育部之间充当调解人。在某些决策领域，外部委员会逐步取代学术评议会（教授会），使"教授寡头统治"阵营逐渐弱化。然而在许多欧洲大学里外部委员会并没有起到"外部"作用，因为委员会中的许多成员都是从大学生、行政人员及教授中招募的大学代表，这就容易引起该委员会内、外参与人员的利益冲突，甚至把关注度集中到大学的日常事务上。总之，外部委员会的作用与影响在下降，而真正的权力落到了董事长和他的行政当局手中。

其次，行政人员权力逐渐扩大，大学评议会的作用几乎消失，大部分组织问题的决策权从教授那儿转到了校长、院长、系主任手中。不久前在欧洲大学里校长、系主任等职务都是没什么威信的，大部分教授久据已占的位子，不愿意参与大学最主要的组织变革，也不愿跟同行发生冲突。随着改革推进校长或董事长不再由教师推选，而是由外部委员会委任，校长或董事长必须向外部委员会报告自己的活动，副董事长、系主任在人事决策及某些财务决策过程中变得更加独立，并直接向校长、董事长报告其工作，而不是跟从前一样向本单位教师报告工作。

事实上，欧洲大学内部行政阵营的权力并不像改革所期待的那样强。指派校长、董事长远远没有成为一种习惯。欧洲许多大学的行政首脑依然由大学评议会选举产生，而不是从地方邀请，甚至在大部分情况下教授群体成了本大学的行政人员。"自己的"校长，行政当局的"自己人"不能对大学的强项与弱项做出客观评价，也避不开现存的各种关系，相应地，他们还要在维护本系教授利益与完成学术指标之间达成一种平衡。

再次，通过系里面的各部（教研室）联合以及扩大临时合同教师数量，教授们管理大学的影响力在逐步减小。专业化程度的降低能够促进整个集体的团结，也会降低每一位教授的影响力，用临时老师取代终身教师也使得教授阵营不再稳固。此外，按合同招聘讲课人更能明确地应对学生需求，因为今天大学课堂要求这样的知识与专长，过几年则可能要求别的知识与专长。临时合同机制符合新公共管理思想体系，使大学变得灵活机动，能快速地适应外部条件的变化。

第四，推行新的质量评价体系。支持科研的国家机构与基金要求大学报告工作，并根据其报告来评价大学的质量。在这种情况下，大学要适应公司财务监控与财务审计模式，这一模式是与效果和效率挂钩的，它包括整个大学的工作报告、系（部）报告、外部评价，还包括教学、科研工作标准，甚至还有诸如发表学术论文数量及获资助课题的数量。

（3）"参与式大学管理"框架下利益结构调整

在企业，利益相关者指除股东之外其他与企业有利益（害）关系的个人和团体，企业利益相关者理论特别强调这两者的和谐共处。对大学而言，提出利益相关者的概念，是与传统大学崇尚"教授治校"，或者把大学看作"董事们的私有领地"相对应的，强调的是与社会各界建立合作关系，争取校内校外各方面对大学的广泛支持。[10]

大学除了承担学术责任外，社会责任也是大学的重要责任。如果说传统的学术责任观所对应的是"教授治校"的大学，那么社会责任观所对应的则是利益相关者共同治理的大学。这些利益相关者主要包括四类人员，即外部管理委员会（代表政府、社会）、校长及其他行政当局、教师集体、学生。他们的共同工作就是不断探寻四者之间的利益平衡，并将其各自的职能融合成一个整体以更好地发挥其整体功能。

利益相关者群体的每位成员都有自己的大学观与利益诉求。大学监护人

(外部委员会)首先看到的是社会反响,因此对他们而言,大学就是回应社会质询、国家质询、市场质询的一所社会学院。大学行政当局则更加注重效率、成效和优势。他们认为,大学是一个建立在劳动分派基础上的、按照效率明晰、标准规范运行的大型公司。教师群体则关注学术价值的维护与推行。对他们来说,大学是一个探寻新知识、创建新知识、维护新知识,并把它传递给未来专家与学者的机构。对大学生而言,他们要获得良好的教育与文凭,以便未来在劳动力市场上获得竞争力,但他们对大学生活也很感兴趣,因此对他们而言,大学是一个发放具有权威性文凭的组织,也是一个四年或更多时间内打发空闲时间的地方。[11] 为此,欧洲大学对利益结构进行了调整,即改变以往以政府这一利益相关者占主导地位的治理结构,形成四类利益相关者治理结构。也就是要建立一个平衡机制,使各方面力量能够在协商的氛围下充分地表达自己的意志,于是欧洲大学形成了经典的参与治理模式(见图1-1)。

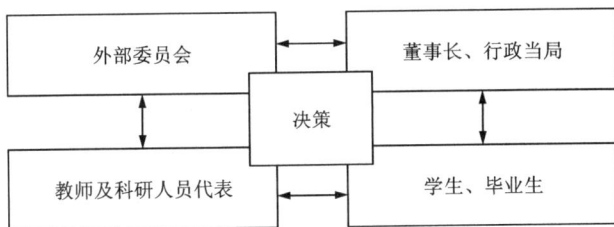

图 1-1 欧洲"参与式大学治理"经典模式[12]

至于该模式如何决策,这取决于四类利益相关者各自的职责、权限与分工。例如,学术决策上外部管理员委员会及行政人员原则上不干预学术问题,行政决策上教师代表也不直接参与大学的战略决策与财务决策。大学生可以被邀参与大学生活的讨论,部分大学生还可被邀参与教学过程组织,但他们不参与战略问题与财务问题的决策。显然,在利益相关者之间也要找到一种平衡,因为他们中的每个人都有自己的大学观,并紧盯着自己的利益。

芬兰的赫尔辛基大学就是这种模式的典型代表。1991 年赫尔辛基大学推行三方协商制度,即三方利益相关者群体代表平等参与大学管理。三方利益相关者包括终身教授群体、科研人员群体、大学生群体,另外行政当局本身就是管理方,不存在参与问题。大学共同体三方主要人员的关系是垂直的,即教授隶属系主任和校长,研究人员隶属于系主任与校长,行政管理者隶属于行政长官与校长,大学生隶属学生会,除了三方协商和约机制外,各种委员会、临时工作组、临时项目研究组也保证了大学功能的发挥,在某种程度上大学所有的员工都参与了大学管理。

这一制度的目的之一就是实现各方权利的平衡，首先便是加强校长与系主任的权力，降低教授在战略决策中的作用。大学改革将摒弃旧有制度。在旧制度里，大部分问题的决策权都集中在由教授组成的上议院手中，而由行政人员（系主任、副系主任，校长、副校长）组成的下议院则隶属于上议院。在新管理模式中，诸如终身教授代表、中层教师代表、其他工作人员代表（含研究人员、教师、服务人员）、大学生代表等各方利益代表都应被推举到大学管理委员会、系管理委员会、部（处）管理委员会等机构中任职。这就意味着在所有管理委员会机构中教授只占三分之一的名额，其他职位由非终身教师、工作人员及大学生担任。同时，校长阵营的权力得到巩固，而系主任在财务决策上拥有更多的权力。1991年《赫尔辛基大学法854/1991》开始推行，这部法律的目的就是削弱终身教授的权力。随着时间的推移，大部分上议院人员失去了与行政人员接触的兴趣，如今其作用仅为听取其所呈示的报告。

总之，完美的"参与式大学治理"模式在终极决策上顾及了每个利益相关者群体对大学的不同理解，并综合考虑利益相关者群体的多种利益、多种价值及各种关系与联系。当然，在外部治理结构中政府发挥主导的作用，只不过由于社会力量的参与，政府在参与大学管理时必须考虑其他利益相关者的意愿并与之进行协调，最终达成各利益相关者共同治理大学的局面。[13]

### 2. 从"强政府－弱市场"模式向"强市场－弱政府"模式转变

当前，欧洲高等教育治理模式正在从以往的"强政府－弱市场"模式向"弱政府－强市场"模式变革。这种模式变革实际上是调整外部治理结构，改善大学与政府、市场的关系。

首先，政府从微观管理转向宏观调控，政府对大学的管制越来越少，政府以利益相关者身份参与大学治理。对于大学在特定的环境下被允许做什么等具体性事务，欧洲各国政府的描述性规制越来越少。政府只通过外部委员会参与大学治理，大学董事会拥有的自治权力就越来越大。譬如，拉脱维亚的高等教育机构就享有很高的自治权，其高等教育机构的行政管理实际上是处于无政府干预的自我管理模式下的。大学可以灵活使用经费，自行设置学术结构和课程内容，自主雇佣和解聘教职工（必须符合最低的任职要求），自行设置薪酬（符合政府最低的薪酬标准），独立决定入学学生规模（政府根据此数量设置教学空间）和学费标准。斯洛伐克的法律也规定其高等教育机构（HEI）为自治公共机构，学术评议会是最高决策主体。欧洲大学治理越来越深入体现了多方"共治"的理念，即广泛的外部利益相关者的参与。例如，葡萄牙大学评议会中非大学人士的最大比例可达 15%；丹麦、立陶宛、荷兰和奥地利等四国大学的董事会中甚至还有外部主席。[14]

其次，大学与市场的联系正在加强。欧洲大学与大学之间以及与产业部门的科研合作持续加强，政府－产业部门资助或者合作经费支持的共同研究模式正在欧洲各个国家被倡导。通过增强大学与商业体之间的紧密合作关系，有利于解决大学的财政制约问题。例如，芬兰于 2001 年颁布了"新大学行为法"，其主要目的就是为了加强大学与产业部门的交流，同时增加大学教职工的职业流动性。与此同时，欧盟积极支持大学科技孵化器的发展，通过免税来鼓励大学教授或大学生创业，采用跨学科、多学科的学术计划与组织形式以促进大学科学的发展。[14]

### （三）欧陆大学治理改革的成效与问题

欧洲大陆国家高等教育领域改革的结果是大学的管理模式在外部愈来愈接近美国所采用的模式。以完成教育－科研效率为最高指标所开始的大学变革，其所取得的成效包括：①产生了教育服务市场（人为创建的）；②大学间的竞争开始加剧；③行政权力得到强化；④成立外部委员会并取代教育部直接监管大学；⑤教授群体的寡头权力遭到削减。[15]

尽管欧洲大学的治理模式跟风美国并且具有外部相似性，也取得了一定的成效，但其并没有达到美国大学的治理效果（如世界大学排名方面），原因在于它们之间实际存在的基础性区别。

一是制度上的区别。美国大学相比欧洲大学排名靠前是有历史原因的，主要原因是美国大学与欧洲大陆大学在制度上有所不同。美国的大学时常处于市场竞争中，其通过各种办法获得最优秀的员工、教授与学生，争取毕业生校友及捐助者更多的财经投入。美国大学的组织自治不仅获得了竞争环境的支持，而且还被竞争所强化，这种竞争既有学生的竞争，也包含了高质量的科研竞争。发生在美国大学里的任何一项改革都是由学术共同体引发的。正是学术共同体，而不是政府在回应社会及教育服务市场的质询。

在欧洲大陆，大学与政府之间长期以来存在着紧密的一体化关系，在高等教育领域是政府在引发改革，而不是市场。政府支持大学并制定竞争规则（也就是创设一种人为的准市场情境），但是当国家或地区的最好大学急需政府的支援时，这种制度因缺乏融资机制而无能为力，致使大学为获取高等教育领域的某些项目资金而明争暗斗频发。此外，大学还不得不参与由国家机关提议的各类竞赛。总之，这种制度下人为创设的"市场竞争"引发了官僚竞争，从而迫使大学相应地制定自己的发展战略。随着竞争的不断加剧，欧洲教育系统制定大学的比较标准已迫在眉睫，期望借此评出最好的大学，于是便产生了教育效果与学术绩效评价制度。例如，在学术杂志上发表论文的数量成为定量评价指标，而质量标准则是毕业生的水平要求。在大学里推行新举措不可避免地要求组织发生相应变革，大学内部权力逐渐转向管理人员与行政人员，由他们来监控评价体系，维护评价标准。

由政府引发的新一轮战略发展规划热潮迫使大学进行改革，而根据竞争力大小进行拨款的制度又迫使大学改变内部关系状态，并尝试采用新的管理风格。

二是学术市场的区别。欧洲大陆国家的大学与美国大学不同的是，其改革是在人为创设市场的情况下进行的，财经资源控制在国家手中，这严重影响了大学之间的竞争机制并滋生了一定的问题。第一，国家（以各部、委面目出现）制定了竞争指标与规则，而这些指标与规则常常是相互矛盾的，并且阻碍了大学制定统一的、最优化的市场行动战略。第二，学术准市场竞争的首要目的是争夺国家资金。这意味着大学是为更好地适应这些规则与指标而展开竞争，而不像美国学术市场那样去争夺优质资源、优秀教师和优秀科研人员。

三是权力分配上的区别。改革后欧美大学在管理权分配上的差别仍然是人们关注的焦点。欧陆国家的政府仍然监管着大学的工作，协调大学发展的各部代表进驻到大学管理委员会。事实上，改革没能削弱教授阵营，他们在大学管理中的声音仍然很强。

## 参考文献

［1］SPECK B W. The Myth of Shared Governance. The International Journal of Organization Theory and Behavior［J］. 2011（2），200－235

［2］RUWIN M B. The Corporatization of Shared Governance：The Corporate Challenge and the Academic Response. AAUP Shared Governance Conference and Workshops. 2010

［3］ELSTON T. Shared Corporate Services in the Public Sector：A Critical Review. Journal of Public Administration Research and Theory，2014（3）

［4］ANTHONY M K. Shared governance models：the theory，practice，and evidence．Online Journal of Issues in Nursing［J］. 2004（1）：7

［5］2018 欧洲大学排名［EB/OL］.（2018－10－21）http：//www. igo. cn/zt/o/2018_ University_Rankings/

［6］Участие в управлении университетом：Научное издание. СПб．：Норма，2016：17

［7］同［6］16

［8］同［6］20

［9］［美］约翰·布鲁贝克. 高等教育哲学［M］. 杭州：浙江教育出版社，1987：29

［10］潘海生，张宇. 利益相关者与现代大学治理结构的构建［J］. 教育评论，2007(1)

［11］Рубцова М. Проблема Обеспечения Управляемости в Современных Организациях и Пути Ее Решения［J］. Известия РГПУ им. А. И. Герцена Выпуск № 84 / 2008

［12］同［6］12

［13］同［10］

［14］张炜，童欣欣. 欧洲大学治理模式的变革趋势及其治理启示［J］. 杭州电子科技大学学报(社会科学版)，2012(2)

［15］同［6］23

# 第二章

## 俄罗斯高等教育治理借鉴〈二〉
### ——德国、芬兰大学治理改革

### 一、德国大学治理改革

德国跟其他欧洲国家一样，大学组织有别于美国。在美国大学里，以董事长与外部委员会为代表的行政人员在管理上是高高在上的。而德国大学则恰恰相反，大学常常受教授操控。因此，在推行"参与式大学治理"模式时美国大学则要把管理平衡点挪向教授一方，而欧洲与德国的大学则恰恰相反，平衡点要从教授方挪向行政方。

各国大学都力图在世界大学排名中靠前，在这一背景下跻身世界学术空间变得越来越重要。为达此目的德国出台了一批新的国家工程，如2005—2006年推行的《精英大学划分倡议》国家纲要（exzellenzinitiative），并在此框架下大学开始竞争额外的战略发展资金。

这些改革要求大学转向以全员参与大学管理和职业管理为基础的新的组织模式。

### （一）德国传统的大学管理组织模式

德国的大学大部分是国立的，私立大学的学生不到1%，并形成了今天的大学自治与国家制衡的高校管理体制。[1]传统教育体系中分为二级管理，即联邦级管理和地区级管理。联邦教育与科研部保证了大学的法律地位，并保证每个学生的均等机会；地区教育与文化部负责地区教育机构的工作，并就国家对法律调停问题、教授招聘、学术人员及行政人员工资发放标准、教学大纲及学位确认等问题做出决定。

德国大学的改革已经展开，传统管理模式是建立在强权的学术寡头基础上的，而校长、董事长的地位只是平等中的首席。

在向新的管理制度转变之前，大学的中心决策机构与管理机构是评议会，评议会成员主要是各系、各教研室的教授，因此评议会也可称教授会，每个系都设有一个以系主任为首的决策机构，学术问题各系自行处理(教育、研究、人员招募等)，大学行政当局基本上不参与系(部)事物，董事长通常也不干预系、部内部事务，其作用就是对外宣传、介绍大学。高校自治管理的关键是提高大学的领导力与责任力。为了提高大学的办学效率与竞争力，德国高校日常管理一般实行校、专业领域(院系)、研究所(教研室)三级分权自主管理体制，责任明确，按绩获酬。[2]

在德国传统大学里教授们拥有特殊地位和特许权。德国存在着终身教授制度，但只有少数人能成为终身教授，其他教师只能签订临时工作合同。也就是说，工作人员只能在一所大学短期工作。聘期结束后教师要去其他大学寻找新的工作岗位。教授们非常珍惜地对待大学，教授的任命有着严格的监控程序：教授候选人由大学董事长确认，然后在国家层面进行推选。

传统上教授制度是这样安排的，即终身教授拥有国家公职人员的地位并拥有相应的特权，而那些没有签订永久合同的初级教授，其机会遭到了限制。总之，在传统管理制度中教授们拥有主要权力，教授岗位的任命由国家严格管控。

### (二)德国大学管理体制改革的任务

德国大学正在向新的、自治性更强的体制转变，其目的就是要弱化组织内部现存的等级制度，并强化大学垂直首脑的责任，为此，要求大学进行管理体制改革，提高教学与科研评估的意义。20世纪90年代以来，对《高等教育总法》进行了再修订，大学的领导与组织模式经历了再一次的改革，教授参与管理的方式与权力范围也因此发生了变化。德国大学在校一级设立了评议会、校长委员会、大学理事会三个相互独立的机构。其中教授参与的是评议会，且人数占所有成员人数的一半。评议会仍然负责学校的学术事务并且选举校长委员会，从而负责学校财政、人事等事务。以曼海姆大学为例，在学校财政管理方面，教授只能决定基础财政(工资、基本设施建设资金等)，学校储备金由校长委员会管理，专项财政由院长或者院务委员会管理，并且教授进行管理时还需要受到校长委员会与院长的监督。[3]

1. 改革的任务

(1)战略问题、财务问题、员工招募问题，首先由大学自身决定，而后由教育部确认，并根据决策组织程序强化董事长及其办公室在大学管理过程中的作用；

（2）降低教授在战略决策中的作用。

## 2. 具体措施

（1）创立外部代表参与的、新的管理机构；

（2）取消或改造旧有机构［主要是评议会（教授会）］；

（3）工资标准按员工绩效发放。

### （三）扩大中层行政人员的权力

以上专门的努力主要是要加强中层管理人员的力量，系主任开始负责部分预算资金的分配、战略计划的制定、教育过程的组织以及质量评价等事项。但系主任还没有职务上的自主权，教授们经过一段时间后重返教学岗位，他们轮流占据着拥有自主权的岗位。其结果是，系主任所关心的更多的是教授们的利益，而非完成长远目标。之外，教授手中仍然拥有重要问题决策权，首先便是研究资金的分配权。从 2005 年起德国开始推行初级教授与职业成长新纲要，借此，初级职称教师与博士生的地位与威望得到了提高，tenure track——就是分阶段获得终身教授职位的途径。从前从初级教授晋升至高级教授是非常艰难的，且数量有严格的限制。而现在，为了避免初级——高级教授之分，使初级教授拥有全职教授的特权，采取了各种推动职业升迁的措施。如临时教授聘期一般为三年，但作为系里的奖励，某教授又可延聘三年。续聘期间教授必须完成教学、科研及社会工作等方面的指标。

### （四）慕尼黑技术大学治理改革

在德国如今最明显的改革追随者之一便是慕尼黑技术大学，该校成立于1868 年，是德国巴伐利亚唯一的一所技术大学，也是德国最大的高校之一。目前，该校在 *The Times Higher Education World University Rankings* 2015—2016 上排名第 53 位，在《QS2015/16》上排名第 60 位，在 *Academic Ranking of World Universities* 2015 排名第 51 位。学校拨款源于《精英大学划分倡议》纲要。其管理结构见图 2 - 1。[4]

| 行政当局 | 观察委员会 | | 议事会(教授会) |
|---|---|---|---|
| 董事长办公室 → | 董事会 | → | 大学委员会 |

| 职能联合 | 系 机器制造系 教育系 建筑系 化学系 信息系 数学系 运动与健康系 生命科学系 电子技术与信息工艺系 物理系 医学系　　管理系 工程技术及环 境工程技术系 | 一体化研究中心 |
|---|---|---|
| 中心服务办公室 | | 远景规划研究所 |
| 协会组织 | | 慕尼黑工程学校 |
| 校医院 | | 慕尼黑科学技术 研究中心 |
| | | 硕士培养、研究生 培养 |
| | | 公司研究中心 |

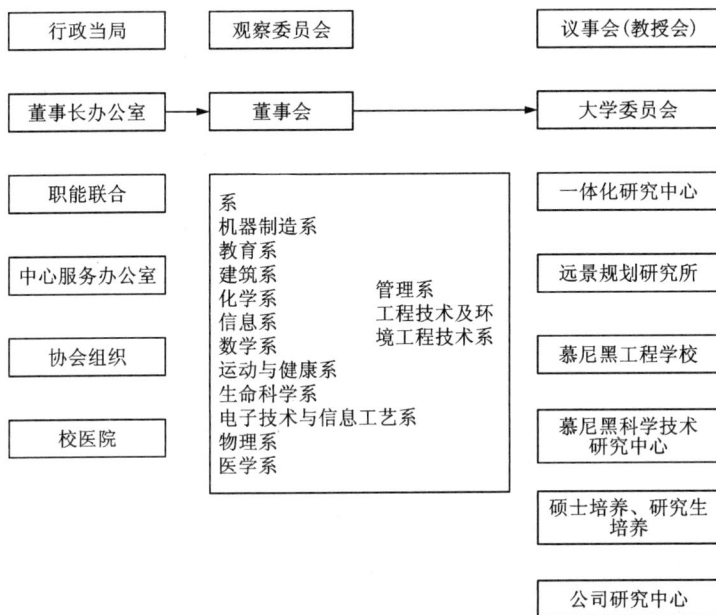

**图 2 – 1　慕尼黑技术大学管理图(德国)**

## 1. 成立观察委员会(监事会 Board of TRUS Tees)

该校改革的第一个成果便是在校内推行观察委员会的设立,这是一个由 20 人组成的大学机构,其中 10 名外部成员,10 名内部成员(评议会代表)。外部成员包括工业代表、科学代表、政治代表、文化代表,其成员构成由董事会与巴伐利亚科学部部长共同商定。

观察委员会的任务如下:

(1)对大学管理制度改革做出决定;

(2)任命包括校长在内的管理人员;

(3)商定教育与研究规划;

(4)制定大学发展战略。

## 2. 董事会(理事会 Board of Managememt)

董事会负责大学目标与发展规划的制定,成员包括一名董事长,两名副董事长,六名大学高级行政代表(其中包括行政首脑,负责人员编制、行政管理与财务),董事长由观察委员会选举产生,副董事长由董事长推荐。

董事会的主要任务如下:

(1)对研究方向提出意见;

(2)对预算资金的用途做出决策;

(3)制定大学发展规划;

(4)推举观察委员会候选人。

### 3. 评议会

评议会成员包括教师代表若干、2名科研人员,2名大学生,1名博士生,并负责性别平等(GED)。

评议会的任务:

(1)推荐外部人员进入观察委员会;

(2)解决学院的开办问题;

(3)制定教育——教学大纲;

(4)确定关键的研究方向;

(5)商定名誉人员的地位问题;

(6)选举 GEO 成员及科研伦理问题监察员。

### 4. 大学的业务活动

系主任、行政当局(董事会)都拥有日常管理权,系主任可以参与大学的业务活动——解决日常问题或从事当前活动,他们协助董事长开展工作。

### 5. 教研室管理

每个教研室都由一个教授管理,科研人员都隶属于教授管理,管理制度安排以这样一种方式进行,即员工参与管理的程度视教授需要而定。在教授安排员工工作时,员工可以拒绝解决学校层面的问题。也就是说,教授及其隶属人员的注意力只放在本教研室。因此,在本教研室可以就各方面问题开展经常性的交流与沟通,从战略发展到新课开设,无所不包。教授充分采纳员工建议并与他们一道谋划、撰写本教研室的发展战略。

### 6. 教研室预算

在慕尼黑技术大学,主持教研室工作的教授之间存在着激烈的竞争,每位教授都在奋力吸引预算外的额外拨款进入到大学。教研室预算拨付,根据有三:一是根据教学负荷量的多少;二是根据毕业生的需求评估;三是根据科研人员的研究成果(包括额外募集研究资金状况,授予学位与职称情况)。

凭借与企业的合作和项目经费的获得，教研室也产生了自己的预算，这笔资金教研室可以根据自己的决定开销。这种额外拨款不能用于教授工资的发放，教授工资有着严格的规定，但可用于办公室的装修，购买先进的办公设备，甚至还可用于聘用研究生、助教等。这些资金如何分配，教授拥有终决权，因为这些钱是他募集来的。因此，他亲自挑选人员并进行谈话。大学行政当局不干预这些工作，因为他们只监管涉及整个大学预算使用的行为。这种状况使得教授拥有额外的权力，有了这种权力，要弱化教授的作用可谓难上加难。而向新的薪酬制度转轨也异常艰难，因为老教授们（大约占教授的 6%）是签有终身合同并拥有固定职级工资的国家公职人员。

### 7. 劳动报酬

慕尼黑技术大学正在推行劳动支付标准，因为教师工资是根据教师完成工作指标情况单个发放（performance）。董事长借助专业委员会并根据员工们的原工作地经验、目前取得的成就、技能熟练程度发放工资。慕尼黑技术大学的教师绩效管理体系注重多元主体的参与，将助理教授、院长、校长、专家教授、国际同行、学生等各利益相关方纳入专门的学术委员会中，特别是通过学院层面的师资搜索与评估委员会（Faculty Search and Evaluation Committee）和学校层面的聘任与晋升委员会（Appointment and Tenure Board）对教师绩效进行外部评估，体现了绩效管理的科学性与公正性。[5]

评价委员会由董事长从那些不谋资源的人当中召集，这些人通常来自各学科的名誉教授（Emeriti）。最终董事长遵照效率标准和"效率"的定义做出决定，而这种决定通常是最后裁定。董事长在 tenure track 框架下与每位教授签订合同。也就是说，如果从前教授们向系主任和本系集体负责，那么现在评价权、工作监控权、人员聘任与解聘权都转移到了董事长手中。

### 8. 慕尼黑技术大学的参与式管理

在分析慕尼黑大学管理结构时我们发现有以下管理模式的组织特征：

（1）观察委员会不是完全意义上的外部机构，因为内、外成员的比值大约各占 50%（国家法律允许大学解决外部委员会的人员构成问题），这样的比值阻碍了该机构的工作，更何况大学高级行政当局还要向其报告工作并且该机构应完全独立于大学之外。

（2）董事长在大学管理中起着巨大作用，他不仅是大学内部管理过程的调停人，而且是在政府官员面前，他代表的是大学的利益。他可以就大学最重要的问题做出关键性的决定；且是唯一掌握大学工作各种流程信息的人。管理制度系于一人之身，这引起了人们对该种制度发展前景的怀疑，特别是在领导换届的情况下。

（3）董事长直接跟教授们签订劳动合同，有权在新立部门委任领导，确定工资额度及优先发展方向。尽管存在着分支机构的管理制度与分配制度，但由于董事长熟知各位员工，这就使得董事长与员工的关系从正式的、官方的层面导向了个人层面，如此，胜任原则及教授对董事长个人负责原则就起到了重要作用，其结果就是大学的管理非常人格化。

（4）教授们并非总是把担任行政职务（从董事长到系主任）视为升迁的机会，相反他们更觉得这是一种额外的行政负担，本质上说，尽管行政人员更易接触到战略计划，在财务决策上前景更宽。

正如慕尼黑技术大学所展示的，时至今日德国大学仍然保留着自我管理制度，在这种制度里教授们在做出决策、制定政策上拥有许多机会。这种制度正处于向经理人管理转轨阶段。这种经理人管理制度实际上就是低级层面的系主任负责人制和高级层面的建言献策制度。然而，本质上说，这种管理与其说是一个各机构、各委员会组成的网络，还不如说是董事长的亲近教授与亲近人员组成的网络，且这种网络工作的开展是建立在私人约定基础上的。委员会机构（特别是评议会）对大学工作人员实施业务援助，但没有董事长的最后表态什么战略决策也做不了（包括财务问题、教授问题、研究方向问题）。这或许是世界最好的洪堡式大学在试图推行"参与式大学管理"模式时所碰到的困难。

## （五）德国大学改革经验及对俄罗斯大学的启示

"教授治校"是欧洲大学的传统管理模式。柏林大学教授治校的实现形式主要体现在三个方面。第一，教授是大学基层组织的负责人，享有经费预算权、研究自由和教学自由。第二，学部设有部务委员会，其成员主要由教授组成，拥有领导研究所、设置课程、安排考试和从事科研的权力和自由。第三，大学设有学术评议会，成员由教授组成，享有对学校重大事务的决定权。因此，德国大学的大部分权力集中在教师手里，而不在校长和外部委员会手里，故德国大学的行政系统改革就是要把权力转移到行政管理方。也就是说，要强化从前从不干预系部事务的校领导责任，降低教授的影响力。这是向新的、参与式管理体制转变的一项重要任务。其改革的主要任务是，在战略问题、财务问题、员工招募问题上大学可以自行决定，而后由教育部确认，并根据决策组织程序强化董事长及其办公室在大学管理过程中的作用，降低教授在战略决策中的作用。其具体措施包括创立外部代表参与的、新的管理机构，取消或改造旧有机构[主要是评议会（教授会）]，工资标准按员工绩效发放。这就使绩效型组织文化得以形成。反观俄罗斯大学，在大学管理方面行政色彩仍然比较浓厚，如苏联时期高校管理的惯性还在持续，校长仍然有很强的集权意愿，高校组织文化错位，"绩效型"组织文化没占主导地位，大学的组织文化仍然带有氏族制和官僚制特性。因此，俄罗斯要完成世界一流大学建设的目标与任务，首先要推行"绩效型"组织文化建设；其次，要扩大学术人员的权力，加强学术文化建设。如果说德国大学管理改革权力向行政人员倾斜，那么，俄罗斯大学的管理改革权力则要向学术人员倾斜，这或许是两者的本质区别。

## 二、芬兰大学治理改革

### （一）推行大学法人化改革

芬兰高等教育改革的目的，就是必须加强大学自治、提高大学的经济效率与大学的自主性。继欧洲其他国家改革之后，芬兰开始制定促使大学推行新的管理模式的法律。2009 年 6 月 16 日，芬兰国会通过了新的"大学法"（new University Act），全面实施大学法人化改革。新的大学法于 2009 年 8 月 1 日生效，并于 2010 年 1 月 1 日起正式实施。芬兰的大学法人化改革，就是将大学从政府机构中分离出来，使之成为具有更多办学自主权的法人实体。实行法人化改革之后的大学，具有了新的法律地位，其财政制度、内部管理制度、用人制度、收费制度等也将发生相应的变化。[6]自 1990 年代中期起芬兰各大学开始酝酿新的管理思想与财经思想，即拒绝过时的大学拨款制度。在老制度里工资定额及大学预算全凭中央政府和教育部决定，新制度则把工资定额权交给了大学。新的薪资制度的目的是提高工资的公平性和竞争性；鼓励员工创造业绩、改进表现。工资中的个人工作业绩由雇员业绩水平来决定。对教学和研究人员而言，评价的主要标准是教学和研究的价值以及在社区或大学服务中的价值；对个人业绩表现的评估是根据与任务相关的档案记录（例如学术出版物、指导博士生的数量和教学优点）。对普通职员而言，主要的评估标准（由他的管理者实施）是专业技能、责任感以及团队工作精神、工作质量和效率。对个人业绩的评估在普通职员中每年实施一次，对教学和研究人员至少每三年应该实施一次。可以看出，工作需求是决定工资水平的首要因素，个人表现是其次，它们共同组成了新的薪资制度的核心内容。[7]当前国家援助大学的原则发生了改变，大学所获拨款额度取决于大学的工作绩效，如研究成果的数量、学位授予的数量。要获取政府拨款必须推行"绩效管理"原则，这种绩效管理是与大学完成指标的数量捆在一起的。这些新的规定在大学管理结构中得到了体现。下面以赫尔辛基大学为例看看芬兰的大学是怎样适应改革的。

国家通过法律和有针对性的财经政策支持维持国家对大学的监控,同时也扩大了大学的自治权。

### (二)赫尔辛基大学推行"三方协商制度"

赫尔辛基大学是芬兰最古老、最大的大学。该校于 1640 年建于芬兰图尔库市,当时是图尔库皇家科学院。目前,赫尔辛基大学的世界排名情况是,在 *The Times Higher Education World University Rankings* 2015—2016 中排在第 76 位,在《QS2015/16》中排名第 96 位,在 *Academic Ranking of World Universities* 2015(上海排名)中排名第 67 位。

1991 年赫尔辛基大学推行三方协商制度,即三方利益相关者群体代表平等参与大学管理。[8]三方利益相关者群体包括:终身教授群体、科研人员群体、大学生群体。大学共同体的三方主要人员的关系是垂直关系:教授隶属系主任和校长,研究人员隶属于系主任与校长,行政管理隶属于行政长官与校长,大学生隶属学生会,除了三方协商和约机制外,各种委员会、临时工作组、临时项目研究组保证了大学功能的发挥,在某种程度上大学所有员工都参与到了大学管理。这一改革的目的之一便是加强校长与系主任的权力,降低教授在战略决策中的作用。大学改革将摒弃旧有制度。在旧制度里大部分问题的决策权都集中在由教授组成的上议院手中,而由行政人员(系主任、副系主任,校长、副校长)组成的下议院则隶属于上议院。在新管理模式中各方利益代表[包括终身教授代表、中层教师代表、其他工作人员代表(含研究人员、教师、服务人员)、大学生代表]都应被推举到大学管理委员会、系管理委员会、部(处)管理委员会等机构中任职。这就意味着,在所有管理委员会机构中教授任职名额只占三分之一,其他职位由非终身教师、研究人员及大学生担任。同时,校长阵营得到了巩固,而系主任在财务决策上拥有更多的权力。1991 年《赫尔辛基大学法854/1991》推行后,校长办公室及中层行政人员的行动自由开始扩大,副校长、系主任开始积极与校长及大学高级行政人员接触以形成管理组群(经理人组群)或商讨当前问题为主。这部法律的目的就是要削弱终身教授的权力,并在上议院保留了推动与支持学校传统的权力。随着时间的推移,大部分上议院人员失去了与行政人员接触的兴趣,其作用仅有听取所呈示的报告。

### (三)大学委员会、董事会、校长各自的职责与分工

大学管理最高委员会机构是大学委员会,管理成员为 50 人,其中 20 名终身教授,15 名工作人员(包括临时教授、讲师、研究人员),15 名大学生。委员

会成员任期 4 年，大学生委员任期 2 年，委员会对大学的影响非常有限。委员会的任务如下：

（1）调控董事会工作：包括确定委员会成员数量，外部参与人员数量，委派行政首脑，确认财务报告与年度报告；

（2）监管大学法律；

（3）商定大学发展战略。

随着新大学法的颁布，芬兰大学在治理结构方面也发生了变化。大学管理主要由董事会实施。大学董事会的构成将继续包括大学的代表，例如教授、其他教职工和学生，但是外部的利益相关者将扮演更大的角色。在原有的治理结构中，大学董事会里非政府的外部利益相关者受到限制，人数很少。新大学法改组大学董事会，董事会成员 40% 以上由校外人员担任，董事会主席也必须是校外人员。[9]据此，赫尔辛基大学董事会由 13 人构成，其中 7 人来自大学内部（3 名教授、2 名员工代表、2 名大学生），6 人是与大学相关的外部人员，这些都是名人和有影响力的人，而且是财经、教会、经济与文化领域的精英。董事会每四年进行一次换届，其主席必须是社会代表。大学委员会正式选举董事会成员并确认董事会成员名册。但是实践中董事会外部成员的选举是极为复杂的过程，并且要求校长预先跟参与大学管理的人士进行谈话，根据法律，董事会外部成员不得少于 40%。事实上董事会领导大学的主要工作，包括准备财务报告，调控大学规范，向教育部提供关于大学责任的意见等。

董事会的任务如下：

（1）解决大学发展的战略问题；

（2）解决管理问题；

（3）解决预算问题并撰写财务报告；

（4）任命校长、副校长。

校长保证大学管理的实施，他是准确、经济、高效履行大学义务的主要负责人，并在三名副校长和最高行政管理首脑的支持下管理大学。副校长协助校长开展管理工作。此外还存在行政首脑这一职务，但这一职务在很大程度上是仪式上的，该职务常常是前任校长担任。

目前，赫尔辛基大学一共有 11 个系，各系由系主任主持工作，而部由教研室主任主持工作。系主任、教研室主任每四年换届一次，系主任全面负责本系行政工作，解决人事、财务问题。教研室主任履行本部或本系的职能。每个系都设有系委员会，并在系主任领导下开展工作。教研室/部也设有自己的委员会。系级层面的委员会由所谓的"中层"教授和中层工作人员（包括教师、行政人员）和大学生组成。系主任担任委员会主席，并从委员会成员中选一名副主席。

赫尔辛基大学传统管理制度与新制度的区别在于：在旧的管理制度框架下，各部门、各系的内部决策权都集中在终身教授的手中，他们对教学科研问题，终身岗位人员、临时岗位人员任命问题，学术导师任命以及学位授予与证书发放等问题制定政策。而在新的制度里，代表全体教授利益的上议院已经完全失去了新教授的任命权，评选教授的正式机构变成了大学委员会。这一机构逐渐地不再参与大学内部的许多决策，取而代之的是董事会，董事会成了主要的管理机构。结果是教授集体领导制这种老传统被彻底推毁，因为不是所有的教授能够自动地进入董事会。一方面改革使教授们疏远大学事务与系（部）事务的管理问题，使教授们开始把行政事务看成是一种负担；另一方面，行政系统不仅扩大至系、部（处）管理，而且把中层教师、大学生编入了管理队伍。2009 年在芬兰又出台了一部继续一系列大学改革的新法律，正是这部法律使赫尔辛基大学产生了"参与式大学治理"的变体，持续进行大学管理结构改革，即加强校长或副校长的权力（通过行政人员组成的下议院工作），削弱教授集体的权力，详见图 2 - 2（赫尔辛基大学管理模式）。[10]

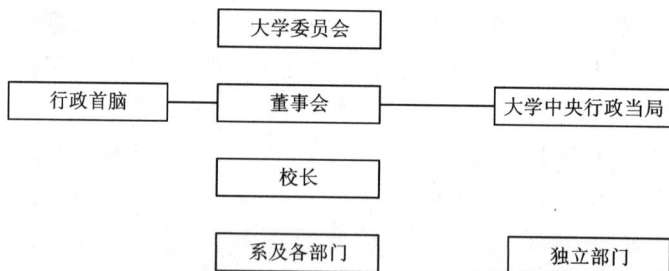

图 2 - 2　赫尔辛基大学管理模式

### （四）芬兰大学管理体制改革存在的问题

当前，芬兰大学管理体制改革存在以下问题：

（1）大学共同体的分裂和教授对新措施的抗拒；

（2）市场关系思想与大学人文价值间的矛盾以及与学术价值的背离；

（3）小部门及某些学科的消失。

市场标准集中体现在数量指标上，使得学术价值远离了大学的特殊使命。在学术共同体眼中用市场关系来定位学术让人感觉背离了学术价值，科研工作除了金钱的动机之外，好像没有别的属性，这严重毁坏了科研活动的道德价值与社会意义。教授们担心，推行货币主义效率评价标准将影响知识的分类，这让人觉得知识的生产遭到威胁，还威胁到经济效率不高的小部门，甚至还威胁到处于"纯知识"领域的"稀有"学科，直至"谁也不需要"而消亡。教授们认为，金钱关系的产生推动了个人主义的蔓延，破坏了以往的团结。教师们正在经受着因竞争各层级的拨款而导致的内部分裂，这些拨款包括了从获取项目资助到与部门领导关于工资的私人谈判。教授们已把行政人员视为(背着教授)操控大学(实际上是教授)的敌人。

总之，教授们成了一群因大学主要矛盾而倍感痛苦的人，这些主要矛盾就是数量与质量的占比问题，而且他们的工作内容无所不包。他们的工作正在成为评价的对象，而且他们还要对大学的产品——学生负责。对终身教授实施工作评价，这一政策导致了学术共同体的暗中对抗，尽管大部分终身教授代表承认了改革的必要并对大学工作施加正面影响。这种对抗常常表现在教授们不自愿参加大学问题的讨论，也不愿意深入理解需要改革的问题，甚至拒绝掌握新的工作方式(例如拒绝用英语授课)。至于对抗的原因，有人认为是"惯性"使然(即不愿改变生活习性中的某些东西)，也有人认为是"不知情"情况下的信息淆乱与价值淆乱。

### (五)芬兰大学改革经验及对俄罗斯大学的启示

(1)赫尔辛基大学的经验跟其他芬兰的大学一样，展示了向新管理体制转轨的特征，这对俄罗斯大学是非常有裨益的。

芬兰大学共同体的问题可归结于一句话，那就是非均质。因此大学内部很难团结起来，把代表不同管理机构的人分门别类，加之管理的层级性导致了各种关系更加巩固，无意中支持了分裂。在大学政策上、管理上乃至大学产品的生产上各群体都有着不同的目的与价值，对改革的关键概念各群体也有不同的理解。但俄罗斯却应当期待着这种分裂的重现。[11]

(2)许多评论论文和教学论文专门讨论芬兰的大学改革问题(有宏观讨论整个芬兰大学的，也有微观讨论赫尔辛基大学的)，此外还有许多发表意见的渠道，包括大学层面的博客、私人博客和行政当局博客。总之，保证在公共空间开展公开的讨论。

(3)在推行改革时要弄清楚中层人员在其中所起的作用，他们不仅可以泯灭组织者十分清楚明了的改革步进过程，而且还可以向其他参与者通告改革的信息，这会降低乱象等级、解决改革动力不足的问题。因此需要明确无误地表达改革的方向与终极目的，因为全方位的、持续不断的变革会造成一种无序感。

（4）应当把那些执行力强的、动态的且拥有具体任务和（或）拨款权的机构以及拥有工作小组的机构充实到主要管理机构中去。因为这样的小组在任务完成后可以变成其他小组或者解散，在工作人员小组里开展组织讨论有助于加深对改革任务的理解，也有助于重新认识大学工作的本质及新形势下大学的管理本质。

在俄罗斯国情下大学向其他管理类型转轨时必须避免大学内部共同体的激烈对抗，而且必须遵守两条原则：一是信息公开原则；二是利益群体参与改革过程原则。

## 参考文献

[1] 汪娜，胡萍. 自治与制衡：德国高校管理模式对我国的启示[J]. 应用型高等教育研究，2016(1)

[2] 同[1]

[3] 周丽华. 德国大学与国家的关系[M]. 北京：北京师范大学出版社，2008：178

[4] Участие в управлении университетом[M]. СПб.：Норма，2016：32

[5] 王梅，赵亚平，安容. 德国大学教师绩效管理体系及其特点——以慕尼黑工业大学为例. 外国教育研究，2016(2)：46–58

[6] 初云宝. 芬兰大学法人化改革及其对我国的启示[J]. 国家教育行政学院学报，2010(2)：92–95

[7] 马健生，黄海刚. 芬兰大学薪资制度改革：内容、进程与争议[J]. 西南大学学报(社会科学版)，2009(5)：81–86

[8] 同[4]45

[9] 王文礼. 向世界一流大学迈进——当前芬兰大学改革述评[J]. 大学(学术版)，2013(7)：67–73

[10] 同[4]32

[11] 同[4]47

# 第三章

## 俄罗斯大学办学自主权的落实

2003 年俄罗斯加入博洛尼亚协定，这就意味着俄罗斯同意在教育领域实施改革，这也是欧洲大学"大宪章"所规定的。在欧洲大学的"大宪章"里（博洛尼亚，1988 年 9 月 18 日通过），大学自治原则是大学最基本的原则之一。"大宪章"指出："大学是一个建立在各阶层基础上的自治机构，而社会各阶层是根据地域特征、历史传统，按照不同方式联合在一起的。大学借助教学与科研创造文化，研究文化，评价文化并把它一代一代传承下去。为了适应周围环境的要求，大学的教学与科研应是道德和理智的，不屈服于政治权力和经济压力"。[1]这一定义预示着俄罗斯教育系统一系列的严肃变革，因为，这预示着许多大学将变成新的法权组织形式——自治教育组织。

### 一、俄罗斯大学争取办学自主权的历史回顾

俄罗斯高校争取办学自主权始于 1804 年章程的宣布，并于 1835 年废止。其兴废并未列入俄罗斯大事年表，此后历经多次兴废，最后沙皇政府于 1910 年 12 月 10 日及 1911 年 1 月 11 日二次做出决定，完全取消了大学自治。[2]

争取大学办学自主权与学术自由成了 1917 年十月革命的一部分。人们期待着，通过 1917 年十月革命大学获得广泛的民主权力，但在新的条件下教授们被迫重新争取大学自治权。[3]1918 年第三次全俄代表大会在相关分会上讨论了教育系统的改革，并建立了起草决定方案的委员会，其中包括高等教育方案，委员会起草了大学改革提要，其中有一点就是要给大学提供自治。提要是经过俄共中央政治局商议的。据提要起草者 M. H. 波克洛夫斯基证实，列宁拒绝了大学自治的要求。"他断然拒绝了资产阶级的自治思想，并且要求自治这个词

要毫不留情地从大学提要中消失。"尤其是，国家高等教育史研究者 Ш. Х. 昌巴里索夫指出："在人民委员会中立宪民主党教授提出的'自治'意向并没有遭到反对。起初人民委员会中主管高校事务的部门叫大学自治部。"А. В. 鲁纳察尔斯基此后也承认，人民委员会起初是按"自由主义方式"对待高校改革的。

教授们争取办学自主权的要求，阻挠大学章程的通过，因此被称为"旧式大学知识分子"的反动势力。为了监管大学活动，国家教育委员会于 1918 年 9 月向大学开始派遣政委，他们进入到大学的领导核心，有权否决所在单位的决定，由于《俄罗斯大学条例》没有通过，行政规章中采用的只是《某些大学之条例》。

教授们与政府的对抗还在继续。1921—1922 年的冬春之交这种对抗达到了白热化程度，最后教授们获得了对《俄罗斯高校条例》方案的修订权。对该条例修订权的获取加强了教授们在高校管理机构中的影响。1930 年前，第一个大学章程生效。此后教授们年龄越来越大，但阶级斗争并没有停止。许多高等教育著名活动家被挤出高校或遭镇压，这样长期以来高校中行政指挥教育管理体系得以确立。在苏联历史文献中有关文字可以说明这段时期的情况："革命前大学自治的要求无疑是进步的，因为这反映了高校力求摆脱君主专制套在颈上'枷锁'的愿望。而在苏联政权时期否认大学自治就是有针对性地防备大学自治延伸到苏联纲领。"

显然，只有这种解释才能说明苏联时代教授们为自己权力、为高校办学自主权治、为禁止政府干预大学事务而斗争的原因。直到 1990 年高校才发挥它应有的功能，但还是受到严格的限制。1987 年改革之初无论是出版物还是官方文件对高校办学自主权只字未提，只在里面强调，苏联高校的民主原则会得到进一步发展。在《国家高等、中等专业教育改革的基本方向》决议中专门安排了第十章，即《完善国家高等、中等专业教育管理》，该文件着重谈到了如下内容：改善中央对人才培养体系、人员进修以及人才专业水平提高的集权管理，同时扩大高校民主管理范围、高校自主权及创造方面的主动权是时代的迫切要求。也就是说，要扩大高等及中等专业学校的权力与责任，走扩大办学自主权的道路，即凡涉及教学问题、学生培养问题、教学科研及财经活动，包括教学人员编制的调整、行政管理人员及教辅人员编辑的调整（在经费与编制总数额定框架内）都应当由高校自主决定。要挖掘大学与中专的潜力，成立并利用物质奖励基金，以激励工作人员在组织教学科研过程中获取高水平的成果，取消那些对学校活动毫无意义的规定，摒弃形式主义和文牍主义，在学生论文答辩中要提高大学学术委员会解决论文答辩问题的责任心。

从以上看出，改革的材料里强调了以下三点：

第一，要改善中央对教育系统的集权管理；第二，要扩大高等及中等专业学校在教学、学生培养、教学科研、财经活动等方面的权力与责任；第三，建立物质奖励基金，以激励工作人员在教学、科研过程中获得高水平的成果。这些条款都带有建设性的特点，其目的不是破坏中央集权管理，而是对它进行改善。

1985—1990 年改革加快了速度，对国家管理的行政指挥的批评之声不断增长，同时给高校提供办学自主权问题也随之提出。在这种情况下 1990 年 5 月 11 日在莫斯科举行了全国性的大学校长会议，M. C. 戈尔巴乔夫也参加了这次会议。在这次会议上大学办学自主权议题是主要的议题之一，校长们给国家领导人提出了高校办学自主权问题。最后会议通过了《高校自治基本原则宣言和成立全苏大学校长协会的决定》。[4] 苏联国家教育主席 Г. A. 雅戈瑾对会议材料及上述《宣言》进行评价后做出了几个重要的声明，这几个声明在今天仍然具有重要的意义。第一，他解释说，不同的大学可以有不同的自治形式与自治程度。所有大学都应拥有权力，而某些权力只能是某些大学拥有。第二，大学自主权应当得到由苏联部长会议通过的大学章程的保护，而如果大学章程是由部长会议通过确认，那么国家监督机关就要付诸实施。[5]

苏联总统 M. C. 戈尔巴乔夫满足了教育科学协会的请求，于 1990 年 10 月 12 日签署了一份决议，即《高校的地位》。该决议指出，国家社会经济改革所取得的深层次成效以及社会道德进步与精神进步在很大程度上取决于文化及每个人的个性得以长期创造性地发展。要完成这一目标，就必须要求整个人民教育系统（包括学校）自由而高效地发挥其功能。

这份决议预见到了这样一次机会，即依照高校倡议给予高校自治组织的地位，且有权根据苏联法律及各加盟共和国法律来制定本校章程。根据章程大学获得了许多特权，如获得了基本资金以及其他由大学掌控的国家资产。

## 二、俄罗斯大学办学自主权落实现状

20 世纪 90 年代以来，俄罗斯重构大学与政府之间的关系，赋予大学以独立法人地位，并在组织人事、学术、行政和财政方面给予了高等学校更多的自主权。

### （一）出台了一系列有关落实大学办学自主权的法规与文件

1992 年俄罗斯联邦最高苏维埃通过了《教育法》，其中第 2 条确定了国家在教育领域的政策原则，其中包括教育自由与教育多元化；教育管理的民主性、国家—社会性，教育机构自治。之后在《教育法》基础上又制定了《俄罗斯联邦高等职业教育机构（高等学校）教育条例》，该条例于 1993 年 6 月 26 日由俄罗斯联邦政府——部长会议表决通过，而后该条例又于 2001 年 4 月 5 日由俄联邦政府加以修订并重新表决通过。无论是第一次决议还是第二次决议对高校自治都有很清楚的表述，在第二次决议中还强调高校既要对自己的活动负责，又要对学生、社会及国家负责。

1996 年俄罗斯《高等及大学后职业教育法》问世。该法律中的第 3 条就叫《大学自治与学术自由》，包括如下内容：

（1）大学自治就是大学自主选择与配备人员，并根据法律与大学章程自主实施教学、科研、财经及其他活动。

（2）大学要对个人、社会、国家承担自己的责任。大学举办者以及颁发教育许可证的国家教育管理机关在其权限范围内实施对大学管理，并监控大学活动是否与大学章程所确定的目标相符。

2005 年和 2006 年俄罗斯分别出台了自治机构法和国立（市立）非营利自治组织法。这两个法令的目标，就是把教育机构改造成另类的法权组织形式的学校。

第一个文件确定了自治机构的法律地位、自治机构的创办程序，改组与撤销、目的、财产的构成与使用程序、自治机构的管理原则，明确了自治机构与创办者及公民方之间的关系准则，自治机构在履行自己义务方面的责任。

2008 年 2 月 14 日俄联邦通过了 71 号政府令，即《俄联邦高等职业教育（高校）教育机构之标准条例》，该文件对大学自治有另一种表述，即自治是："高校为了实现其章程所规定的活动而高效做出决定所必需的自我管理制度。"

这些法律强化了高校的自治，也限制了权力部门，特别是教育管理部门对大学内部事务的干预。而政府对大学的影响仅限于职能作用，包括法律空间、税务制度、所有制关系；社会资源分配量以及对这些资源使用的去向，并凭借这些资源确定学生数量指标，甚至还包括监控是否按办学许可证要求进行办学，等等。

## （二）大学办学自主权的落实初见成效

在一系列法律保障下，俄罗斯大学在获取办学自主权方面取得了一些成效。首先，大学在组织人事政策方面拥有相当大的权力。现在大学可自主确定管理结构，自主解决职责分配问题，人员编制问题以及人员的选拔、招聘与安置问题。大学结构的组成及管理机关的组成（如职员全体大会、教学委员会、教研室）都属于大学权力自主行使方面。大学生招生名额大学也可自主确定。

但是大学行使这些权力时还应遵行办学许可证规定的数额。其次，教学领域有了较大的自主权。大学在大学章程、办学许可证及国家登记证框架下实施教育过程。大学制定与确定教育大纲、教学计划、课程大纲，对教育过程提供方法论保障，对学生学习成绩与鉴定实施监控，这种办学自主权是每所大学都具备的。当然，有一些学校拥有更多的办学自主权，且较之其他大学拥有很多的特权。俄罗斯前总统 Д. А. 梅德韦杰夫曾签署过一项法令，根据这一法令俄两所主要大学莫斯科大学和圣·彼得堡大学拥有更多的自主权，现在这两所大学都可以自主制定本校教育大纲标准及人才培养规格与要求，而其他大学只能依据国家教育标准培养人才。第三，拥有财务自治权。工作人员的劳动支付问题也属大学的权限，包括工资标准的制定、建立在学校自身财经基础上的职务工资、津贴、职务工资补贴标准以及奖金发放的程序与标准都属于大学的权限。第四，大学的这种自治逐渐成为在执法过程中被积极利用的具有真正权力的武器。在许多诉讼案件中自治原则成了拒绝满足申诉人的理由。例如，2002 年 11 月 29 日俄联邦最高法院形成了关于 Г.П. 尤金申诉取消 1994 年 4 月 28 日通过的俄联邦政府决议（407 号）第 8 条的决定。407 号决议，即《支持俄罗斯教育系统主要措施》，允许高等职业教育国立教育机构自主制定学校宿舍及公共服务的支付标准。法院拒绝满足尤金的申诉，理由有二：一是《高等及大学后职业教育法》在调整高教领域各种关系时已明确大学有自治权；二是考虑到中等及高等职业教育的经济特征，《教育法》第 42 条确定教育机构有权制定住宿、公共服务、生活服务等与教育过程不直接发生关系的其他服务的支付程序与支付标准。第五，大学自治原则通常在学校的章程里得到体现。例如，在莫斯科国立工业大学章程的第 5.1 条里大学自治被得到了固化。即"莫斯科国立工业大学拥有自治权，并对每位学生、社会和国家负责。莫斯科国立工业大学的自治就是根据俄联邦法律及本校章程自主选择与配备人员，自主从事教育、科研、财经等活动。有关自治问题在章程大学管理部分还有提及，章程的相关条例反映了俄政府 71 号令的规定，根据这一规定，"大学管理应遵照联邦法律、大学章程以及与创办方签订的合约，并在一长制与委员会制相结合原则上加以实施"。

总之，俄罗斯在赋予大学自治权问题上已经有所好转，除了以上所提五个方面外还取得了以下成果：①建立了校长遴选制；②赋予被选校长指派副校长的权力；③大学有权自己制定人员编制报表并确定大学的编制；④在《国家教育标准》基础上大学可自主确定教学计划与教学大纲；⑤取消大学教师教学工作量的严格规定；⑥有权形成内部管理结构，并有权设置各部门（分校除外）有权开展活动，包括经营活动；⑦有权支配因开展自主活动所获得的收入；⑧有权创办各类组织；⑨允许大学内部兼职；⑩有权提供相关教育大纲及国家教育标准未做规定的有偿补充教育服务；⑪有权租赁或出租财产，包括创办方提供给大学的财产。[6]

### 三、俄罗斯大学落实办学自主权的走向分析

一是致力于从中派主义自治模式向自由主义自治模式转变。国外学者分析大学自治的世界实践后指出，全世界存在着三种自治模式，即自由主义自治模式、中派主义自治模式和有限自治模式。自由主义模式以美国、英国、加拿大为代表，其特征是广泛意义上的大学自治。有限自治模式的特征是，国家权力机关首先努力控制高校创新与发展的进程；其次，积极参与高校内部事务；第三，控制高等教育系统的人才培养过程。属于中派主义模式的有法国、德国、俄罗斯，其特征是大学在教学、科研、行政及财务方面拥有自治权，同时大学与政府的关系受法令、政令及国家管理机关规章的控制和规制。但目前俄罗斯并不满足于中派主义自治模式。随着大学自治改革的不断深入，分权管理越来越受到大学的青睐，而且分权管理是自由主义自治模式的同义语。针对这种转变，有俄罗斯学者批评道："在这样的情况下贸然转向分权管理并致力于自由主义自治模式而不考虑曾经带给俄罗斯教育辉煌的一些因素，这是俄罗斯近年教育质量下降的原因之一。诚然，大学需要自治，但改革者们在保障自治的同时却忘记了'责任'二字，要知道，责任是自治的反面，且责任是集权管理固有属性。俄罗斯过去教育质量的保障靠的就是责任"。[7]

二是致力于抛开国家拨款，进行自主融资。当前俄罗斯大学的资金运转主要靠国家拨款。既然是国家拨款，那么国家就有权力与义务监管大学事务，起码要知道拨付资金的应用情况，这就导致了大学与国家的矛盾。一方面大学需要充分的自治权，另一方面国家又想控制大学。不久的将来这一矛盾有望得到解决。目前，俄罗斯在教育领域正着手大规模的改革，这种改革隐含了政府的愿望，那就是要把大批高校推向市场。得出这样的结论，出于以下事实：

第一，暂停教育机构私有化这一规定被取消；

第二，改革方案中明确指出："在过渡期大学可适当保持原所有制并在俄联邦管理之下。"[8]这就意味着，随着时间的推移，一大批高校将不再属于国有，将会被投向市场。大学被投向市场后，将会变成独立法人的自治机构，这就意味着国家不再给大学拨款，而要靠大学自主融资。随着《自治机构法案》的通过，教育机构确实有机会成为自治机构，但至今还没有一所大学利用这样的机会。这个法案会使大多数大学甚至其他国立教育与科学单位陷入融资困境，

因为它们不得不自主融资以保证其工作运转。相应地，这也会导致大学预算空额的减少，其后果是降低对教育服务的需求。

关于国家对高校的拨款问题，有俄罗斯学者指出："一方面要考虑俄教育系统多年的传统，另一方面，当国家给大学拨款时，事实上已经剥夺了大学的某些自治权，综合以上因素，应该赞同给大学乃至一切教育机构提供自治的必要性。而在以前，没有国家及全社会的财经援助未必能行得通，但应该往这方面努力。总之，国家对大学的拨款可以被视为国家投资形式。"[9]

三是重构管理体系与治理结构。赋予大学办学自主权后，法律给予了大学许多以前没有的权力。国立大学自主权的扩大也为其自身带来了风险，这不可避免地要求大学提高管理人员的质量，因为在大学法权地位与管理体系之间存在着一种最为直接的关系，也就是说，在提供给大学宽泛自治权时要求大学重构其管理体系。例如，在某些联邦大学成立了监视委员会，监视委员会的主要作用在以下审查：审查自治机构财务方案；审查自治机构活动报告、财产使用情况报告、财务计划执行情况报告以及年度会计报表；审查自治机构领导关于完善财产分配的提案（指自治机构无权自主支配的财产）；审查自治机构领导关于完善大型购买的提案；对自治机构的会计审计进行审查以及对审计单位的结论进行审查等。

## 四、结语

俄罗斯大学争取办学自主权自沙皇时代开始至现在，已走过了200多年的历史，然而其自治程度并未达到英、美等国的水平，原因是多方面的，但政治因素是主要因素。当前，俄罗斯正着手体制转型，这无疑给大学落实办学自主权注入了强心剂，自治水平也得到了提升，据俄罗斯人问卷调查，肯定俄罗斯大学在财务、人员保障、制定规划、设立大学分支机构等方面享有充分自治的，分别达52.1%，89.5%，80.0%，84.5%。[10] 由于苏联集权制强大惯性的作用，致使大学自治面临诸多问题，如财经自治权的缩小、分权后的大学集权问题。财经自治权的缩小主要表现为新版《高等及大学后职业教育法》及《教育法》中删除了高校在财务方面的一些权力，如"高校可在银行及其他信贷机构开设账户、存储资金，并可实施各类结算、信贷及现金业务，包括外汇业务"就被新版《高等及大学后职业教育法》删除等等。分权后的大学集权主要表现为：决策权下放到高校后，权力集中在"学校高层"，大学校长的权力有了进一步膨胀，而迫切需要办学自主权的院、系一级却没有真正的权力。因此，俄罗斯大学自治水平的提升，需要进一步深化体制改革，把办学自主权切实落实到学术基层。

之外，俄罗斯推行自由主义自治模式也很难行得通，因为，别国再好的制度安排，如果没有相应的文化环境做基础，那也是好看不中用。显然，当下俄罗斯尚未形成英、美等国这样的文化环境。至于将某些大学投向市场，这是有可取之处的。一方面大学在私有化后，将变成独立的法人自治机构，享有高度自治；另一方面国家也可减轻财经负担，从自治角度看，这具有积极意义。

## 参考文献

［1］Великая Хартия европейских университетов［EB/OL］. ［2013 – 09 – 02］. http：//www. sgu. ru/node/30323

［2］Чанбарисов Ш. Х. Формирование советской университетской системы［M］. M：Высшая школа, 1988：24

［3］Зиновьев С. И. Учебный процесс в Советской школе［M］. M：Высшая школа, 1975：30 – 32

［4］Молодцова В. Ещё один шаг по дороге в будущее［J］. Вестник высшей школы, 1990 (7)：8 – 9

［5］Якодин Г. После встречи ректоров［J］. Вестник высшей школы, 1990(8)：8 – 9

［6］Фиапшев Б. Х. Образовательные стандарты, автономия, академические свободы［M］. M：Народное образование, 2007：184

［7］同［6］165

［8］Концепция участия Российской Федерации в управлении имущественными комплексами государственных организаций, осуществляющих деятельность в сфере образования ［J］. Поиск, 2004( 4)：9

［9］Квопросу о совремеенном состоянии автономии вузов в России［EB/OL］. ［2013 – 09 – 02］. http：//lexed. ru/pravo/journ/1209/gus. doc

［10］同［6］165

# 第四章

## 俄罗斯大学学术自由的有限性分析

学术自由在世界上已经有 900 年历史，是大学办学的灵魂与基石，但世界上没有什么绝对的东西。同样，学术自由也不是绝对的，它受制于法律、制度、伦理等因素，故而学术自由是相对自由，但在条件允许情况下，应尽量扩大学术自由。目前俄罗斯学术自由主要受制于国家教育标准。

### 一、俄罗斯大学学术自由制度的确定

1992 年俄罗斯通过了《教育法》。《教育法》中对学术自由进行了阐释，即每个教育—科学活动的参与者有权（在国家教育标准框架下）选择课程、教学方法、研究课题及完成课题的手段，甚至有权自由获取为保障教学过程及进行科研所必需的信息。

1994 年俄联邦政府通过了《高等职业教育国家教育标准》，该标准专门安排了学术自由方面的内容，即第四章《大学在确定高等职业教育内容上的学术自由》。该标准第六章第 7 款也详细解释了大学在确定高等职业教育内容的权力与自由，如："6.1 大学自主制定并通过基础职业教育大纲及其实施办法。6.2大学在该标准所规定领域还享有其他权力，如教育领域现有法规所规定的权力及《俄联邦高等职业教育（高校）教育机构之标准规定》所规定的权力"。[1] 1996 年俄罗斯通过了《高等及大学后职业教育法》，该法第 3 款就是《大学自治与学术自由》，该款对大学学术自由做出了明确规定，即"教育教学工作者、科研工作者、学生都享有学术自由权，包括高校教师有权根据自己意愿讲课的自由、选择科研课题的自由及研究方法的自由，甚至还包括学生根据爱好与需求获取知识的自由。学术自由会导致学术责任的产生，即责任为自由探寻真理、

37

为真理的自由与传播创造最佳条件"。

2011年4月俄政府264号决议通过了新的《俄联邦高等职业教育(高校)教育机构之标准规定》。该文件跟以前的文件一样，没有专门安排有关大学自治与学术自由的章节，只在第5点里谈到了自治，但对学术自由的表述含混不清。

总之，根据俄联邦《高等及大学后职业教育法》、国家教育标准、高等教育机构之标准条例，大学、教育过程的参与者——教师集体、大学生都应拥有一定的学术自由权。就教育机构而言，教育机构有权制定并确认本科教育大纲及教学计划，并根据教学进度表实施大纲与计划；有权选举大学校长、根据高校标准条例制定并确认大学章程；大学有更换系主任、教研室主任以及教员的权力，有确定学术委员会人员的数量、选举其成员的权力；有权划清校长及学术委员的权限与权力；对创办方的拨款有编辑开销预算权；调整并确认在编人员定额(即在岗人员的结构与名额)，有权根据学费补偿调整计划内招生数量。

教育机构在解决这些问题时的自主与自由是相对的，原因在于决策由他们制定并由他们发布。

那么，教师在其工作中究竟拥有多大程度的学术自由？他可以制定本学科领域的教学大纲，即在教育标准框架下制定课程大纲，然后向大学领导确认教学大纲。教师可以选择实施教学大纲的方法与技术以及教学的方法与技术。可以就选修课的构成提出建议并按规定程序参与选修课的教学，之外教员还拥有其他大家所熟知的权力：

(1)选举和被选举为大学学术委员会成员；

(2)参与商讨并参与解决大学工作中的问题；

(3)提出本人职业工作的组织保障和物质技术保障问题；

(4)在保证安全前提下完成本人科研课题，并有选择地完成该任务的方法与手段的自由。

提高教师职业水平是大学集体自由权的最好保护。如给副博士、博士答辩人员提供学术休假，临时派遣他们去重点高校、去科研机构完成部分研究任务等。政府应承担这些工作的所有费用。在苏联时代国家保证教员甚至责成教员每五年就要进行一次业务进修，现行《高等及大学后职业教育法》也规定了教师的这种权力。该法第21条第2款写道："国家保证创造必要的条件以提高教学、科研人员的业务水平。国立高校及国立科研机构的教学科研人员每五年不得少于一次业务进修，国家对此必须拨付一定的联邦预算资金。"然而，国内占统治的市场关系则大大限制了这种可能。对教员的业务提高国家已停止拨款，而大学本身缺乏资金用于老师的业务进修，这种情况无论是在派出机构还是接收单位都客观存在。所发行的文件中都在创设一种观点，即学术自由在广泛地扩大并获得了发展。事实上不是这样，学术自由在广泛地扩大是建立在 20 世纪 90 年代初期文件基础上的，但只停留在宣言上。如同大学自治一样，这是一个复杂的过程，需要时间。大学自治、学术自由要想获得发展，有赖于俄罗斯公民社会的形成。人为地安排，尤其是人为地加快充斥发展会使俄罗斯大学走向另一个极端——整个教育领域效率的下降。

大家知道，学生是教育过程的主要参与者。学生的学术自由就是要获得高质量教育的权力，遵从"一切在比较中认知"原则，我们看看俄罗斯以外的大学是怎样解决学生学术自由的。

法国大学生在个人学习模块上享有高度自由，允许学生更加充分地考虑个人潜力以及对某一活动的学习追求，并有针对性地规划自己的职业生涯。其他欧洲、北美、大洋洲国家跟法国一样"大学自由"广泛普及。德国有所不同。德国传统上推行"自由大学生"主导思想，国家保证每位学生获得标准的教育质量。美、英大学生拥有很大的选课自由权。在以上这些国家学生可在第二学年，更多的是在第三学年可以选择他们感兴趣的或对他们未来工作有益的额外课程，因此他们有权制定个人学习计划。而俄罗斯学生虽然没有如此宽泛的学术自由，但他们也拥有许多权力。俄罗斯法律及政府文件在国家教育标准框架下使他们的教育质量获得了保障。目前，俄罗斯大学生拥有以下权力：

（1）有权选择选修课（对该培养方向或专业非必需的课程）和由相关院系和教研室提供的选修课（按一定程序选修）。

（2）有权在遵守高等职业教育国家教育标准前提下参与确定本人的教育内容。

（3）除了掌握专业课或培养方向课之外，还有权按照大学章程所规定的程序学习本校教授的任何课程以及其他高校教授的课程（根据两校领导签订的协议）。

（4）参与商讨并解决学校最重要的问题，包括通过社会组织和学校管理机构解决问题。

（5）遵照大学章程规定的程序可从缴费上学转向免费上学。

之外，法律也规定了大学生以下一些权力：

（1）依靠国家拨款计划内国立、市立高校的全日制学生有权获得助学金，资助额度由联邦政府规定，但不得低于最低工资标准的 2 倍。

（2）学生有权从学校行政当局获取俄罗斯居民就业的需求信息。

（3）按俄联邦（中央）教育管理机构的规定，保障学生从一所高校转入另一所高校的自由。在从一所高校转入到另一所高校时，学生的所有权力跟在同层次的先前学校一样得到保护。

（4）由国家委任的非国立高校的学生，在学术权力与学术自由方面与国立高校学生地位等同，但获取国家助学金的权力除外。没有获得国家委任的高校，其学生地位由该校章程确定。

除此之外，俄罗斯《教育法》第50条第4款写道："所有教育机构的学生都有权根据国家教育标准获得教育；有权在标准框架内根据个人学习计划进行学习；有权学习速成课程；有权无偿利用图书馆的情报信息资源；有权获得额外教育服务（包括缴费生）；有权参与教育机构的管理；有权获得人的自尊；拥有心灵自由及信息自由；有权自由表达个人意见及信念。公民在国家教育标准框架下根据个人学习计划进行的学习以及学生参与教育机构管理的形式遵照该教育机构的章程实施。"

以上所陈述的内容从《教育法》《高等及大学后职业教育法》中摘录而来。这似乎在说，大学生拥有广泛的学术自由权。事实上他们的这些权力是学生流动的基础，也是他们构建自己教育轨迹的基础，同时还反映了全世界的教育趋势。学生流动理应被认为是具有世界意义的大成果。然而学生流动以及学生自由构造教育轨迹此类的自由只是名义上记录在法律条文中。俄罗斯大学生不可以利用这样的自由，因为他们的自由受到了限制者的限制，这个限制者就是国家教育标准，大学生不能越雷池一步。

在俄罗斯还谈不上大学生的国际流动，原因如下：

（1）缺乏专门的法律及政府间关于学术交换的协议；

（2）国家教育标准及教学计划中所确定的课程与国外大学课程缺乏可比性；

（3）学生外语弱或不懂外语，这是俄罗斯教育大纲不足的表现；

（4）俄罗斯青年物质困难。

总之，俄罗斯大学的权力与学术自由仅限于选择教学技术、确定在岗人员的结构与编制上以及拨款来源和学生定额上。俄罗斯学者认为，这样的学术自由观太狭窄了，在集权管理教育的国家（如西欧的一些国家）人们对学术自由的看法与实施要宽泛得多。

## 二、俄罗斯大学学术自由的有限性分析

### 1. 俄罗斯大学学术自由跟大学自治一样受制于国家教育标准

1992年通过了《教育法》及新的《俄联邦高等职业教育（高校）教育机构之标准规定》。《教育法》第四章专门阐释《学术自由与高校自治》。值得注意的

是，这里的学术自由是排在前面的。

我们想根据文件公布的时间顺序仔细研究一下最近十年来法律、决议中"学术自由"概念的变化，十年，时间不长，但也不短，在这十年中对这一问题态度已发生显著变化。例如，在后苏联时期的头一批文件中"学术自由"是摆在前面的，而在后面的文件中它却排在了第二位，而最近的文件干脆不提"学术自由"了（如2001年4月5日通过的《大学之标准规定》）。

大家都知道，苏联时期学术自由跟大学自治一样都被中断过，某些学科和课程被冠以"有害的"和"资产阶级的"而被驱逐出高校（如遗传学、控制论、地籍调查学），而后又驱赶科学家及著名教育、科学活动家，其结果是导致俄罗斯科学在该领域大范围的落后。虽然这些行为是国家行为，但其后果却影响深远。

践踏学术自由，强暴科学、藐视学者的意见与建议，这样的例子在俄罗斯还有很多。当时，一些学者对此表示坚决反对。А.П.亚历山大洛夫院士指出："（那时）章程是大学教育的绊脚石，当时正值批判遗传学、控制论，这时的章程带有反科学性。在列宁格勒大学这种反科学的趋势没有得到扩散，自1951年始该校就开始教授遗传学，控制论课程也从未终止。而莫斯科大学则相反，该校没有开设遗传学，且凡是学习遗传学的学生都被开除，而控制论也遭到怀疑。而列宁格勒大学（即现在的圣·彼得堡大学）则保持了大学的良心，这是由大学教育的本质决定的，在大学自由发展中有着最伟大的意义，在这里个体的自由发展是全体自由发展的条件。大学应当成为自由思想的中心、跟道德自由做斗争的中心，同时，也是自由传播真理与人文主义思想的中心。"[2]

因此，在苏联的大学中只有列宁格勒大学（圣·彼得堡大学）能够遵循学术自由原则，把过去同现在相比，高校在大学自治与学术自由方面所取得的巨大成就是很显著的。

出于对现代高校活动的理解我们可以得出以下两点结论。第一，虽然俄罗斯大学在获得自治与学术自由权方面有所进展，但目前行动不多。第二，由于主客观原因，绝大多数高校不能利用自治与学术自由，很多高校只能以变相的截肢的方式去运用。那么俄罗斯高校工作人员是否没有发现或没有关注学术自由？为了回答这个问题我们重新去看看正式文本的法律条文。《高等及大学后职业教育法》第3条、国家教育标准第6.1点（第四章，高等职业教育教育机构之标准规定）都确认了学术自由原则，但必须是在教育标准框架内，在教育标准中教学课程是被严格固定的，且联邦课程每个单元的教学时数预算也规定得相当死板。教研室、系（部）及教师无权根据自己意愿把那些能够改善学生培养质量、提高大学竞争力的课程列入教学计划，也无权对是否执行教学计划照例

41

进行严格检查。从前，是上面来人检查，而现在转由"教学方法论协会"监督各大学教学计划是否与教育标准相符，而该协会的宗旨是不允许教学计划脱离国家教育标准的。因此学者团体，特别是教研室、系(部)、教师不可能对教育内容施加影响，学生也无权构想自己的教育路径和走自己的发展道路。这样，教授联邦课程的教师，他们所提意见与建议也就没有多少实质意义了。地区课程(民族——地区)、选修课程、系(部)课程是很有特色的课程，然而这些课程安排的时间太少，尤其是系(部)课程和选修课程。

同时正式出版物大肆宣扬，说当今大学摆脱了行政部门的约束与控制，已经拥有真正的自主权和充分实现学术自由(教学自由、研究自由、学习自由)的必备条件。大多数人认为，大学不仅适合自身的发展，也能满足本地区和企业的需求，同时大学也应与学生完全自主设计自己的教学进程与研究进程相协调。对此，М·格洛姆科夫提出了相反的观点。他认为，"联邦《教育法》所声称的教师职业自由停留在口头上，没有付诸实施，尤其是那些要实现它的人不能理解"。[3] 公正地说，法律在保障学术自由方面做了不少的工作，尽管大学及其他高校常常不能采用或变相采用大学自治与学术自由方面所取得的成果。大学自治、学术自由是与大学责任相伴而生的，然而许多大学完全抛开了大学责任。学术责任是大学代代相传的传统原则。为什么俄罗斯许多大学不认同这一原则呢？我们不追求这一问题的答案，但可以说，俄罗斯高校本身的缺陷是重要原因。高校的未来教师在研究生学习期间没有学习过高校教育史，在他们的培养计划中没有专门开设有关高校传统与高校原则的课程，而这些课程正是培养他们对高校的责任精神与奉献精神的。

然而美国高校则不同，在美国教育模式里高校教师的培养都设置了这些课程。例如，在他们的研究生培养大纲中就安排了如下课程：

"美国高等教育发展问题与走势"；

"高等教育历史与高等教育哲学"(包括高等教育史和高等教育进化、高等教育系统各类学校的功能等)；

"从法律角度看高等教育"(包括美国高等教育的法律地位，受教育者的权力与义务，劳动市场、影响教育发展的联邦法与州法)。[4]

学术自由这一主题在俄罗斯著名学者的著述中都有研究，例如前面援引过А. Л. 亚历山大洛夫及 В. А. 萨多夫尼奇的观点。在 Э. Д. 德涅布罗夫、В. Г. 基涅列夫、А. Н. 吉鸿诺夫的著述中对学术自由也有所论及，这些人都执掌教育管理大权。如 В. Г. 基涅列夫在论文中认为："学术共同体是教育服务和科技产品的自主创造者，行政部门作为其雇主扮演着所有者角色，学生团体则扮演着教育服务消费者的角色，学术共同体不仅依靠行政部门，同时还要依赖于学生。这种依赖关系首先是通过拥有选修课优势的教学体系实现的，而这一体系则显示了学生对某个具体教师教育服务的需求，这也是大学行政部门雇用他的理由。"当然，这种说法未必是对的，似乎"学术共同体是教育服务的自主创造者"。这就如同"人民是自己幸福的创造者"一样。关于这一点在过去时代已深深地在人们的心灵深处及行事方式中打上了烙印。

也有学者对此持反对意见，其原因就是，整个教育过程都是按照国家教育标准实施，而标准则对教育过程及教育内容都做出了严格的规定。前面引用片断中谈到"具有选修课优势"的教学体系，然而恰恰相反，俄罗斯大学的选修课开设太少，可以说，仅仅是存在选修课而已，根本谈不上对学生培养具有影响。之所以要把 В.Г.基涅列夫的观点同现实状况进行对比，其原因就是，即使他不是国家教育标准的制定人，也是标准的思考者。值得高兴的是存在着一个不争的事实，那就是凡是被委派的大学"在制定与实施本校社会经济政策、学术政策、人事政策等方面拥有自由判例权。"[5]指导思想上应该是这样的，但是大学在解决这些问题时其作为是有限的，只能局限在标准及《大学条例》的框架内，而有了这些条条框框，В.Г.基涅列夫所指的权利是无法实现的。

我们再分析一下 А.Н.吉鸿诺夫参与的、集体创作的专著中所陈述的另一观点。该书认为："教育机构的自治原则是现代教育系统管理的基本原则，该原则要求教育组织自主解决教育过程管理中的问题，如教育方法、教育技术的选择，在岗人员结构的确定，融资渠道的确定，学生数量定额等。教育机构自治得到进一步发展。"[6]从这里可以看出，大学的权力包括了教育方法、教育技术的选择，在岗人员结构的确定，融资渠道及学生数量的确定等。当然，以上因素对教育进程的影响是正面的、积极的，但缺乏一项最基本的权力，即大学对教育内容及课程构成的影响权。缺乏这一权力大学很难对劳动力市场需求作出快速反应，更难做到工作超前。在俄罗斯，如果否认联邦课程与地区课程，如果这些课程得不到严格的维护，那么教育可能会陷入一片混乱，但必须要扩大大学课程的设置（即由大学自主开设的课程），给教育机构创造一种灵活、快速应对市场的空间。现有的大学课程已被削减到最低限度，显然，大学课程的设置不能指靠现有的课程。

2. 把学术自由"消溶"于自治概念中

学术自由与大学自治是紧紧捆绑在一起的。尽管这两个概念不是同义词，但人们在谈起第一个问题时，总是联想到或影射第二个问题。传统观点认为，自治是一个更加广泛的概念，它包含着学术自由。我们认为把学术自由"消溶"于自治概念当中是错误的。前面提到 В.А.萨多夫尼奇的专著就是把学术自由

"消溶"于自治概念当中的一个很好例子。该书指出："大学自治是指大学的自我管理，自治不仅要促进生产，还要促进知识量的扩展，而知识量的多寡以大学认为合适为准。大学自治习惯于分为科研中的自治、教学活动中的自治、行政活动中的自治及财经活动的自治。科研活动中的自治是指基础知识的创造者有权按自己的计划工作而不受任何外来干预，因此对其工作成效的评价只能来自同行。同样，教学活动中的自治包括大学在其权限范围内有权决定把什么知识传授给学生及为达此目的应采用什么样的教学方法。至于行政自治则包括自主制定招生计划并监督实施，自主确定教学与科研人员，自主制定自己的教学大纲、自主授予学位、自主与国内外其他高校建立合作关系。"

对引用片段所存在的问题，我们不做更多的研究，重要的是要对学术自由与大学自治单独分析，因为，这样可以促进俄罗斯大学各流派的形成和发展。大学自治是相对的，而学术自由与自治相较则是绝对的，比起自治来学术自由则更加积极和活跃。由于大学创办方负责给大学拨款，要维护其确认的大学章程，要达到教育标准的要求，故大学必须要向国家、创办方报告工作。

这里有几个问题需要注意的，即自治导向何方，对自治理解有误以及自治被错误地利用（如创办许多非国立大学及国立大学的分支机构等）。总之，对于学术自由与大学自治在俄罗斯已经理解与领会，但实施方案却不是最好的。

现在出现了这样一种局面，即现有法律法规并没有对非质量教育起到抑制作用，结果导致培养的飞行员不懂飞行，培养的医生不会治病，农艺师不会种地，工程师不懂技术开发，经济师对财经活动只知皮毛等。大家都清楚，当今的教育状况是由经济问题引起的，尤其想要强调的是，大学自治与学术自由不是全面解放，也不是彻底自由。因此，在当今俄罗斯教育规则的制定不仅需要，而且必需（尽管这种规则不符合学术自由与大学自治的精神）。

### 三、结论：俄罗斯大学学术自由是有限自由

在社会发展阶段教育领域里教学进程的严格规制已经与学术自由产生了抵触，也就是说损害了学术自由。为保障教育的发展必须解决这一矛盾或缓解这一矛盾。可时至今日，这一问题在俄罗斯还未彻底解决，学术自由还很有限。这一结论我们在前面阐述过。

第二个结论是：在第三版高等教育国家标准框架下俄罗斯绝大多数高校不能行使大学自治与学术自由权，许多高校即使行使这一权力，那也是变相的、失真的。不能行使学术自由权的客观原因就是大学无权对教育大纲施加影响，也就是说，学校无权安排课程，既不能把需要的课程安排进培养计划，也不能

从培养计划中删除不必要的课程，更不能用一门课程代替另一门课程，因此，需要重新考虑国家教育标准。此外，为了使学术自由能顺利实施，大学在不损害教育大纲的基本框架及保持学校工作与国家教育标准相一致的同时能够按自己的意愿行事，这也是必需的。对此，B. Г. 基涅列夫在其专著中坚决指出："为了在高等教育市场中高效发挥功能，大学应当根据教育服务市场行情与劳动力市场需求行情自主做出决定。"[7] 遗憾的是，大学并没有这种权力。或许会有人提出反对意见，以上所提问题完全可以由选修课与地区课解决。但前面已经谈到，选修课与地区课都有自己的特定使命与任务，它们不可能解决现在的问题，唯一能解决问题的就是把大学课程安排进国家教育标准。

主观原因就是教育管理机构不能正确对待持不同观点者，特别是联邦主体（指各加盟共和国），他们官僚主义根深蒂固，习惯于按图索骥，按"标准"思维。对国家教育标准不得有丝毫偏差，一旦出现一丁点偏差就被视为非常事件，显而易见的是，教育管理部门认为，一旦偏离标准，就会导致教育质量下滑。管理人员的行为是影响学术自由的主观因素。这里先说说校长本人的作用。校长的观点影响着学术自由。但遗憾是，大部分校长都行事谨慎小心，行事原则是"不出任何问题"。显然，这种观点与上面所列著名教育活动家关于学术自由的观点背道而驰。

思考教育现状，归纳以上论述，我们认为，俄罗斯学术自由在与旧残余与现代官僚的艰难斗争中正在为自己铺平道路。学术自由是广义民主的一部分，表现为没有限制，分享权力。任何限制与压制都会引起教育科研共同体的法律抗议。

然而俄罗斯正经历着一个把自由理解为放任自流的特殊阶段，许多高校领导及一些只顾眼前利益的教学科研人员已不再思考缺乏责任的后果，其结果就是教育质量下降。

年轻一代没有获得应有的教育和必需的专业训练，在他们的意识当中就存在着受贿心理，并且藐视法律。现在在教学科研共同体学术自由与现实生活之间就存在着这种联系。因此，急需一种把教育机构领导的行为导向负责履行自己义务轨道的机制。

那么，古典民主国家是如何解决学术自由问题的呢？我们以英国的教育制度为例来回答这个问题：在英国没有制定过政府层面的国家教育标准，大学自主确定本科教育大纲及课程大纲的内容，无须获得中央政府的批准，不同高校同一专业的课程内容可根据用人单位的要求而发生变化。而在俄罗斯大学则没有这种权力，在现有条件下给俄罗斯大学提供这样的自由可能会导致教育的崩溃，因此，我们认为，在要求（限制）与学术自由之间需要一种最优化的相互关系。这一问题的解决有赖于将大学课程纳入国家教育标准中去，尤其是要加大地区课程、大学课程和选修课程的比例，这样才能解决学术自由的问题以适应这个快速变化的社会。法律、标准文件以及国家教育标准，初看起来，好像解开了大学的双手，给它们提供了广泛的权力，而实际上严重地限制了教学过程的组织与教学内容，也不能对快速发展的科学及稍纵即逝的现代化生产做出快速反应，因此，需要找到一种平衡。世界著名教育活动家的论断以及联合国教科文组织的决定为俄罗斯高校的学术自由提供了根据。1998 年 10 月联合国教科文组织在巴黎召开了世界高等教育大会，其议题是《21 世纪高等教育：路径与实践措施》。大会主要讨论的问题是学术自由与教育路径之保障。以下简要阐述一下此次会议关于完善高等教育并使其更具包容性方面的内容。

（1）所谓高等教育的包容性是指那些拥有必要的能力与动机，在生活道路上各阶段做好充分准备的人获得高等教育的包容。

（2）高等教育的包容性意味着采用各种方式以满足生活道路上各阶段人们的教育需求。

（3）高等教育的包容性意味着不仅要教给学生知识，首要的是要对学生进行培养。

（4）高等教育的包容性意味着，它应当履行卫士与启蒙者职能。高等学校的智力资源及其大学所固有的思想自由应向人们指明真理，使人们清楚并预测践踏真理与正义所导致的后果。而最终大学应当研究未来社会的发展趋势，并根据这样一些原则，即未来在最低程度上取决于技术潜能，在最大化程度上取决于社会设想中的潜能与愿望来确定大学选择最优发展之路。

（5）高等教育的包容性意味着，在出现价值危机时，它应充当伦理的引导角色。

（6）高等教育的包容性还意味着，高等教育正在实施的各种活动应当促进尊重与考虑他人利益与愿望的世界文化的形成。

（7）高等教育的包容性意味着高等学校与其他社会学院的团结。

（8）高等教育的包容性意味着，负责任地自治与负责任地报告工作是高等教育管理的基础。[8]

以上所列问题都在联合国教科文组织的世界高等教育大会指明，高等教育不应屈服于使其偏离预定方针的压力，但这并不是说，高等教育要把自己深锁在"象牙塔里"。相反，它应明白无误地向承担社会责任的政治权力指明道路。只要高等教育保持自治，承担内部管理责任，并向内外权力部门报告工作，那么高等教育就能够扮演这种角色。负责任地自治与负责任地汇报工作是评价高等教育工作成效的条件，也是"学术自由"这枚奖牌的两个面。

当时建立在《高等及大学后职业教育法》、国家教育标准和高校条例基础上的俄罗斯大学自治和学术自由，现在看来只不过是顺应潮流。确切地说，俄罗斯高校的自治与学术自由是残缺不全的。为了寻找这个问题的答案，我们重新思考了俄罗斯过去与现在的教育问题，仔细研究了关于这一主题发表的书刊，其结果是，为维持教育空间，限制是必需的。但大学教师，特别是教育机构的领导不能充分利用已获得的自由来为国家谋利益，在俄罗斯国内很难找到一种力量来维持俄罗斯教育多年积累的价值。

综上所述，俄罗斯学者认为，在大学自治、学术自由有限的情况下，在执行国家教育标准时要对国家课程及民族地区课程的完成情况实施严格的质量监控，因为国家课程及民族地区课程如果没学好，是不可能成为专业工作者的。如果说在国家教育标准框架下给大学留点自主权、自治权和学术自由权的话，那么就应当扩大大学课程、选修课程的比例。俄罗斯的第四版高等教育国家标准，有望解决这一问题。

## 参考文献

［1］Государственный образовательный стандарт высшего профессионалного образования. Издание официнальное［M］. M. : 1995：13 – 17

［2］Александров A. О сущности университета［J］. Вестник высшей школы, 1990(5)

［3］Громкова M. Позиции и амбиции［J］. Высшее образование в России, 1999(2)：70

［4］Жураковский B. Право и самостоятельность［J］. Высшее образование в России, 1995 (2)：23

［5］Кинелёв B. Г. Объективная необходимость. История, некоторые итоги и перспективы реформирования высшего образования в России［M］. M. : Республика, 1995：201 – 205

［6］Тихбнов A. H. и др. Управление современным образованием. Социальные и экономические аспекты［M］. M. : Вита – Пресс, 1998：39 – 40

［7］同［5］201

［8］Всемирная конференция ЮНЕСКО по высшему образованию. Высшее образование в XXI в. : подходы и практические меры［R］. ЮНЕСКО. Париж, 5 – 9 октября 1998г

# 第五章

# 俄罗斯高等教育治理概述

俄罗斯高等教育治理包括了国家治理与大学内部治理。国家治理包含了办学体制、融资体制、宏观管理、全国统考等诸多要素，内部治理包含了大学内部管理体制、大学内部权力的运行与架构诸因素。下面做概要阐述。

## 一、俄罗斯大学外部治理：国家治理

### (一)大学办学体制(主体)多元化

在高等教育办学体制上，大学实行了办学主体多元化，即实行由国家、地方、社会和公民个人等多主体的办学体制。高等学校(军事院校除外)的办学主体不仅是国家权力机关，也可以是地方自治机关，还可以是本国或外国的各种所有制形式的企业、机关以及它们的联合公司和协会。此外，已经注册的各种社会组织、宗教团体乃至俄罗斯及其他国家的公民也可以成为办学主体，以上各种办学主体还可以联合办学。这种多位举办主体的规定使俄罗斯高校的办学形式多样化，产生了高等教育的三种类型：国立的、地方的和非国立的，这就将高等教育放置在社会中，让更多人参与进来，主动吸纳社会资金以促进高等教育的发展。俄罗斯开始真正给予非国立高等教育与国立教育平等的地位，非国立高等学校真正从国家方面获得资金、设施上的支持。在过渡时期，非国立高等教育发展最重要的特征就是教育质量受到关注，不仅国家层面有了一定的政策和机构保障，而且这种质量意识也已经深入到了非国立高校本身的发展思想中。

虽然近年来俄罗斯非国立高等教育发展很快，但大多是人文社科类专业，理工类专业较少。

### (二)实施高等教育评估制度与高等教育国家教育标准制度

(1)根据《俄罗斯联邦教育法》,俄罗斯高等教育实行由中央联邦政府、联邦主体和地方自治机构三级管理,各级管理有其明确的权限。

(2)建立高等教育国家教育标准实施对大学的宏观管理。俄罗斯于1993年首次制定高等教育国家标准并严格按照教育标准对大学实施教育教学管理。高等教育标准涉及办学条件、毕业生的学业水平要求、课程体系等诸多内容。后面章节再做详细阐述。

(3)通过评估对国家高等教育实施宏观管理。包括4个方面:

一是许可证制度的实施。许可主要考察:①有关文件是否完备:包括学校的章程、条例、注册的执照等;②办学条件是否合格:包括防疫和卫生标准、教学设施设备、占地面积、教育工作人员的学历、师生比等。

二是评定制度。评定是根据国家教育标准对高等院校的教学内容、教育水平和教育质量进行评价和证明合格的过程。评定主要考察已通过许可的高等院校的教学工作和教育质量情况,如果说许可程序算是对办学的"硬件"进行了考察,那么评定程序将是对办学"软件"实力的进一步考察。

三是鉴定制度。鉴别高等院校的类型分析和评价的内容主要包括:教学内容是否与国家教育标准相符;毕业生的知识和技能是否与国家教育标准相符。鉴别高等院校种类的分析和评价的内容主要包括:教育机构提供的所设专业名单和完整的课程方案;毕业生继续更高层次学习的可能性;科学研究的性质(基础性、应用性或探索性)和数量;学校教学人员提供教科书、专著和指导材料并确保在教与学过程中的应用;科研与教学人员的构成;必要的教学实验设施与设备;为毕业生提供就业的机会和研究课题应用的可能性;教育机构提供配备学生宿舍、餐饮、运动娱乐设施以及社会医疗服务的情况;参加国际合作情况;作为文化与教育中心的机构承担活动的情况。

四是自我审核评估。自我审核评估就是对大学的教育活动、科研工作、国际活动、财经活动、基础设施、残障人士的学习六个方面实行自我审核,并撰写自评报告。

纵观俄罗斯的高等教育评估的发展历程,"专业化"和"规范化"一直是其评估工作追求的标准。之后俄罗斯联邦组建独立的国家评定委员会以及相关的评估实施机构与监督机构等,并通过评估制度的"许可""评定"和"鉴定""自我审核"这四个程序将办学资格评估、办学水平评估与对高校地位与发展的认定有机结合起来。

### (三)建立起多渠道融资体制

大学教育经费首先来自占主导地位的国家财政拨款,即多级财政预算体制。独立后俄罗斯实行分级预算制度,目的是在明确各级政府事权的基础上,依法合理划分各级政府之间的财权。在高等教育领域,俄罗斯设立了三级预算体制:第一级为联邦预算,第二级为联邦主体预算,第三级为联邦主体下属的区、市镇、乡预算。第二和第三级预算合称为地方预算。联邦预算、地方预算,再加上预算外基金,构成俄罗斯联邦统一预算。俄罗斯根据三级预算体制将单一的高等教育拨款体制改为在联邦预算、联邦主体预算和地方预算共同基础之上进行,国家不再作统收统支。国家依据联邦和地方的教育拨款,保证俄罗斯公民在国家教育标准范围内接受教育。国家保证每年拨给教育的财政经费不少于国民收入的10%。

其次,实施收费教育(双轨制)制度。自1992年开始,学费越来越成为高校办学的物质支撑点,在高校办学成本中所占比重日益增大。现在俄罗斯国立高校的学生分为两类:一类是免费生,一类是自费生,比例各半,自费生的比例,有的学校甚至占学生总数的70%。

第三,高等学校自身的创收也是大学办学经费的部分来源。当前俄罗斯大学融资的主要问题是,国家对高校的投入仍然不足,高校教师工资偏低,以至于许多老师在外兼职或自己开办公司,影响了正常教学秩序。

### (四)推行全国统一高考制度

为推进大学招生考试的公平与民主,扩大弱势群体和偏远地区学生的入学机会,1999年俄教育部成立了国家测试中心。2001年,俄罗斯在保留传统的大学自主招生考试制度的同时,开始推行国家统一考试。

统一考试已成为许多国家或地区大学入学的重要环节。从20世纪世界各国高校招生的宏观情况来看,从分散走向统一是一个大趋势,其间存在一定的规律性。从分散走向联合,将各高校自身发展中具有共性的部分统一起来,以达到高效、公平和具有可比性,是考试制度发展的内在要求。俄罗斯在继承与变革中逐步改革高校招生考试制度,先后分别实行了集中测试和国家统一考试。事实证明,俄罗斯统考在一定程度上扩大了农村学生和弱势群体学生的大学入学机会,而且增加了这些学生进入有名望大学和热门专业的机会,有利于缩小区域差异、城乡差异,促进阶层流动,促进高等教育公平。

### （五）规定了高等教育人才培养类型

当前，俄罗斯形成了三个层次不同类型的人才培养。第一层次为不完全高等教育阶段，为高等教育的初级阶段（专科阶段），主要培养技术员和初级工程师。第二层次为基础高等教育阶段，建立在普通中等教育基础上的高等教育培养大纲，学习年限应不少于4年，学生毕业后获学士学位和高等教育证书。第三层次为完全高等教育或专门化教育阶段，主要培养专家型高级技术和应用型人才。包括两种形式：①建立在普通中等教育基础上，按统一大纲进行5~6年的专业学习，学生毕业后获高等教育毕业证书及其所学专业工作资格证书；②建立在基础高等教育基础上，按专业方向进行2~3年的硕士培养，毕业时学生通过考核可获高等教育毕业证书及所学专业的硕士学位。完成任何一种形式的第三层次高等教育的学生都有资格报考研究生部（副博士）（说明：俄罗斯本科阶段的学位分学士和文凭专家，学士学制4年，文凭专家学制5年。在苏联时代，本科阶段只培养5年制的文凭专家）。俄罗斯加入"博洛尼亚进程"后，其高等教育系统融入欧洲教育空间，高等教育领域引入了4年制的学士教育和硕士教育。硕士是建立在本科教育基础上的，采用的模式是"4+2"或"5+1"模式，即4年学士阶段学习加2年硕士阶段学习获硕士学位，5年的文凭专家阶段学习加1年的硕士阶段学习获硕士学位（等同于英美等国的master）。俄罗斯研究生教育包括副博士研究生和博士研究生教育。前者是建立在双轨制基础上的，一轨是与苏联时期相同的"文凭专家—副博士—博士"，另一轨是"学士—硕士—副博士—博士"。副博士研究生招生必须通过入学考试进行选拔，博士研究生则在副博士基础上通过入学考试进行选拔。

俄罗斯高等教育人才培养的特点是：高等教育（不包括大学后教育即研究生教育）培养人才的类型主要有学术型和应用型两种，包括4年制的学士培养。

这里存在的主要问题有：①由于新体制推行的力度有限，加上国家和社会经济部门一直没有对多级高教体制毕业生的相应学历（学士、硕士）待遇做出明确规定，以致多数高校的学生仍按5~6年制文凭专家的形式毕业。随着国家对四年制学士教育的强制推行，这种状况在发生改变，学士培养已超过5年制文凭专家培养数量。②目前俄罗斯许多地方性院校客观上的传统培养模式并不能达到本科生培养要求的水平，即不能保证大众化的基础职业知识教育。尽管如此，这些地方高校却在为社会不断地输送"专家"，这些"专家"毕业后就学位而言等同于在国立莫斯科大学学习6年并已达到硕士水平的毕业生，这就出现了重点高校与一般性高校在人才培养层次上相同，但在人才水平上却迥然不同的现象，导致人才市场上出现高校毕业生水平良莠不齐的状况。

### （六）规定了高等教育层次结构

20世纪90年代初，俄罗斯通过了《俄罗斯高等教育多级结构暂行条例》。高等教育结构发生了重大变化，形成由三级学习内容和期限各不相同但又相互衔接的教育和职业培养计划组成的多级结构。第一级，是由高等院校实施的不完全高等教育，学制不得少于2年。此类毕业生享受以下权利：①继续接受高等教育；②获得无考评的不完全高等教育毕业证书。第二级，颁发"学士专业资格"和"文凭专家资格"的高等教育。教育大纲包括人文科学、社会经济、自然科学等普通的学术课程，也包括普通职业课程和专业课程，还包括具有职业意义的生产实践，时间不得少于4年。而"文凭专家资格"的学习时间不得少于5年。第三级，获得"硕士专业资格"的高等教育。这一级以两个职业大纲为基础，一是按相应方向的学士大纲学习，二是不少于两个专业的培养，还包括毕业生的科研实践和科学教育活动，总学时不得少于6年。其主要特点有：①4年制学士培养与5年制文凭专家培养同时并存。②硕士培养由高等教育完成而未纳入大学后教育（研究生教育：副博士和博士培养）。③俄罗斯高等教育自成体系，未完全照搬别国模式。

存在的主要问题包括：俄罗斯高等教育"自成一体"的特征集中表现在人才培养制度与国际惯例的不可通约性或封闭性。如在俄罗斯高等教育领域曾经只通行一种人才培养方式———"文凭专家"专业资格，这种高等教育资格证书由于缺乏教育的层次标识而与国外高等教育缺乏可比性，造成俄罗斯高等教育严重"自闭"。为了走向国际化，俄罗斯在高教领域推行了多级结构，但由于旧体制强大的惯性等原因，致使多级结构难以推行。

### （七）整合高校资源，构建大学金字塔型能级结构

俄罗斯高校创新结构、机构整合的改革大约从普京第二个总统任期开始，这些改革旨在使俄罗斯高等学校合理布局，以提升高校整体实力。构建大学金字塔结构，这既是俄罗斯高等教育国际化的第二个大手笔，也是高水平大学建设的第二步。2008年9月，时任俄罗斯总统的梅德韦杰夫签署《关于莫斯科国立大学和圣彼得堡国立大学享有特殊地位》法令，确立了这两所大学作为俄罗斯高校金字塔的顶尖地位。接下来一层是享有联邦级自主权、承载区域发展特殊使命的联邦大学；第三层是与联邦大学同时完成基础与应用领域广泛研究的国立研究型大学；第四层是承担培养各方面高端人才重任的综合性大学；最底层是以培养学士学位人才为主、硕士学位人才为辅的普通高等院校。

俄语中并没有一流大学的直接表述，但一直有重点大学的说法（ведущие

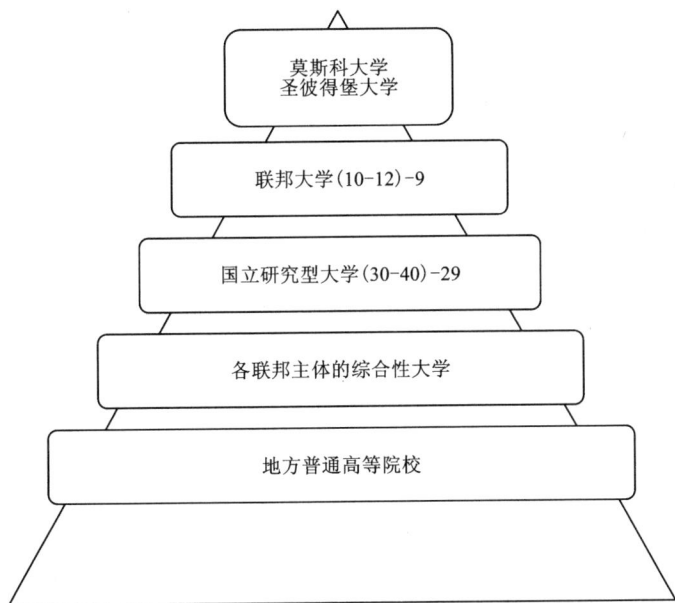

университеты）。从直观的金字塔架构来看，自国立研究型大学起至顶层均被归入重点大学之列，这也就是国家通过竞争机制、重点扶持等措施努力打造的一流大学。而最下面的两层包括省（州）属或市属的综合性大学及其他公立院校，它们是俄罗斯高等教育体系的基础，约占国立、公立高校总数的90%左右。

　　金字塔结构中的联邦大学和研究型大学是俄罗斯建设高水平大学类型创新的尝试。联邦大学是一种具有联邦地位的大学，与莫斯科大学和圣彼得堡大学一样，联邦大学校长由总统任命，享有国家特殊拨款待遇。它一般是由本区域几所大学联合而成，也有以单独一所底蕴深厚的传统大学为基础升格而成，比如西伯利亚联邦大学由本区域3所工科大学和一所综合大学整合而成，而乌拉尔联邦大学主要由原乌拉尔国立大学升格而成。

　　组建联邦大学的目的主要有两个：一是改变全国高校布局不均衡的局面、从整体上提升高等教育的发展水平；二是科学整合资源，打造地方性优秀大学，吸引当地青年以及有才能的外地青年在本地求学和就业，促进地区经济的创新发展。之前俄罗斯的主要高校，尤其是重点高校都集中在以莫斯科大学和圣彼得堡大学为中心的中央区和西北部地区，其他地区不仅数量少，质量差异也很大。俄罗斯计划再建立10所此类大学，并要确保全国9大联邦区各有一所，并要将它们建设成地区重点高等教育中心，进而争取 5~6 年时间里有联邦大学跻身俄罗斯名校 10 强，2020 年前跻身世界高校百强。截至 2014 年，俄罗斯已经完成了 10 所联邦大学的组建计划。

与联邦大学网的组建相比，研究型大学网的构成相对简单。这类大学由联邦政府通过大学发展规划竞争机制选拔产生，有效期为 10 年，有效期内受政府资助，享有特殊权利，主要职责是为科学、技术、工程、经济、社会领域培养人才，发展高技术产业。2008 年 10 月，时任俄罗斯总统梅德韦杰夫签发了《建设国家研究型大学的实施计划》总统令，提出要建设一批具有世界水平的研究型大学，使它们成为俄罗斯高水平的科研基地和人才培养基地。为支持国家研究型大学建设而划拨的联邦预算资金 2009—2010 年就达到 121.495 亿卢布。该计划提出在全国重点建设 40~50 所研究型大学，目前已有 29 所榜上有名。

着力构建大学金字塔，加速本国高水平大学的建设，只是俄罗斯推进高等教育变革的第二步，而其终极目标则是向世界一流冲击。正如普京所强调的，"必须使俄罗斯一流大学在世界教育和学术排名中处于前沿，这是国家创新体系的重要环节"。为此，俄罗斯正在推进"5top–100 计划"、加速冲击世界一流大学。进入 21 世纪第二个 10 年，争创世界一流成为俄罗斯大学发展与改革的重要任务。在普遍依据量化评价体系评价大学水平的当下，秉承苏联传统。之前不屑参与和认可世界大学排名的俄罗斯，已经无法面对俄罗斯高等院校在一系列世界排名中所处的尴尬地位。2010 年 5 月俄联邦政府第 354 号决议阐明，以高科技为引领的俄罗斯经济发展需要创建世界一流大学，它们同时肩负为国家高科技领域培养人才、推动科技创新发展等多项任务。2012 年 5 月，普京签署俄罗斯政府第 599 号令，正式实施《关于国家政策在教育和科学领域中的落实措施》，其中首次提出 2020 年前俄罗斯不少于 5 所大学进入世界权威大学排行榜前 100 名的目标。由此而来的"5top–100 计划"成为此后一系列世界一流大学建设政策的统称。

"5top–100 计划"的实施包括高校竞争参与、专设国际专家委员会投票表决、获得专项经费、实现高水平发展、冲击世界一流大学等环节。有意愿的高校须提交书面申请和本校创新发展方案，经公开陈述，由国际专家委员会根据选拔标准进行评分和全体投票决定入选与否。专设的国际专家委员会是处理俄罗斯高等院校国际化问题的常设咨询机构，为负责研究大学选拔标准和提升大学国际竞争力的项目设置。目前，通过两轮选拔，已经有 21 所国立高校进入"5top–100 计划"支持大学成员名单。该名单实行末位淘汰的竞争机制，一旦有高校复检不合格，随即取消其成员资格和专项经费支持。

"5top–100 计划"的财政支持力度非常强劲，政府的经费投入逐年追加。

2013 年 10 月梅德韦杰夫总理签署总金额为 90 亿卢布的专项财政预算，用以支持入选"5top - 100 计划"的 15 所高校，2014 年划拨 100.5 亿卢布，2015 年划拨 120 亿卢布支持 21 所入选高校，2016 年预备划拨 125 亿卢布。"5top - 100 计划"是俄罗斯高教改革的第三步，也是冲击世界一流大学的强力之举。在国际化水平不断提高、支持力度不断加大的背景下，俄罗斯大学冲击世界一流大学的目标应该越来越现实。

## 二、大学内部治理

### （一）内部管理体制：实施一长制与委员会相结合的管理体制

俄罗斯高校内部管理体制因高校性质不同而异。国立和地方高校实行校、系、教研室三级管理。现行的《俄罗斯联邦高等和大学后职业教育法》规定，俄罗斯高等学校的管理实行一长制与委员会制相结合的原则。具体的委员会管理机构包括：

其一，校务委员会，也称全体会议。它在学校的人事、教学、社会服务、文化交流和科学活动等方面享有最高发言权，是高校的最高权力机构。校务委员会经由全体教职工及学生选举产生，由各方面的代表组成，其中大学生和研究生的代表不得少于 25%。校务委员会每届任期五年，主要职责是选举校长、审议并批准高校章程及其内部规章、审议学校经济和发展中的主要问题等。校长人选和学校章程须得到俄罗斯教育部的认可。

其二，学术委员会。学术委员会的组成包括校长、副校长，其他委员由高等学校的全体员工大会以无记名投票方式选举产生。学术委员会委员参与学校重大战略的分析研究与决策，使学校的学科建设能真正落到实处。确定大学的发展战略及其大学的设置、制定调节大学乃至各部门内部工作方面的有关部门文件，还包括科研、教育、人事鉴定。有的学校逐步从传统职能管理模式转向以矩阵原则和项目管理为基础的新型管理模式。自主管理原则是学校新型管理模式的基础：对教学大纲、经济效率的全部责任以及相应的权力都分配给各教学单位（系、院和教研室）。其作用与功能详见第七章。

其三，监事会或者说观察委员会。监事会是大学的管理机构之一。监事会人员不得少于 5 人，最多不得超过 11 人，并根据举办方的决定任命委员，任期不超过 5 年。监事会人员组成包括：俄联邦教育与科学部代表；管理国家财产的国家权力执行部门代表；社会代表，包括在相关领域具有功绩与成就的人士。其作用与功能详见第七章。

其四，理事会。理事会是管理大学的常务委员会机构，其创办的目的有六：一是促进大学发展战略和大学远景规划的形成；二是使大学在国际国内教育服务市场上具有强大的竞争力；三是促进社会合作的拓展及公民社会管理高等教育系统方式的发展；四是吸引外资以实现大学的发展规划；五是解决提高大学教育、科学、创新活动水平的根本问题；六是详细研究并实施针对俄罗斯高等教育现代化机制而开发的试验方案。其作用与功能详见第七章。

俄罗斯大学内部治理呈现以下特点：①大学自治在不断加强。②社会各团体不得干预大学事务。③俄罗斯设有国家最高学术委员会，负责副博士、博士学位的评定工作。

俄罗斯大学内部治理的问题在于：目前，俄罗斯高校还没有建立起权力配置平衡而且合理的内部管理体制，这也将影响其改革的成效。

### （二）规定了高校人才培养目标

（1）俄罗斯高等教育系统在职能发挥上已进入了一个新的阶段，从培养专家向培养人的个性方面转变。要求学习者拥有创造主动性和创造能力；提高培养质量，打下扎实的基础；形成全面的生态观、教育观和职业道德，使学生更专注于研制和使用符合生态的技术和生产；信息社会中的信息革命和社会变化要求培养学习者的信息文化，对有害信息的信息防护，同时，加强信息教育的内容，在学习过程中深化使用信息技术；通过教育系统，使学生形成全球思维，开设新的课程，如系统模型、预测学、地球学等；拒绝人类中心主义，形成新的完整的世界观、生物圈知识和新的基于广义人道主义的价值取向。

（2）俄罗斯大学都制定了自己的培养目标，因校而异。如喀山国立技术大学的人才培养目标是：全面促进个体发展，使他们成为接受过高等职业教育，拥有高品位文化及文化修养并具有社会活动能力和爱国公民品质的、具有竞争力的未来专家。又如季米特洛夫格勒工艺、管理与艺术设计学院的人才培养目标是：培养学生高职业技能、具有丰富的文化和诚实竞争的品格和人文精神以及追求身心协调发展的和谐个体。人才培养目标的特点是把创新教育和生态教育提到了很高的地位。其问题在于，俄罗斯国家制定了详细的高等教育标准，国家按统一标准来培养人才容易导致培养目标趋同。

# 第六章

## 俄罗斯大学外部治理：国家教育标准及评估制度的实施

　　苏联解体以来，俄罗斯发生了世界范围内最为急剧的高等教育外部治理变革，中心与边缘关系得以重构。苏联时期全能型政府全方位控制高等教育的传统治理模式正在被政府—市场—社会—大学四元分化与互补的现代治理模式所取代。政府职能发生转变，政府从对大学的直接全方位控制转到对大学的宏观调控，政府体制内部实现垂直分权；市场力量增长迅猛，高等教育的市场性质显著增强；社会力量参与得以扩大，高等教育的国家—社会模式得以确立；大学自治理念备受关注，大学获得了一定的学术、行政和财政自主权。[1]2007年俄罗斯政府制订了《俄罗斯联邦2020年前社会经济发展纲要》，《纲要》指出，在教育机构中将推行新的法权组织形式，保证教育机构学术自治与国家社会监督相结合。[2]从查阅的资料看，俄罗斯政府对高等教育的宏观管理包括三个方面，一是向大学观察委员会派代表，二是制定高等教育国家教育标准并监督执行，三是对高等教育实施评估。具体而言，就是加强国家对高等教育质量的宏观调控，强化联邦政府在教育质量保障方面的权力和责任。制定新的高等教育国家教育标准（Государственный Образовательный Стандарт，ГОС），确定联邦国家教育要求；参与欧洲一体化的质量保障体系，以欧洲标准加强俄罗斯教育标准的国际化和适应性；建立高等教育评估和监测系统，国家通过许可、鉴定和认证程序（лицензирование，аккредитация и аттестация）调整和监督所有国立高校的活动，保障高校教育大纲的内容、培养结果与国家要求相吻合。

## 一、俄罗斯高等教育国家标准实施：以生物学为例

### （一）俄罗斯高等教育国家标准总要求

人们普遍认为教育领域的标准源于美国，但俄罗斯是全世界首次制定国家教育标准的。从 1993 年首次制定高等教育国家标准到 2009 年修订标准，俄罗斯高等教育国家标准已是第三代了，故而俄罗斯对国家教育标准的研究比较成熟。

1993 年《联邦宪法》及 1992 年《教育法》提出的高等教育标准于 1993 年诞生，后来，在国家科技规划《俄罗斯教育发展》及大学科技规划《俄罗斯大学》的《高等学校》方向框架下制定了《高等职业教育国家教育标准》（简称"高职教国标"），之后又于 1994 年 8 月 12 日通过了俄罗斯联邦政府 940 号决议。国家教育标准的制定符合当时的社会条件。新的法律明确了教育的民主原则，倡导大学自治，确定了市场经济条件下学校的职能及创办非国立教育机构的可能性，强调俄罗斯教育融入世界教育空间的必要性。为此必须建立一种机制，这种机制要聚焦基础本科大纲的所有要求，确认教学基本内容及掌握知识的期限，确定毕业生的学业水平要求及国家总体评定要求。1994 年 8 月通过的国家教育标准确定了如下内容：

高等职业教育的结构、高等教育证书；高等职业教育大纲总体要求；高校学生学习负荷标准及负荷量；高校教学内容的学术自由；高等职业教育培养方向（培养专业）大纲总体要求；制定并确认国家对教育基本内容要求的程序并根据具体培养方向（专业）制定并确认国家对毕业生培养水平要求的程序；国家监管教育标准执行的规程。

课程的国家部分是教育大纲的主要部分，超过 80%，且主要是理论教学，最主要的是国家课程明确了毕业生要掌握的知识与技能及对职业活动的准备程度。国家教育标准的地区课程，按照联邦《教育法》第 29 条之规定，其教学时数超过 6%。地区课程的要求应与联邦课程要求一致，在推行地区课程过程中不得降低要求。学生选修课教学时数比例占 5.7%，院系开设的课程按自愿的方式学习。

教学负荷总定额如下：[3]

学生最大教学负荷量为 240 个考试单元（即学分，一个学分为 36 学时），每周不超过 54 学时（含自学自修），包括各类课堂教学及课外教学工作。面授必修课教学时数最大教学量受国家教育标准的限制，标准对起码的教学内容、

具体方向或专业的毕业生培养水平都制定了国家要求。

面授—函授形式(包括夜校)的教学，其课堂教学时数不低于每周 10 学时。函授形式的教学，学生与教师一起学习时间一年不低于 160 学时。一年假期时间保持在 7～10 周之内，其中寒假不少于 2 周。

面授形式必修课教学最大时数限制的高等职业教育国家教育标准是：不超过平均数每周 27 学时。

国家对教学大纲内容的起码要求及某一方向或专业毕业生的培养水平要求占据国家教育标准的核心。标准是按每一方向和每个专业单独制定的。1995 年所有标准按专业开始启用，所有专业都按统一原则制定。每一标准包含以下基本特征。

(1)专业总体特征：包括教学标准持续时间；学生专业水平，学位专业要求；毕业生职业活动范围与对象的特征。

(2)毕业生培养水平要求：包括毕业生教养总体要求；系列课程知识与技能要求(包括人文类、社会－经济类、普通自然科学类，普通职业课程类，专业课程类)。

(3)教育大纲规定的必须掌握的最基本内容。每个系列都规定了教学时数及这一模块课程的名称(课程教学大纲)，每门课程都要列出基本的章节、主题。

下面以生物学培养方向(代码 020400)为例对毕业生职业活动特点、学生四年学习应达到的效果、课程结构及实施本科教育大纲应具备的条件等方面予以阐述。

**(二)规定了学士职业活动的任务**

以生物学为例，生物学培养方向毕业生职业活动范围：生物本性及其规律研究、生物系统在经济医疗方面的应用和自然保护。毕业生就业具体部门是：科学研究部门，科学－生产部门、设计组织；自然保护部门，自然利用管理部门；教育机构。

生物培养方向毕业生职业活动对象包括：各级组织的生物体制；生物体制的生命力与进化进程；生物技术、生物工程技术、生物医药技术、自然保护工艺、生物实验与监测、区域生物资源评价与恢复。

生物学培养方向的学士应做好以下职业活动准备：首先，毕业生根据所学专业准备从事科研活动、科学－生产设计活动、组织－管理活动，甚至师范活动(以法定程序为准)。其次，学士要准备的最基本活动形式由高校会同受教育者、高校教育－科研人员及企业主确认。

生物学培养方向学士应根据职业活动类型完成以下任务：

一是科研活动方面的任务，包括根据培养方向开展班级科研活动、项目准备及研究方法的掌握，参与实验及根据所提供的方法进行野外生物研究；选择工作技术手段及方法，安排实验、准备设备；撰写专题报告、根据提供的课题编写图书清单；利用现代计算机技术分析野外所获生物信息及实验所获生物信息；参与研究新方法的制定，参与撰写学术报告、学术评论、学术论文；申报发明专利及组织学术会议。

二是科学－生产与设计活动方面的任务，包括参与生物产品生产过程的监控；获取实验研究用的生物材料；参与生物监测及自然环境状况的评估；参与环境保护计划的制定及措施的实施；参与野外生物研究；借助现代信息技术对所获资料进行加工与分析；参与撰写并形成科学技术方案、学术报告及专利。

三是组织－管理活动方面的任务，包括参与自然保护计划的制定及措施的落实，生物资源的评估与恢复，自然利用的优化与管理；参与野外工作、实验室工作的组织及课堂讨论和学术会议的组织；参与编制预算书和决算书；参与安全技术保障。

四是开展师范方面的任务，包括（依据取得的补充专业并按法定程序）在普通教育机构准备并实施生物课、生态课、化学课的教学，开展旅游活动、教育活动和小组活动。

### （三）规定了掌握本科教育大纲应达到的效果标准

俄罗斯高等教育标准要求毕业生须具备一定的普通文化专长和职业专长，设置了应达到的效果标准（见表6－1和表6－2）。[4]

表6－1　毕业生应具备的普通文化专长

| 普通文化<br>专长（代码） | 应达到的效果标准 |
| --- | --- |
| 1 | 对待他人及对待自然（遵循生物伦理原则）应遵循伦理规范与法律规范，在保护自然、捍卫人权及维护人的健康方面有明确的价值定位 |
| 2 | 尊重本国历史遗产和文化传统，理解本国的发展之路，遵守本国法律与宪法，维护国家安全和利益 |
| 3 | 利用现代教育与信息技术获取新知识并对科学问题、社会问题及其他问题形成自己的观点 |

续表6－1

| 普通文化<br>专长（代码） | 应达到的效果标准 |
|---|---|
| 4 | 构造与实施融知识、文化、道德、体质及职业自我发展与自我完善于一体的远景规划 |
| 5 | 在个人活动中善于利用规定的法律文件 |
| 6 | 在认知与职业活动中善于利用数学及自然科学基础知识，使用数学分析、建立模型、理论研究与实验研究等方法 |
| 7 | 在认知与职业活动中善于利用人文科学与经济学基础知识 |
| 8 | 具备生态素养并在生活场景中善于利用生物学基础知识，理解社会的作用与意义，善于预测个人职业活动所造成的后果，勇于为自己的决断负责 |
| 9 | 批判性地分析与重估个人的职业经验与社会经验，必要时能在以后的职业活动中更换专业 |
| 10 | 具备用母语进行书面沟通与口头沟通的能力以及社会交流与业务交流的文化技能 |
| 11 | 具备沟通能力及用外语进行业务交流的技能 |
| 12 | 职业活动中会采用基本技术手段，如使用计算机及计算机网络工作，使用计算机应用程序，在因特网基础上创建资料库，具备获取全球计算机网络信息的能力 |
| 13 | 能够利用基础知识和信息管理技能完成职业中的研究任务，遵守信息安全基本要求，保守国家秘密 |
| 14 | 具备创造品质 |
| 15 | 能摆正目标，在达到目标的过程中表现出坚定、吃苦耐劳的品性 |
| 16 | 注重完成工作的质量 |
| 17 | 理解并遵守健康生活方式规范，掌握自主增强体质的手段及正确使用体育方法，保证体育达标，保证社会活动与职业活动所要求的身体条件 |
| 18 | 善于在团队中自主开展工作 |
| 19 | 掌握救灾的基本方法，使生产人员及居民免遭事故、灾祸及自然灾害导致的后果 |

表 6 - 2 毕业生应具备的职业专长

| 职业专长(代码) | 应达到的效果标准 |
|---|---|
| 1 | 掌握生物体多样性基本概念,理解生物多样性对生物界稳定性的意义 |
| 2 | 学会使用观察、描述、鉴别、分类及培养生物体的方法 |
| 3 | 掌握生物体构成原则、功能组织原则及内环境稳定调整机制的意义,会运用生理学方法分析与评价生物系统现状 |
| 4 | 掌握生物体细胞组织的原则意义、生物物理基础与生物化学基础、生命活力的分子机制与膜进程的意义 |
| 5 | 会运用现代实验方法在野外和实验条件下培育生物体,具备使用现代设备的技能 |
| 6 | 掌握基本规律及遗传学、基因组研究、蛋白研究的现代成果 |
| 7 | 理解生物宇宙观的进化思想,对进化论原理、微生物及微生物进化具备现代认识 |
| 8 | 会使用所学方法,会使用培植胚胎的方法 |
| 9 | 掌握并会运用普通生态学、系统生态学和应用生态学原理的基本概念,最优化自然利用原则及自然保护原则的基本概念 |
| 10 | 掌握人类生物学原理的基本概念,人体预检与保健的基本概念,在实践中能运用、掌握自主体育达标的方法 |
| 11 | 掌握生物工艺原理、基因工程原理、纳米生物工艺原理、分子模型原理的现代概念 |
| 12 | 了解自然环境状况的监测与评估原则及动物保护原则,参与相关措施计划的制定与实施 |
| 13 | 会运用科研、自然保护与利用方面的法律,遵守著作权法 |
| 14 | 会主持讨论并能教授生物学原理及生态学原理等课程 |
| | 科研工作 |
| 15 | 能够使用现代仪器与设备完成生物学野外和实验科研论文 |
| 16 | 实践中能够运用撰写科研报告、评论、分析性图表及说明性简报的方法 |
| 17 | 理解、陈述并能批判性分析所获信息,且能展示生物学野外、实验研究的成果 |
| | 科研—生产及设计活动 |

| 职业专长(代码) | 应达到的效果标准 |
|:---:|:---|
| 18 | 生产中会使用基础普通职业理论知识及当代生物学方法 |
| 19 | 会使用现代方法对野外、实验所获生物信息进行加工、分析与综合，掌握撰写科研方案与科研报告的原则 |
| 20 | 会使用确定工作组织与工作安全技术的文件 |
| | 组织管理活动 |
| 21 | 理解并在实践中会运用管理方法于生物领域、自然利用领域、生物资源的恢复与保护领域 |
| | 师范活动 |
| 22 | 能利用教育学、心理学基础知识教授生物学 |
| 23 | 在居民中开展教育活动以提高全社会教育水平 |

### (四)确定了学士本科教育大纲的课程标准

学士本科教育大纲须包含两部分内容，一是学习的模块课程，二是包括体育、教学、生产实习和(或)科研工作及总结性的国家鉴定。模块课程包括：人文、社会 - 经济课程模块；数学及自然科学课程模块；职业课程模块。每个课程模块须包含基础(必修)部分和学校决定的可变部分(专业部分)。基础(必修)模块部分"人文、社会 - 经济模块课程"规定学习如下课程：历史学、哲学、外语。职业模块课程基础(必修)部分规定学习"生命安全"课程。各模块课程构成见表 6 - 3。可变部分(专业部分)的目的是对知识、技能与技巧的拓展和(或)深化，知识、技能技巧的拓展和(或)深化须包含在基础(必修)课(模块)教学内容中。可变部分要使学生获得精深的知识和技巧，以便于顺利开展职业活动和(或)顺利开展硕士的学习。

**表6-3　学士本科教育大纲课程结构**

| 本科教育大纲教学模块（代码） | 模块课程及掌握模块课程的预期效果 | 教学量（以考试单元为单位） | 课程目录示例（供制定示范大纲、定购教材教参参考） | 特长培养（代码）（见表1、表2） |
|---|---|---|---|---|
| 模块1 | 人文、社会、经济类课程模块<br>基础部分<br>学习基础课程模块后，学生应：<br>(1)懂得哲学原理、本国史、心理学、教育学及管理学，知道促进整个社会文化发展、个体社会化的相关法律，信奉道德价值。<br>(2)在职业活动、工作交往、个人交往及各类学生的定额定员工作中会使用所掌握的知识及外语知识。<br>(3)具备开展业务商谈、业务交流的能力，具备自然利用、自然保护的法学基础与经济学基础及具备集体工作的能力。 | 34～35<br>18～22 | 哲学、历史、外国语、教育学与心理学、经济学、法学、自然保护与自然利用法律基础 | 普通文化专长1<br>普通文化专长5<br>普通文化专长7<br>普通文化专长10<br>普通文化专长11<br>职业专长13 |
| | 可变部分：知识、技能、技巧由大学在本科培养教育大纲中自主决定 | 18～22 | | |

| 本科教育大纲教学模块（代码） | 模块课程及掌握模块课程的预期效果 | 教学量（以考试单元为单位） | 课程目录示例（供制定示范大纲、定购教材教参参考） | 特长培养（代码）（见表1、表2） |
| --- | --- | --- | --- | --- |
| 模块2 | 数学及自然科学模块<br>基础部分<br>学习基础课程模块后，学生应：<br>(1)懂得数学分析、线性代数、高散数学、微分积分算法、谐波分析、微分方程的基本概念与方法；数值计算法、复变函数、统计估计的基本元素；概率论与数理统计、随机过程、生物学中数学方法。<br>信息概念、程序语言、数据库、信息过程组织软件，解决功能问题与计算问题，信息的模型，局域与全球计算机网，信息保护方法。机械物理学基础，电学与磁学基础，光学原理与核物理原理。<br>普通化学原理：化工系统的性质，化学热力学与化学动力学原理，物质活性及其物质鉴定，分析化学原理、物理化学原理，有机化学原理，高分子合成及胶体化学原理。地球与地壳构造，宇宙空间中地球状况，动力地质学原理，物理地理学原理，土壤学原理；地球物理场。<br>(2)掌握普通职业课程所需的普通生物学各基础部分，生物科学基本范畴与方法，生物多样性保护及自然保护战略。<br>(3)会使用数学方法解决工作问题，会使用计算机技术，使用程序语言和程序系统解决职业中的问题，会运用物理学知识、化学知识、地球科学知识与普通生物学知识学习掌握普通职业课程及解决职业中的问题。<br>(4)掌握生物工作和研究所需的数学进程及创建数据库的技巧的技能，具备利用因特网资源，计算和创建数据库并会使用因特网资料与知识学习化学研究与技能的技能及掌握理论知识与生物学方法所必需的技能。 | 48~58<br>25~29 | 生物学中的数学与数学方法，物理，物理学，情报学与现代信息工艺，化学，地质学，地理学，土壤学，普通生物学 | 普通文化专长3<br>普通文化专长6<br>普通文化专长8<br>普通文化专长12<br>职业专长1<br>职业专长3<br>职业专长4<br>职业专长9<br>职业专长11<br>职业专长12 |

续表 6 - 3

| 本科教育大纲教学模块（代码） | 模块课程及掌握模块课程课的预期效果 | 教学量（以考试单元为单位） | 课程目录示例（供制定示范大纲、定购教材教学参考） | 特长培养（代码）（见表1、表2） |
|---|---|---|---|---|
| | 可变部分<br>知识、技能、技巧由大学在本科教育大纲中予以明确 | 24～28 | | |
| 模块3 | 职业课程模块<br>基础（普通职业）部分<br>学习基础部分模块后学生应：<br>(1)懂得理论知识及生物体多样性的基本概念（微生物学、病毒学、动物学）、生态学基本概念（植物生理学、人与动物生理学、高级神经活动生理学、免疫学）；<br>懂得当代细胞生物学原理（细胞学、组织学、生物膜学、分子生物学）、生物物理学原理（细胞生物物理学、生物化学、分子生物学）。<br>(2)懂得遗传学与育种学原理及进化论；<br>懂得生殖学与发展生物学的理论知识及实践成果，生态及合理利用自然原理（解剖学、生理学、文化学、生态学与健康）；懂得生物伦理学与生物工程学原理；懂得生物伦理原理。合陈述并能批判性分析基本普通职业信息；<br>(3)掌握实验室与野外研究的整套方法；<br>掌握保护生产人员及居民免遭各种事故灾难的基本方法。 | 95～105<br>48～53 | 生物多样性科学（微生物学、病毒学、植物学、讨论课、动物学、实践课）、生理学（植物生理学、实践生理学、高级神经活动生理学、免疫学、实践课、讨论课、细胞生物学、实践课、组织学、生物化学、分子生物学、生物物理学、实践课、讨论课）、遗传学与进化（实践课、讨论课）、生殖学与发展生物学（实践课、讨论课）、生态学与发展生物学（讨论课、实践课）、人类生态学与自然利用（讨论课、实践课）、人类生态学（讨论课）、生物工艺概论（讨论课、实践课）、生物伦理原理（讨论课）、生命安全 | 职业专长1<br>职业专长13<br>普通文化专长1、8、19 |

续表 6-3

| 本科教育大纲教学模块（代码） | 模块课程及掌握模块课程的预期效果 | 教学量（以考试单元为单位） | 课程目录示例（供制定示范大纲、定购教材教参参考） | 特长培养（代码）（见表1、表2） |
|---|---|---|---|---|
| | 可变（专业）部分 知识、技能、技巧由大学根据培养方向在本科教育大纲中予以确认 | 48~53 | | 专业特长由大学确定 |
| 4 | 体育 | 2（400小时） | | 普通文化专长17 |
| 5 | 实践及完成毕业考核工作 普通生物学基本教学实践，实践技能由大学本科教学大纲确定。专业实践及初级专业化实践，实践技能、技巧由大学本科教育大纲确定。 | 34~44 | （1）植物学、动物学、生态学野外实习。（2）各方向专业化实践，包括生态学、文化学、植物学、动物学、生理学、细胞学、生物物理、生物化学、微生物学、生物工程与生物信息各专业 | 职业专长16、17、19、20、21 |
| 6 | 国家总结性鉴定 本科教育大纲总学时 | 6 240 | | |

注：一个考试单元相当于36学时，1、2、3课程模块及4、5部分的教学量包括各种形式的当前与期中鉴定。

67

### （五）规定了实施学士本科教育大纲的条件标准

本科教育大纲的实施需要一定条件保障。为此，俄罗斯在教学人员保障、教学物质技术基础保障等指标方面制定了 19 条标准（见表 6-4）。

表 6-4　学士本科教育大纲实施条件标准

| 序号 | 条件标准 |
| --- | --- |
| 1<br>教育大纲<br>的制定 | 教育机构自主制定学士本科教育大纲，应包括教学计划、教学年级、科目、课程（模块）的工作规划及其他保证学生培养及质量的材料，还包括教学与生产实习规划、教学进度表及保证实施相关教育工艺方法等材料。培养方向由高校根据高等教育示范性本科教育大纲自主确定。高校必须根据科学、文化、经济、技术、工艺及社会发展每年对本科教育大纲进行更新。 |
| 2<br>普通文化<br>专长培养 | 高校制定学士本科教育大纲应考虑本校培养毕业生普通文化专长的潜能，必须形成社会文化环境，为个体全面发展创造必要条件。教学过程中高校必须促进社会教育的发展，包括大学生自我管理的发展。学生应参与体育俱乐部、创造俱乐部、大学生科学协会等工作。 |
| 3<br>职业专长<br>培养及交<br>互式教学 | 专长培养实施方面应根据课外工作要求在教学过程中规定，广泛采用积极交互式教学（如计算机模拟课、业务游戏与角色游戏课，具体情况分析课，心理分析课及其他训练课），其目的是形成与发展学生的职业技能。各年级都应规定举办与俄罗斯公司、国外公司代表见面会，与国家组织及社会组织代表见面会及与鉴定能手专家代表见面会等。交互式课程比重应根据学士本科教育大纲的主要目的、学生数量及具体课程内容来确定，总量不得低于课堂教学的 20%，对相应班级学生讲授课的比重不得超过 40% 的课堂教学。 |
| 4<br>课程教学<br>大纲 | 每门课程教学大纲（模块课程）都应清楚描述教学最终效果，如应掌握的知识、技能，培养的特长（按学士本科教育大纲规定）。一门课程教学总量不得少于 2 个考试单元，即 72 学时（选修课除外）。教学量超过 3 个考试单元（108 学时）的课程应给予评价等级（优、良、及格）。 |
| 5<br>选修课<br>开设 | 本科教育大纲应包含选修课，选修课总量应各占模块一、模块二、模块三可变部分的三分之一。选修课的确定程序由大学学术委员会制定。 |

续表 6 - 4

| 序号 | 条件标准 |
| --- | --- |
| 6<br>学生最基本的学习量 | 学生最基本的学习量每周不得超过 54 学时，包括各类课堂教学，与掌握本科教育大纲相关的课外（自修）教学，由大学确定的、对本科教育大纲予以补充的系课以及其他非必修课程。系课在整个学习阶段不得超过 10 个考试单元（360 学时）。 |
| 7<br>面授方式的课堂教学基本量 | 考虑培养方向的特点，面授方式的课堂教学基本量为每周 32 学时，该教学基本量不含必修的体育课。 |
| 8<br>其他方式教学基本量 | 如果以其他教学方式（如函授）实施学士本科教育大纲，则课堂教学基本量应根据 2008 年 2 月 14 日俄联邦政府 71 号文件即《高等职业教育（高校）教育机构之标准条例》予以确认。 |
| 9<br>学年假期要求 | 学年假期总天数应为 7 ~ 10 周，其中寒假不得少于 2 周。凡要求服兵役和（或）执法服务的高校，学生休假期限应根据标准法令程序予以确认。[5] |
| 10<br>体育教学 | "体育"部分 2 个考试单元的教学量通过以下途径实现：面授形式的教学通常为 400 小时，其中实践部分培养（包括各类游戏），不得低于 360 小时。 |
| 11<br>个体学习规划 | 高校须保证学生真正有机会参与学习规划的制定，包括制定个人教育规划。 |
| 12<br>学生对大纲的知情权 | 在制定本科教育大纲时高校须让学生了解其权利与义务，须向学生解释清楚所选课程（模块）的必要性。 |
| 13<br>实践课 | 学士本科教育大纲应包括实验实践课与以下领域的实践课：数学及普通自然科学、信息学与当代信息工艺、物理学、化学、地球科学、普通生物学、生物多样性科学、生理学、细胞生物学、遗传学与进化、生殖与发展生物学、生态学与自然合理利用、人类生物学、生物工艺概论、生物伦理基础、生命安全、大实习，甚至课程结构可变部分（专业课）中的每门课程（模块）都要安排课程实践，且每门课程的大纲都应规定培养学生相应的技能、技巧。 |

| 序号 | 条件标准 |
|---|---|
| 14<br>学生权利<br>与义务 | 学生有以下权利与义务：<br>掌握本科教育大纲规定选修课(模块)的时限要求，学生有权在规定时限内选择具体课程(模块)。<br>制定个人教育规划时学生有权向大学咨询选修课情况及选修课对未来培养方向的影响。<br>学生在具备相关证件的情况下从一所学校转学至另一所学校，之前已学课程(模块)并获考核，可不再参加考试。学生有义务在规定期限内完成大学本科教育大纲规定的各项任务。 |
| 15<br>实践 | 学士本科教育大纲之"实践及完成科研考核工作"部分是必须的，也是教学课的形式之一，直接关系到学生职业实践的培养。<br>实践具体形式由大纲确认实践的目的与任务，计划与总结形式由大学生确定。实习只能在间接组织或教研室及拥有人员潜能和科技潜能的实验室(教学实习)进行，实践终结性考核应包括实践报告和答辩。<br>大学生科研工作可视为实践。制定科研工作规划时大学应向学生提供：学习专业参考文献及其他科技信息的机会，参与科学研究或技术开发的机会，按主题(任务)对科技信息进行收集、加工、分析及系统化的机会，按主题或按章节(阶段、任务)撰写报告(部分报告)，按科研课题向学术刊物撰写论文，在学术会议上做报告的机会等等。 |
| 16<br>科学 -<br>教育人员 | 大纲的实施要以科学 - 教育人员作保障，这些人员须接受过与所授课程相适应的本科专业教育，且系统从事过科研活动和(或)科学 - 方法论活动。具有学位和(或)学术职称的教师占教师总数的比例不得低于50%，以保证本科教育大纲顺利实施。科学博士学位(包括国外授予的、其证书已办理过认证手续和等值确认手续的博士学位)和(或)教授人数不得低于教师总数的8%。<br>职业模块课程教学的教师应按受过本科教育和(或)具有所授课程相应专业的学位。为保证职业模块课程教学顺利进行，从事该模块课程教学的教师须有60%以上具备学位与学术职称，专业组织、企业、机关现任领导与工作人员参与教育过程的人数不得低于教师的总数5%。<br>拥有学位和学术职称的教师总数中，近十年来在领导岗位或主要专家岗位上工作、且在该方向具有实践经验的教师应占10%。 |

| 序号 | 条件标准 |
|---|---|
| 17<br>文献资料 | 大纲应写成教学方法论文献，其中每门教学课程与本科教育大纲的课程（模块）都应有材料，且每门教学课程（模块）的内容都要上传到因特网或教育机构的局域网。同时学生课外工作应得到方法论保障，完成课外工作的时间要受到控制。<br>应保证每位学生能进入电子图书系统，该系统应涵盖本科课程方面的出版物、无著作权争议的教学文献及教学方法论文献。<br>要保证 25% 的学生同时以个人名义进入该系统的能力。<br>图书馆馆藏要保证所有课程模块之"基础部分"课程的基本教学文献的充实，这些文献可以是铅印的也可以是电子的，且是最近十年来出版的（"人文、社会与经济类"课程模块的"基础部分"课程参考文献应是最近五年出版的）。此类出版物每 100 名学生不得低于 25 册。<br>补充文献馆藏除教学方面外还应包括正式的、参考咨询服务用的专业化定期出版物，每 100 名学生要达到 1~2 册。<br>电子图书系统应保证每个学生能从任何有因特网的地方以个人名义进入该系统。与本国乃至国外大学与组织的信息业务交流都应遵守俄联邦知识产权法及俄联邦在知识产权领域的国际合同要求。要保证每位学生都能进入当代职业数据库及信息咨询与搜寻系统。 |
| 18 资金<br>投入要求 | 高校学术委员会在推行学士本科教育大纲时要明确实施大纲所需的资金。本科教育大纲实施所需财经投入不得低于高校投入的规定标准。[6] |
| 19<br>教学物质<br>技术基础<br>保障要求 | 凡是实施学士本科教育大纲的高校应拥有良好的物质技术基础，以保证各类实验训练、学科训练及跨学科训练以及高校教学计划规定的学生实践工作与科研工作的顺利开展，并且要符合现有卫生标准和消防标准。为实施学士本科教育大纲需要最起码的物质技术保障，包括经过专门装备的模块课程办公室（数学与自然科学模块课程办公室、普通职业模块课及教学计划专业部分模块课办公室）及学生毕业评价所需的用房、设备及耗材。<br>为顺利开展教学实习与生产实习，高校应拥有专门试验区与实习基地。高校实验室应装备现代设备与耗材。实验室须拥有成套标本，最好拥有动物饲养室、温室栽培室、标本保护室，以及拥有制作和补充搜集品的专门实验室。<br>教学实习基地与试验区应为师生工作与生活配备专门用房，拥有现代野外工作装备。应拥有方法论教材，所有课程理论与实践部分都应有介绍，各类课程（包括实习课、课程设计、毕业设计、实践课）也要有介绍，以保证本科教育大纲的实施。高校还应拥有直观教具及多媒体、音响、视频等材料。应拟制一些能满足班级教学的方法论习题以保证实验工作顺利开展。高校应保证必要的设备与耗材用于数学—自然模块课、普通职业模块课及教学计划专业课的实践教学。<br>使用电子出版物时高校应根据学生所学课程为学生安排有因特网的自习教室。每个学生的上机时间每周不得低于 6 小时。 |

### （六）对学士本科教育大纲掌握程度实施质量评价

为检验学生对本科教育大纲的掌握程度及学校是否按教育大纲实施教学，俄罗斯在高教标准中还制定了"学士本科教育大纲掌握程度的质量评价标准"，具体内容涉及6个方面（见表6-5）。

表6-5　学士本科教育大纲掌握程度的质量评价标准

| 序号 | 评价内容 |
| --- | --- |
| 1<br>培养质量<br>保障 | 高校须通过以下途径保证培养质量：<br>第一，吸收企业主代表共同制定毕业生培养质量保障的战略。第二，监控并定期审查教育大纲。第三，对学士知识水平、技能水平、毕业生特长的评价应制定客观公正的评价程序。第四，教师集体业务水平的保障。第五，吸收企业主代表并根据活动（战略）统一的评价标准经常性开展自查，并经常性开展与其他大学的对比活动。第六，向全社会公布本单位工作成效、计划实施效果及创新成果。 |
| 2<br>评价范围<br>要求 | 对本科教育大纲掌握的质量评价应包括学业成绩日常监控、期中评定及国家对毕业生终结性评定。 |
| 3<br>单门课程<br>考核要求 | 应对每门课程知识进行日常考核与期中评定，其考核方式与程序由大学制定，并在开学后一个月内通知每位学生。 |
| 4<br>评价资料<br>库建设<br>要求 | 为检验学生是否达到本科教育大纲规定的阶段性要求，各高校应建立评价资料库，包括经典习题、检查性作业、试题及能够评定学生知识、技能和特长的监控手段等。评价资料库由大学创建与确认。<br>大学应创造条件使学业成绩日常评定和期中评定规划最大限度接近学生未来职业活动的条件。为此，除聘请任课教师外，还要聘请企业主及教授相邻课程的教师担任外部鉴定人。 |
| 5<br>学生评教<br>要求 | 学生应有机会对教学内容、教学过程的组织与质量乃至某些教师的工作进行评价。 |
| 6<br>国家终结<br>性评定<br>要求 | 国家终结性评定（鉴定）应包括毕业生专业论文（学士论文）答辩，国家考试按高校有关规定执行。<br>学士论文的内容、篇幅和结构的要求乃至国家考试的要求由高校自主决定。 |

从生物专业的标准看，俄罗斯大学人才培养的特征是突出学生文化素养的培育和职业能力培养，注重知识、技能技巧的有机结合，其遵循的教育理念是人道主义（人文主义）和通识教育理念。俄罗斯把高等教育统称为高等职业教育且在教学计划中设置职业课程模块是加强职业能力培养的具体体现。其缺点在于，课程结构里国家课程太多，占整个课程的70%～80%，严重影响了大学学术自由（教学自由），导致毕业生乃至大学缺乏应有的灵活性和机动性。

俄罗斯高教标准过于刚性，国家课程比重过大，损害了大学学术自由（教学自由），从生物专业培养标准中还可以看出，俄罗斯非常注重人品培养和工作能力培养，前者表现为普通文化专长培养，后者表现为职业专长培养、实践能力培养和方法论培养，特别是教学过程中方法论培养（表6－1、表6－2、表6－3多处提到），明确了做人、做事培养的统一。俄罗斯高等教育领域形成了全面质量管理体系，包括高等教育质量体系、高等教育质量保障体系及高等教育质量评价体系，这些体系是建立在高等教育国家标准基础上的。

标准体现了国家对高等教育的宏观管理，但要求过细，使得高校仍然缺乏足够的自由权和自治权。新修订的3＋＋版高等教育国家教育标准随劳动力市场的变化对人才培养提出了新的要求，而且标准规定，在制定培养大纲时要扩大选修课与系设课的比例，从而使得高校的自主权得到扩大。

## 二、实施高等教育评估制度

目前，俄罗斯已确立了高等教育质量评估体系，该体系由外部评估体系和内部评估体系构成。其中，外部评估体系由国家对高校的认可、评定与国家鉴定构成。一般而言，未经认可，高校就无权办学；未经评定，高校就无法进入国家鉴定程序，而未经国家鉴定，高校就无法获得相应的国家地位与联邦预算拨款，也就无权向自己的毕业生发放国家统一样式的毕业证书。[7]任何形式的高等院校必须首先获得办学许可资格后才能开展相应的教学活动；其次，必须对高等院校的教学内容、教育层次和教育质量进行评定；最后由鉴定委员会在评定的基础上对高校进行鉴定。许可证的颁发，确保了办学者的资质；评定制度的实施，直接促进了高校教学质量的改善和提高；鉴定制度的最终实施，在全面保证高校教育质量的基础上有利于高校获得国家财政资助，并且增强雇主的信心，最终对促进高校教育质量发挥更加积极的作用。[8]

许可制度是指无论何种形式的办学机构都必须经过相应的教育管理部门的批准，取得许可证后方可办学。评定是根据国家教育标准的相关规则对高等院校的教学内容、教育层次和教育质量进行评价和证明的过程。评定过程的主要职责就在于考察已取得办学资格的高等院校的教育质量情况。评定每 5 年举行一次，在院校提交申请的基础上具体由评定委员会实施。国家鉴定是根据评定的结论，对高等教育机构的活动是否合乎国家鉴定指标进行分析而实现的。通过鉴定的高等院校有权向毕业生颁发全国认可的、国家样式的《高等教育毕业〈学位〉证书》，以此证明本校成功地完成了学科课程的目标。同时，通过鉴定的高等院校，还将纳入国家财政支持范围，享受国家财政拨款的优惠，国家鉴定也是每 5 年举行一次。

俄罗斯高等教育质量内部评估体系主要是指高校的自我审核评估（自我检查）。2017 年俄罗斯教科部对评估程序进行了修订，新的评估程序包含以下几个方面内容。[9]

（1）评估程序的目的是要建立教育机构自我审核评估规范。

（2）自我审核评估的目的是要保证教育机构工作信息的公开与共享，并对自我审核评估结果形成报告。

（3）教育机构自我审核每年举行一次。

（4）评估程序包括以下几个阶段：

1）机构自我审核工作的准备与计划阶段；

2）机构内部自我审核的组织与实施阶段；

3）对所取得的成就进行总结并在此基础上形成报告阶段；

4）有权解决问题的学校管理机构审阅报告阶段。

（5）自我审核评估的时间、方式、参与人员由教育机构自主确定。

（6）自我审核的过程中要对教育活动，学校管理制度，学生培养的内容与质量，教学过程的组织，对毕业生的要求，教师队伍质量、教学方法质量、图书情报保障质量，物质技术基础，教育质量内部评估体系功能发挥的程度等方面进行评估，甚至还要对照由俄罗斯政府制定的自我审核评估指标对本单位的工作逐一进行分析。

（7）教育机构自我审核结果要以报告的形式呈现，报告内容包括分析部分以及对照自我审核评估指标逐一分析所取得的结果部分。报告内容所涉及的时间跨度应以本年的自然年度为准。

（8）本单位的自评报告要在电信网，包括本单位的官方“因特网”上予以公布，并在本年度四月份寄送一份至举办方。

2018 年俄罗斯又对自我审核评估指标进行了修订，将原来的 12 项指标修改为 6 项，分别是教育活动、科研工作、国际活动、财经活动、基础设施、残疾人及健康状况不佳之人的学习。详情见表 6－6：[10]

**表 6 - 6　俄罗斯高校自我审核评估指标(2018 年 3 月 30 日修改通过)**

| 序号 | 指标 | 测量单位 |
|---|---|---|
| 1. | 教育活动 | 人数 |
| 1.1 | 培养学士、文凭专家、硕士总人数，其中包括： | 人数 |
| 1.1.1 | 面授 | 人数 |
| 1.1.2 | 函授 - 面授相结合 | 人数 |
| 1.1.3 | 函授 | 人数 |
| 1.2 | 研究生部(军事院校研究生部)培养研究生总人数(含军事院校研究生、住院医师、实习医生、进修生助教)，其中： | 人数 |
| 1.2.1 | 面授 | 人数 |
| 1.2.2 | 函授 - 面授相结合 | 人数 |
| 1.2.3 | 函授 | 人数 |
| 1.3 | 中等职业教育领域学生(学员)总人数，其中： | 人数 |
| 1.3.1 | 面授 | 人数 |
| 1.3.2 | 函授 - 面授相结合 | 人数 |
| 1.3.3 | 函授 | 人数 |
| 1.4 | 按国家统考录取的一年级全日制学生的平均分数(含学士培养和依教育合同培养的文凭专家培养) | 分数 |
| 1.5 | 一年级计划外招收按学士大纲培养的学士及按教育合同培养的文凭专家学生的平均分数 | 分数 |
| 1.6 | 依靠国家预算资金、并按国家统考和计划外入学考试培养学士和文凭专家的全日制本科生的平均分数 | 分数 |
| 1.7 | 大学全日制一年级新生中不需要参加入学考试且在全俄中学生奥林匹克最后阶段竞赛中获得优胜者和获奖者的人数，以及无须入学考试且参与国际奥林匹克学科竞赛且培养专业方向与全俄中学生奥林匹克比赛学科相符或与国际奥林匹克竞赛学科相符的国家队成员人数 | 人数 |
| 1.8 | 免试入校的全日制一年级新生获得中学奥林匹克竞赛优胜奖和获奖者的人数，且学士和文凭专家培养专业方向与中学奥林匹克学科竞赛相符的人数 | 人数 |

| 序号 | 指标 | 测量单位 |
|------|------|----------|
| 1.9 | 全日制新生中特招生的数量及占总学生的比例 | 人数/% |
| 1.1.0 | 硕士生占总学生的比例(包括学士、文凭专家、硕士) | % |
| 1.11 | 录取外校毕业生(已获学士、文凭专家、硕士文凭)为本校全日制硕士生的人数以及占全校全日制一年级硕士生的比例 | 人数/% |
| 1.12 | 在大学分校学习的学生总数 | 人数 |
| 2. | 科研工作 | |
| 2.1 | "Web of science"引用检索系统每100名教学科研人员文章被引用的数量 | 次数 |
| 2.2 | "Scopus"引用检索系统每100名教学科研人员文章被引用的数量 | 次数 |
| 2.3 | "俄罗斯科学引文检索"每100名教学科研人员文章被引用的数量 | 次数 |
| 2.4 | 每100人教学科研人员在被"Web of science"收录期刊上发文的数量 | 篇数 |
| 2.5 | 每100人教学科研人员在被"Scopus"收录期刊上发文的数量 | 篇数 |
| 2.6 | 每100人教学科研人员在被"俄罗斯科学引文检索"收录期刊上发文的数量 | 篇数 |
| 2.7 | 科研工作、试验设计工作及技术工作等总工作量收入 | 千卢布 |
| 2.8 | 每个教学科研人员科研工作、试验设计工作及技术工作的总收入 | 千卢布 |
| 2.9 | 科研工作、试验设计工作及技术工作的收入占教育工作总收入的比例 | % |
| 2.10 | 由本校力量(不含合作者)完成的科研、试验设计及技术工作进账占整个教育工作进账的比例 | % |
| 2.11 | 每名教学科研人员的科研、试验设计、技术方面进账(不含国家预算资金及支持科研的国家基金) | 千卢布 |
| 2.12 | 许可协议(合同)的数量 | 个数 |

| 序号 | 指标 | 测量单位 |
|---|---|---|
| 2.13 | 大学智力项目管理所获资金占大学总进款的比例 | % |
| 2.14 | 教学科研人员 30 岁以下无学位、35 岁以下无副博士学位，40 岁以下无博士学位的人数及占全校教学科研人员的比例 | 人数/% |
| 2.15 | 教学科研人员中拥有副博士学位的人数及占全校教学科研人员的比例 | 人数/% |
| 2.16 | 教学科研人员中拥有博士学位的人数及占全校教学科研人员的比例 | 人数/% |
| 2.17 | 大学分校教学科研人员中拥有副博士与博士学位人员数及占整个分校教学科研人员的比例（不含兼职人员及合同制工作人员） | 人数/% |
| 2.18 | 学术杂志的数量，包括由大学出版的电子刊物 | 份数 |
| 2.19 | 结题时每 100 人教学科研人员项目经费数 | 千卢布 |
| 3. | 国际活动 | |
| 3.1 | 留学生数量（不含独联体国家的留学生）及占全校学生总数（学士、文凭专家、硕士）的比例，其中： | 人数/% |
| 3.1.1 | 面授 | 人数/% |
| 3.1.2 | 面授与函授相结合 | 人数/% |
| 3.1.3 | 函授 | 人数/% |
| 3.2 | 来自独联体的、攻读学士、文凭专家及硕士学位留学生数量以及占全校学生的比例，其中： | 人数/% |
| 3.2.1 | 面授 | 人数/% |
| 3.2.2 | 面授与函授相结合 | 人数/% |
| 3.2.3 | 函授 | 人数/% |
| 3.3 | 外国留学生的毕业人数以及占整个毕业生人数的比例（含学士、文凭专家、硕士） | 人数/% |
| 3.4 | 来自独联体国家留学生的毕业生人数以及占整个毕业生人数的比例（含学士、文凭专家、硕士） | 人数/% |
| 3.5 | 全日制在国外攻读学士、文凭专家、硕士学位且学习时间不少于一个学期的大学生数量以及占全校大学生的比例 | 人数/% |

| 序号 | 指标 | 测量单位 |
|---|---|---|
| 3.6 | 来自国外教育机构且在本校全日制攻读学士、文凭专家、硕士学位的,学习时间不低于一个学期的学生数 | 人数/% |
| 3.7 | 教学科研人员中外国公民人数以及占整个教学科研人员的比例 | 人数/% |
| 3.8 | 研究生当中(含军事院校研究生、住院医师、实习医生、进修生助教)外国公民人数(不含独联体国家公民)及占全体研究生(含军事院校研究生、住院医师、实习医生、进修生助教)的比例 | 人数/% |
| 3.9 | 研究生当中(含军事院校研究生、住院医师、实习医生、进修生助教)来自独联体国家公民人数以及占全体研究生(含军事院校研究生、住院医师、实习医生、进修生助教)的比例 | 人数/% |
| 3.10 | 学校从外国公民及外国法人中获得的、用于完成科研、试验设计、技术工作的资金数额 | 千卢布 |
| 3.11 | 学校从外国公民及外国法人中获得的、源于教育活动的金额 | 千卢布 |
| 4. | 财经活动 | |
| 4.1 | 学校各类财务保障(活动)收入 | 千卢布 |
| 4.2 | 学校人均教学科研人员各类财务保障(活动)收入 | 千卢布 |
| 4.3 | 学校教学科研人员人均创收收入 | 千卢布 |
| 4.4 | 学校教学科研人员平均工资(包括各类金融活动收入)与当地相应机构雇员月平均工资的比率以及与当地私营业主及自然人(劳动所得月平均收入)的比率 | % |
| 5. | 基础设施 | |
| 5.1 | 实施教育活动的生均用房面积,其中: | $m^2$ |
| 5.1.1 | 学校拥有所有权的用房面积 | $m^2$ |
| 5.1.2 | 学校业务管理范围内确认有使用权的用房面积 | $m^2$ |
| 5.1.3 | 学校用于出租及无偿使用的用房面积 | $m^2$ |
| 5.2 | 学生人均计算机台数 | 台 |
| 5.3 | 学校五年以下的设备总值占学校所有设备值的比例 | % |

| 序号 | 指标 | 测量单位 |
|---|---|---|
| 5.4 | 图书馆在册馆藏生均铅印教学图书(教材和教参)册数 | 册 |
| 5.5 | 用 20 种以上电子教学出版物(教材和教参)保障教学的大类专业和大类培养方向的比例 | % |
| 5.6 | 现有住校学生数及占整个需要住校学生数的比例 | % |
| 6. | 残疾人及健康状况不佳之人的学习 | |
| 6.1 | 残疾学生及健康状况不佳学习的人数(含学士、文凭专家、硕士)以及占全体学生的比例(学士、文凭专家、硕士) | 人数/% |
| 6.2 | 改写过的高等教育大纲的总数量,其中: | 个 |
| 6.2.1 | 改写过的学士、文凭专家培养大纲的数量,其中: | 个 |
| | 1)针对盲人改写的教育大纲数量 | 个 |
| | 2)针对耳聋残疾人改写的教育大纲数量 | 个 |
| | 3)针对手脚残废残疾人改写的教育大纲数量 | 个 |
| | 4)针对有复杂缺陷残疾人(身体两处以上残疾)改写的教育大纲数量 | 个 |
| | 5)针对身体其他残疾改写的教育大纲数量 | 个 |
| 6.2.2 | 改写过的硕士教育大纲的数量 | 个 |
| | 1)针对盲人改写的教育大纲数量 | 个 |
| | 2)针对耳聋残疾人改写的教育大纲数量 | 个 |
| | 3)针对手脚残废残疾人改写的教育大纲数量 | 个 |
| | 4)针对身体其他部位残疾改写的教育大纲数量 | 个 |
| | 5)针对有复杂缺陷残疾人(身体两处以上部位残疾)改写的教育大纲数量 | 个 |
| 6.3 | 残疾学生及健康状况不佳学生总人数(学士、文凭专家),其中: | 人数 |
| 6.3.1 | 面授学习(全日制),其中: | 人数 |
| | 1)失明学生数 | 人数 |
| | 2)失听学生数 | 人数 |
| | 3)手脚残废学生数 | 人数 |

| 序号 | 指标 | 测量单位 |
|---|---|---|
| | 4)身体其他部位残疾学生数 | 人数 |
| | 5)有复杂缺陷残疾学生数(身体有两处以上部位残疾) | 人数 |
| 6.3.2 | 函授 - 面授结合式学习,其中: | 人数 |
| | 1)失明学生数 | 人数 |
| | 2)失听学生数 | 人数 |
| | 3)手脚残废学生数 | 人数 |
| | 4)身体其他部位残疾学生数 | 人数 |
| | 5)有复杂缺陷残疾学生数(身体有两处以上部位残疾) | 人数 |
| 6.3.3 | 函授学习,其中: | 人数 |
| | 1)失明学生数 | 人数 |
| | 2)失听学生数 | 人数 |
| | 3)手脚残废学生数 | 人数 |
| | 4)身体其他部位残疾学生数 | 人数 |
| | 5)有复杂缺陷残疾学生数(身体有两处以上部位残疾) | 人数 |
| 6.4 | 按改写后大纲学习的残疾学生及健康不佳学生数(学士、文凭专家),其中: | 人数 |
| 6.4.1 | 面授学习(全日制),其中: | 人数 |
| | 1)失明学生数 | 人数 |
| | 2)失听学生数 | 人数 |
| | 3)手脚残废学生数 | 人数 |
| | 4)身体其他部位残疾学生数 | 人数 |
| | 5)有复杂缺陷残疾学生数(身体有两处以上部位残疾) | 人数 |
| 6.4.2 | 函授 - 面授结合式学习,其中: | 人数 |
| | 1)失明学生数 | 人数 |
| | 2)失听学生数 | 人数 |

| 序号 | 指标 | 测量单位 |
|------|------|----------|
| | 3）手脚残废学生数 | 人数 |
| | 4）身体其他部位残疾学生数 | 人数 |
| | 5）有复杂缺陷残疾学生数（身体有两处以上部位残疾） | 人数 |
| 6.4.3 | 函授学习，其中： | 人数 |
| | 1）失明学生数 | 人数 |
| | 2）失听学生数 | 人数 |
| | 3）手脚残废学生数 | 人数 |
| | 4）身体其他部位残疾学生数 | 人数 |
| | 5）有复杂缺陷残疾学生数（身体有两处以上部位残疾） | 人数 |
| 6.5 | 硕士生当中残疾人及有身体缺陷的人总人数，其中： | 人数 |
| 6.5.1 | 面授学习（全日制），其中： | 人数 |
| | 1）失明学生数 | 人数 |
| | 2）失听学生数 | 人数 |
| | 3）手脚残废学生数 | 人数 |
| | 4）身体其他部位残疾学生数 | 人数 |
| | 5）有复杂缺陷残疾学生数（身体有两处以上部位残疾） | 人数 |
| 6.5.2 | 面授－函授结合式学习，其中： | 人数 |
| | 1）失明学生数 | 人数 |
| | 2）失听学生数 | 人数 |
| | 3）手脚残废学生数 | 人数 |
| | 4）身体其他部位残疾学生数 | 人数 |
| | 5）有复杂缺陷残疾学生数（身体有两处以上部位残疾） | 人数 |
| 6.5.3 | 函授学习，其中： | 人数 |
| | 1）失明学生数 | 人数 |
| | 2）失听学生数 | 人数 |
| | 3）手脚残废学生数 | 人数 |

| 序号 | 指标 | 测量单位 |
|---|---|---|
| | 4)身体其他部位残疾学生数 | 人数 |
| | 5)有复杂缺陷残疾学生数(身体有两处以上部位残疾) | 人数 |
| 6.6 | 按改写后培养大纲培养的学士、文凭专家当中残疾人及有身体缺陷的学生总数,其中: | 人数 |
| 6.6.1 | 面授学习(全日制),其中: | 人数 |
| | 1)失明学生数 | 人数 |
| | 2)失听学生数 | 人数 |
| | 3)手脚残废学生数 | 人数 |
| | 4)身体其他部位残疾学生数 | 人数 |
| | 5)有复杂缺陷残疾学生数(身体有两处以上部位残疾) | 人数 |
| 6.6.2 | 面授 – 函授结合式学习,其中: | 人数 |
| | 1)失明学生数 | 人数 |
| | 2)失听学生数 | 人数 |
| | 3)手脚残废学生数 | 人数 |
| | 4)身体其他部位残疾学生数 | 人数 |
| | 5)有复杂缺陷残疾学生数(身体有两处以上部位残疾) | 人数 |
| 6.6.3 | 函授学习,其中 | 人数 |
| | 1)失明学生数 | 人数 |
| | 2)失听学生数 | 人数 |
| | 3)手脚残废学生数 | 人数 |
| | 4)身体其他部位残疾学生数 | 人数 |
| | 5)有复杂缺陷残疾学生数(身体有两处以上部位残疾) | 人数 |
| 6.7 | 学校残疾员工及有身体缺陷员工在接受高等教育上进行过业务提高的人员数以及占全体员工的比例,其中: | 人数/% |
| 6.7.1 | 残疾教师及有身体缺陷教师在接受高等教育上进行过业务提高的人员数以及占全体教师的比例 | 人数/% |
| 6.7.2 | 残疾教辅人员及有身体缺陷教辅人员在接受高等教育上进行过业务提高的人员数以及占全体教辅人员的比例 | 人数/% |

(资料来源 http://base.garant.ru/70581476/172a6d689833ce3e42dc0a8a7b3cddf9/#ixzz5SMXNjdwd)

　　总之，俄罗斯高等教育领域存在着名目繁多的评估。随着学术自治的不断加强，大学自治的范围不断扩大，自治程度也越来越高，政府对大学的管理职能在逐步弱化，政府逐步转向宏观调控，不再像从前那样对大学管得过多、过细、过死。高等教育国家教育标准及大学评估制度的实施是政府实行宏观调控的重要举措，但如果各类指标规定得过细，就失去了宏观调控的意义。从国家教育标准所列各种要求及内部自我审核评估指标可以看出，俄罗斯政府对大学仍然管得过细，仍然有插手高校事务的情况，这是值得高度关注的。

# 参考文献

［1］刘淑华. 近20年来俄罗斯的高等教育外部治理变革［J］. 高等教育研究，2016（7）：90
－97

［2］ Концеция долгосрочного социально – экономического развития Российской Федерации
напериоддо2020года［EB/OL］. （2019－09－03）. http：//static. government. ru/media/files/
aaooFKSheDLiM99HEcyrygytfmGzrnAX. pdf

［3］Фиапшев Б Х. Образовательные стандарты，автономия высшей школы，академической
свободы［M］. Москва：народное образование，2007：18－19

［4］Федеральный государственный образовательный стандарт высшего профессионального
образования по направлению подготовки 020400Биология［EB/OL］. ［2012－06－
09］. http：//www. edv. ru/db/portal/spe/index. htm

［5］Статья 30 Положения о порядке прохождения военной службы утверждённого Указом
Президента Российской федерации от 16 сентября 1999 г. №1237［C］. Собрание
законодательства Российской федерации，1999（38）：4534

［6］Пункт2статьи 41 Закона Российской Федерации《Об образовании》от 10 июля 1992г.
№3631－1［C］. Собрание законодательства Российской федерации，2007（17）：1932

［7］孙明娟. 俄罗斯高等教育质量评估体系透视［J］. 国家教育行政学院学报，2010（4）：92
－95

［8］刘娜，许明. 俄罗斯高等教育质量评估体系概述［J］内蒙古师范大学学报（教育科学
版），2005（9）：77－80

［9］ Порядок проведения самообследования образовательной организацией［EB/OL］.
（2019－09－03）. https：//base. garant. ru/70405358/

［10］ Показатели деятельности образовательной организации высшего образования，
подлежащейсамообследованию［EB/OL］. （2019－09－03）. http：//base. garant. ru/
70581476/172a6d689833ce3e42dc0a8a7b3cddf9/#ixzz5SMXNjdwd

第七章

▼

# 大学自治框架下俄罗斯国立大学内部治理
## ——以喀山大学为例

治理理论认为,政府应还政于民,还权于社群,以形成多个治理当局或权力中心。俄罗斯大学治理体系正是以此为导向向前迈进,并形成了多个治理当局。从宏观层面看,政府对大学的管理在逐步弱化,大学的自我管理(自治)在不断加强。从微观层面看,形成了一长制与委员会制相结合的治理模式,避免以校长为首的行政当局的集权。

当前,俄罗斯大学正从有限自治模式向自由主义自治模式转变,各类大学都获得了不同程度的自治权。赋予大学自治权后,法律给予了大学许多以前没有的权力。国立大学自主权的扩大也为其带来了风险,这不可避免地要求大学提高管理人员的质量,因为在大学法权地位与管理体系之间存在着一种最为直接的关系,也就是说,在提供给大学宽泛自治权时要求大学重构其治理体系,如俄罗斯的联邦大学成立了监事会(观察委员会),理事会和学术委员会等。下面,以喀山大学为例,探讨俄罗斯国立大学的内部治理问题。

## 一、政府对大学的影响在弱化,大学自我管理的功能在加强

俄罗斯当代大学的管理结构是由俄联邦《教育法》、俄联邦《高等及大学后职业教育法》及《高校教育机构之标准条例》这三个文件确定的。特别是《教育法》第35条第2点规定:"国立与市立教育机构应遵循一长制和自我管理原则,教育机构委员会、监事会、全体大会、教育委员会等是教育机构的自我管理方式。教育机构中自我管理部门的选举规程及其权限由教育机构的章程确定。第35条第3点规定,已通过相应评定的教研室主任、院长、校长或其他行政领导实施对国立或市立教育机构的直接管理"。《高等及大学后职业教育法》第12

条明确规定，"应根据俄联邦法律、高等职业教育机构（高校）标准条例及高校章程实施对高校管理，并遵从一长制和委员会制相结合的原则……第12条第2点指出，通过选举产生的代表机构——学术委员会对国立或市立高校实施总的领导……第12条第3点规定，……校长对高校实施直接管理……"[1]

俄罗斯大学的宏观管理分为三级管理，即联邦政府级、地区级、市级，而联邦政府对大学的影响仅限于职能作用，包括制定高等教育国家标准、办学许可、国家委托及教育机构停办、免费接受高等教育权的实施、制定教育领域的国家纲要与国际纲要。[2]除此之外还包括法律空间、税务制度、所有制关系；社会资源分配量以及对这些资源使用的去向，并凭借这些资源确定学生数量指标，甚至还包括监控大学是否按办学许可证要求进行办学等。[3]

## 二、大学治理机制：形成了校长与"三委"管理大学的治理结构

当前，俄罗斯大学在政府管理职能弱化的情况下正在实现自我管理。自我管理，这不仅是集体通过决定的程序与形式，而且拥有保障决定实施的机制，[4]这种机制就是一长制与委员会制的结合。通过委员会制削弱校长的权力，从而避免大学集权。三个委员会分别是学术委员会、监事会（观察委员会）、理事会。联邦大学校长由国家任命，任期5年。其主要职责有：

（1）确认大学人员编制，确定大学机构设置，有权变更、补充科研、信息分析、教学法、出版、财经、管理以及其他工作部门。

（2）针对全校师生颁布命令、指示，确认大学内部纪律条例、各部门条例、岗位工作细则以及其他大学内部法令。

（3）与本校工作人员签订、变更、终止劳动合同，有权对大学员工实施奖罚。

（4）无须委托可以以大学名义开展行动，在处理与国家机关、与地方自治机关以及与自然人、法人的关系中代表大学的利益。

（5）依照大学章程及俄联邦法律领导大学的教育、科研及财经工作。

（6）主持大学学术委员会的工作。

（7）保证执行全体师生大会及学术委员会通过的决定。

（8）解决大学财务问题。

（9）根据俄联邦法律在其权限范围内支配大学财产与资金。

（10）依照法律程序确认大学财经工作计划。

（11）有权在俄联邦国库的地区机构开办账户，并有权根据俄联邦法律规定的程序在信贷机构开设账户。

（12）有权发放委托书、对外签订合同。

（13）根据俄联邦法律、本校章程及大学内部法令开展其他工作。[5]

下面以俄罗斯喀山大学为例分析这"三委"的功能与作用，具体内容如下。[6]

◆ 学术委员会（учёный совет）。

确定大学的发展战略及其大学的设置、制定调节大学乃至各部门内部工作方面的有关部门文件，还包括科研、教育、人事鉴定。

其基本内容是：

（1）学术委员会确定教育科研人员、教职员工及学生的大会程序；

（2）确定教育科研人员、教职员工和学生大会与会代表的选举程序；

（3）准备这些会议的文件；

（4）在学术委员会会议上选举大学学术委员会主席（主席任期不得超过5年，选举方式为匿名投票，得票多的当选）；

（5）根据大学校长提名研究并确认"监事会"代表候选人，并且做出提前停止他们权力的决定；

（6）制定大学"理事会"条例；

（7）确定大学的结构，甚至变更与补加教学院部的结构，分部除外；

（8）每年听取大学校长关于大学活动的报告；

（9）审议教学院部等部门的示范条例，甚至审议职能部门、大学各委员会机构的条例（大学"监事会"除外）；

（10）确认科研计划、科研总结，教育人员的培训与再培训计划与总结；

（11）根据大学生工会组织投票来确定各类学生奖学金发放程序；

（12）按规程做出开办新专业和新方向的决定；

（13）教授、副教授职称的评定；

（14）授予"荣誉博士"，"功勋教授"，"功勋教师"，"功勋科技工作者"及"功勋员工"称号，申请授予俄联邦和鞑靼斯坦共和国荣誉称号，研究国家奖金和其他类奖金，国家奖励、政府奖励及部门奖励人员的提名；

（15）研究教职员工的提案与诉求以及损害大学章程所规定的学生权益而由学生提出的提案与诉求；

（16）审议招生、考试、鉴定、申诉各委员会的条例，根据俄联邦法律确认招生规程；

（17）解决教师休假一年工资是全额发放还是部分发放抑或不发工资问题；

（18）对毕业相应专业、受过中等职业教育或受过各类高等职业教育的人员，以及对那些在短时间内能够完全掌握高等职业教育大纲所规定内容的人员缩短学制进行审议；

（19）规定转学时间应在学年初二个月之内办理；

（20）研究教育科研人员竞争上岗问题，确认系主任的选举程序；

（21）研究在各教学院部创办分学术委员会问题；

（22）解决其权限范围内的其他问题。

◆ 观察委员会（наблюдательный совет）

观察会是喀山大学的管理机构之一。

观察人员最少不得少于5人，最多不得超过11人，并根据举办方的决定任命委员，任期不超过5年。

观察会人员组成包括：俄联邦教育与科学部代表；管理国家财产的国家权力执行部门代表；社会代表，包括在相关领域具有功绩与成就的人士。

其他国家机关代表、喀山大学员工代表也应进入观察会。国家机关代表数量不得超过总委员数的三分之一，这其中举办方代表不得少于一半。喀山大学员工代表不得超过总委员数的三分之一。

校长、副校长以及喀山大学各二级学院的副院长不能担任观察会委员，校长可参加观察会大会，但只有讨论权而无表决权。

观察会审议举办方或喀山大学校长关于以下几个方面的提议：

（1）关于喀山大学章程的修改；

（2）关于喀山大学分校的创办与停办以及喀山大学代办机构的开办与关闭；

（3）关于喀山大学的重组或停办；

（4）关于清理属于喀山大学管辖的财产；

（5）观察会应对喀山大学校长的提案进行审议；

（6）审议喀山大学参与其他法人事务，包括将资金或其他财产列入其他法人法定资本（固定资本）或作为举办方或参与方将财产转移至其他法人名下；

（7）审议订立喀山大学无权自主掌控的财产支配契约；

（8）审议大额合约的签订；

（9）对有利可图的契约签订进行审议；

（10）对喀山大学能够开办银行账户的信贷机构的选择进行审议；

（11）观察会应对以下事项进行审议。

（12）喀山大学财务活动计划方案；

（13）由喀山大学校长提交的喀山大学工作报告、财产使用报告、财务计划执行报告以及喀山大学年度会计报告；

（14）对喀山大学年度会计报告需要审计的问题以及对审计部门已经确认

的问题进行审议。

◆ 监事会或理事会(попечительский совет)

(1)创办目的

监事会是管理大学的常务委员会机构,其创办的目的有六:一是促进大学发展战略和大学远景规划的形成;二是使大学在国际国内教育服务市场上具有强大的竞争力;三是促使社会合作的拓展及公民社会管理高等教育系统方式的发展;四是吸引外资以实现喀山大学的发展规划;五是解决提高喀山大学教育、科学、创新活动水平的根本问题;六是详细研究并实施针对俄罗斯高等教育现代化机制而开发的试验方案。

(2)人员构成

联邦及地方权力部门代表、企业界、金融界、科学界、公共媒体、社会团体与协会、各类组织代表、机关代表,国外代表等不拘泥于所有制形式,均可成为喀山大学监事会成员。

(3)基本任务

1)促进喀山大学发展战略与发展规划的制定,并付诸实施;

2)促进招商引资,以保证喀山大学开展正常活动及发展规划的落实;

3)促进喀山大学国际教育合作及国际上科学、技术、文化合作的发展;

4)促进各类竞赛、群众文化、体育保健等各项活动的开展;

5)促进喀山大学物质技术基础的完善以及喀山大学各类房舍、校园设施的完善;

6)促进喀山大学这一科学 - 教育、生产 - 创新、文化 - 知识中心的功能发挥与综合发展;

7)促进喀山大学与国家、社会及业务部门的合作;

8)促进用于喀山大学发展的专项资金和各类基金的设立;

9)促进本科生、研究生、旁听生以及全体喀山大学教职员工的社会保障;

10)促使天才毕业生去国外学习;

11)根据现行俄联邦法律、喀山大学章程及本条例研究监事会权限范围内的其他问题;

12)宣传喀山大学科学成果、社会成果以及其他社会公益活动成果,促进并确认俄罗斯及鞑靼斯坦共和国的需求;

13)以各种方式促进喀山大学目的与任务的达成。

(4)基本权力

1)有权确定专项资金所获收入的使用目的与用途以及这部分收入的领取人;有权确定资金设立的期限和专项资金获利的分配。而如果捐款合同或遗嘱中没有明确指定条件，则监事会有权确定资金开销的周期和使用程序；

2）凡是向喀山大学捐款的自然人或法人（代表）都应与喀山大学签订合同，其合同形式由监事会确定，通过公开集资补充专项资金时，有权向喀山大学转交资金以筹集专项资金；

3）有权解决喀山大学发展的引资问题；

4）有权听取校长关于计划完成情况的报告（这些计划已由监事会确认）和喀山大学专项发展规划完成情况的校长报告以及监事会所作其他决定的完成情况；

5）听取校长对监事会引入资金使用情况的报告；

6）有权参与由监事会引入资金而资助的科研课题的评选；

7）对由监事会引入资金资助的计划与方案予以确认；

8）根据本条例详细制定并通过监事会各项活动的远景规划与当前方案，并组织实施；

9）有权对监事会的进项与花销进行盘算；

10）有权根据委员会的决定对监事会的资金使用情况准备决算；

11）对在喀山大学监护单位里组织并进行生产实习和论文答辩前的实习提供援助；

12）与喀山大学一道组织和监护单位的专家去国外进修；

13）对喀山大学的物质资源和精神资源的利用效率进行评估。

（5）监事会为完成自己的任务还应拥有以下权力：

1）就喀山大学工作的问题听取校长报告；

2）按规定咨询并获取必要的信息及喀山大学的工作材料；

3）去国家权力部门寻求建议，并根据权力部门的职权范围采取必要的措施以促进喀山大学发展规划的完成及其物质技术基础的完善；

4）设立委员会与工作组以便研究监事会中的各种问题并根据工作情况提出建议；

5）按规定程序留住喀山大学的学者与专家。

这里需要说明的是，按照喀山大学章程规定，学术委员会下辖四个专门委员会，这四个专门委员会都是常务委员会，分别是：教学科研委员会，文化教育活动、社会与青年政策委员会，法律委员会，评审委员会。各委员会的职责与分工见表7-1：[7]

表7-1 "四个专门委员会"职责与分工

| 委员会名称 | 职责与分工 |
|---|---|
| 教学科研委员会 | 教学科研委员会应就以下方面起草学术委员会提案与草案：<br>1)与教育、科研工作密切相关的战略问题；<br>2)机构改革问题，如新学院、新系、新教研室、新部门、新实验室的开办等等；<br>3)开办新专业与开设新方向问题；<br>4)教学、科研部门的活动问题；<br>5)招生委员会工作，包括录取外国公民问题；<br>6)大学生、研究生、教师交流问题；<br>7)与国外高校及国际组织发展国际关系问题；<br>8)其他与教育、科研活动相关的问题；<br>9)就制定喀山大学融入国际科学与教育体系向学术委员会起草提案。 |
| 文化教育活动、社会与青年政策委员会 | 1)审查各类学生奖学金发放程序问题；<br>2)审查与社会组织及创新团队的相互关系问题；<br>3)审查大学内教育与大众文化工作的开展与组织；<br>4)根据委员会工作的专业性就学术委员会权限范围内的其他问题起草提案与决议草案 |
| 法律委员会 | 1)对遵守俄联邦现行法律、大学章程及学术委员会决议的执行情况实施监督；<br>2)拟定学术委员会章程草案；<br>3)审查大学结构改革提案，特别是教学院部的改革提案，分支机构除外；<br>4)对大学各直属部门，特别是各教学院部的示范条例草案进行预先法律审查，同时还对大学管理机构及委员会机构的草案进行审查，"观察会"除外；<br>5)根据下辖委员会工作的专业特性就学术委员会权限范围内的其他问题起草提案与决议草案。 |

**续表 7-1**

| 委员会名称 | 职责与分工 |
|---|---|
| 评审委员会 | 1）以预审的方式审查隶属学术委员会的事务，即副博士任职教育科研工作的事务；<br>2）审核授予教授、副教授职称的材料，并负责向学术委员会提交；<br>3）就授予各类称号的决定向学术委员会起草论证充分的建议书，如：俄联邦、鞑靼斯坦共和国荣誉称号以及"荣誉博士""功勋教授""功勋教师""功勋科研工作者""功勋员工"等荣誉称号；<br>4）就国家奖金与其他奖金的提名以及国家、政府与部门奖励的提名向学术委员会起草论证充分的建议书；<br>5）对已进入候选人的材料及需要学术委员会做出决定的材料进行预审；<br>6）根据专业委员会工作的专业特性就学术委员会权限范围内的其他问题起草决定草案与提案 |

（资料来源：http://kpfu.ru/uchsovet/reglament-uchenogo-soveta-kfu）

　　此外，喀山大学学术委员会章程还明确了"四委"享有如下权力：吸引大学工作人员（包括建立工作群，材料送审）参与学术委员会需要审查的问题的酝酿；有权从大学直属部门和教学院部分学术委员会中咨询、获取信息和委员会开展工作所需的文件。之外，章程规定，学术委员会可设立临时委员会和协商委员会以解决临时问题和冲突问题。章程第3章第19条指出，为了就某个不属常务委员会管辖范围的问题准备材料，必要时学术委员会可以成立临时委员会，临时委员会可以由学术委员会成员组成，也可吸收非学术委员会成员，如大学生、大学工作人员参与。如有需要和需要相互协商时还可以吸收其他机构和组织的工作人员进入到临时委员会。具体任务、活动期限、权力行使以及临时委员会全体成员都得经过学术委员会决议确定。临时委员会主席由学术委员会成员担任，并由学术委员会发文确认。章程第3章第20条指出，必要时学术委员会可成立协商委员会以解决某些分歧与冲突，委员会成员、主席、权力、活动期限与程序都由学术委员会确定。章程中的这两条规定主要是弥补上述"四委"的不足，体现了依法办事、照章办事的价值观。

　　从以上材料可以看出，俄罗斯大学学术委员会是重要的管理机构之一，主要负责学术事务的管理与决策；以校长为首的行政当局负责落实学术委员会的决策；监事会、观察会主要负责学校财务及校长工作的监督，从而形成了一长制与委员会制相结合的治理模式。

## 三、俄罗斯大学治理体系存在的问题

俄罗斯大学的治理体系有其特点与优势，但也存在一些问题，主要表现在以下几个方面：[8]

### （一）大学管理机构法律地位与事实地位的分歧

如果《教育法》已明确教育机构管理制度是一长制和自我管理制相结合，那么之后的《高等及大学后职业教育法》实际上修正了大学管理组织的概念，削弱了学术委员会的意义，即学术委员会从自我管理机构级变成了委员会机构级。其主要区别在哪呢？自我管理机构所拥有的权限描述得非常清楚，而当时的委员会制主要是用于提高质量并使管理决定合法化，且委员会制只涉及该组织的问题区。

自我管理，这不仅是集体通过决定的程序与形式，而且拥有保障决定实施的机制。

自我管理是通过直接参与管理或以代表参与管理而得以实现，而当时的委员会制主要是通过职业的或专业的代表团而得以实施。自我管理是实现管理周期各阶段的职能，包括从计划职能的开始到监控职能的结束，而委员会制主要是跟做出管理决定阶段相关。

### （二）学术委员会事实上的不适当地位

由于现行法律对学术会委员会定位模糊，时而把它视为管理机构，时而又把它视为委员会机构，故而使该机构在代议制的特性方面存在着诸多问题。任何通过选举产生的机构，其代议制的实行都要遵循以下原则，即选举制，选举产生的机构的代议性、自主性以及自我管理机构代议制的责任性，这些正是代议制机构优于执行机构的地方。俄罗斯大学管理实践证明，这些原则的运用是非常有限的，并且把学术委员会的代议制问题留在了宣言中、美好的意图中以及管理民粹主义等领域。

### （三）权力划分模糊不清

管理机构之间权力与责任的划分问题是管理组织的关键问题之一，也是最复杂、最紊乱的。教育机构的权力与责任已在俄联邦《教育法》第 32 条中明确规定。显然，这一条的目的就是划清教育机构中委员会与教育机构领导的权力。但是，现存法律当中缺乏一种以具体内容充实"总体领导""直接管理"的标准，也就是说，"总体领导""直接管理"的具体内容并不规范，于是，《大学标准条例》第53点把学术委员会与校长的权力划分交由大学章程决定。

### （四）大学领导机关选举存在着非代偿性风险

大学的管理机构是通过选举产生的。《高等及大学后职业教育法》第12条指出："……国立或市立高校的校长，应根据高校章程规定的程序，通过无记名投票在全体大会上选举产生，任期不超过5年，并由高校所属教育主管部门予以确认……"。俄罗斯民选高校领导有着悠久的传统。俄罗斯第一个大学章程于1755年1月12日由《莫斯科大学举办方案》予以确认，根据该方案莫斯科大学隶属参议院，由最高权力指定学监进行管理，隶属学监管理的教授委员会组建咨议机构。随着在维尔纽斯、喀山、哈尔科夫三地大学的开办，1804年11月5日出版了全俄第一部大学章程，根据该章程大学由教授委员会领导，并负责遴选校长。1835年7月26日又通过了新大学章程，根据新的章程规定，隶属于人民教育部的教学督导团管理大学。校长候选人由沙皇确定，而教授由教学督导团确认。1863年6月18日通过的大学章程重新确定了所有行政职位与教授职位的选举制。1884年8月23日通过的章程结束了大学的自治。1905—1907年的革命初期大学自治由"临时政府"恢复。1884年的大学章程一直持续到1917年2月。显然，大学校长职位通过选举而产生的制度不知不觉地持续了30年之久。往后的几十年大学校长都是委任。一直到俄联邦《教育法》的产生才恢复大学校长的遴选制。

通过对国内外大学管理的历史与现代大学的管理实践分析，我们将大学管理的组织模式分为如下几类：

一类是大学校长的遴选不是直接由大学教授与工作人员选举产生，而是由代议制机构——学术委员会选举产生。

二类是高校领导与学术委员会都由选举产生。因此代议机构与行政部门的职能划分清楚明了，即学术委员会履行代表教师群体利益职能、制定法律规范职能及监督职能，大学行政机构则是总体权力执行－支配机构，代议机构与行政部门组织上各自独立并相互制衡。

三类是大学校长由所有工作人员选举产生，并集大学最高公职人员权力与学术委员会领导权力于一身。而另外一个能根据合同替代自己职位的人履行行政首脑的职能。在这种模式中校长作为大学的领导在很大程度上能够对抗行政当局，该模式有力方面还表现在，这里正在建立一种保障制度，避免权力集中于一人之手。但这种模式容易造成拥有执行－支配职能的行政首脑与没有此项职能的校长之间的矛盾与冲突。

这种模式依靠校长权力的扩展而消除了代议制机构的组织孤立性，但校长同时充当着三个角色，一是教育机构的最高公职人员，二是执行机关——大学行政当局的领导，三是代议制机构的领导(如学术委员会主席)。该模式中代议制机构及执行机构的职能专业化得到了保存。校长权力扩展的直接后果则是他对集体、对学术委员会工作汇报的方式随心所欲。这种模式在俄罗斯许多大学里运作着。该模式在肯定的同时蕴含着危险因素，这些危险因素在 20 世纪 90 年代初尚不明显，但在近些年已完全暴露出来。

第一，在该模式框架下校长常常凌驾于大学其他管理部门与自我管理部门之上，创造机会操纵大学权力资源，实施对权力的垄断。

第二，该模式最适合有着悠久民主传统和特殊大学社团文化的大学，而在当时大多数俄罗斯大学都是一些办学历史不长的年轻大学。

第三，这种模式的使用要有详细的法律做基础，且这种法律基础要能够预防一切粗鲁地重新分割权力的现象产生，要建立消除权力垄断的机制。然而，俄罗斯教育领域这块法律之田事实上就没有"翻犁过"，法律问题太多太多了。大学管理系统的职能仍然依靠长期形成的习惯与传统实施。

### (五)高校组织文化错位

俄罗斯政府在高校现代化与改革的规划文件中多次申明，对大学活动的评价采用新的原则，对大学的管理实施绩效管理，然而大学组织文化的研究结果表明，恰恰是"绩效型"组织文化没占主导地位，大学的组织文化依然是氏族制和官僚制。"市场型"组织文化最支持组织的定位是按照绩效方案达成既定目标，但就在善于经营、善于创新的著名大学中这种文化的发展也非常弱。

### (六)国立自治机构和非营利组织中的管理组织：问题的核心

2005 年和 2006 年俄罗斯分别出台了《自治机构法》和《国立(市立)非营利自治组织法》。[9]这两个法令的目的就是把教育机构改造成另类的法权组织形式的学校。因此，"国立自治机构""国立非营利自治组织"可被视为国立教育机构改革的基本形式。当前，俄罗斯大学正在往"国立自治机构"和"国立非营利自治组织"方面发展，但这两种管理组织也是存在问题的。先看"国立自治机构"，"国立非营利自治组织"之类的大学管理结构，见表7-2。

**表 7 - 2　"国立自治机构""国立非营利自治组织"之类的大学管理结构**

| 序号 | 结构要素/<br>法权组织形式 | 国立自治组织 | 国立非营利自治组织 |
|------|------|------|------|
| 1 | 最高机构 | 监事会 | 监事会 |
| 2 | 执行机构 | 领导 | 一长制执行机构<br>一长制和委员会制执行机构 |
| 3 | 其他管理机构 | 联邦法及大学章程规定的机构(学术委员会、艺术委员会等) | 联邦法及大学章程规定的机构(学术委员会,艺术委员会等) |

其中的问题主要有:

一是该结构太过宽泛,没有考虑到大学的特点。

二是需要一种发展的法律标准基础。在整个法律系统内非营利组织法是研究得最弱的。当今在符合法律要求情况下教育领域实施的是另一种学校管理组织结构,诸如监事会之类的高校管理体制要素只在联邦《教育法》《高等及大学后职业教育法》中有所提及。很显然,新的高校管理组织需要得到更加开放规范的保障。法律应保证维护与发展大学管理组织中好的东西,包括保证提供宽泛的大学自治,并根据大学类型、学术自由与价值的发展水平、学校传统、组织文化、大学历史以及大学自主行使关键权力的能力给予了大学实现其自治模式的机会。

三是立即推行大学管理新体制而不预先进行试验性审查会产生消极的后果,这样会与大学计划适得其反——降低大学管理效率。在俄罗斯大学乃至整个高等教育系统里,监事会参与大学管理还是新事物,因此经验非常有限。因此,开辟一些试验场地用于实施大学管理新模式试验以积累这方面的管理经验,这是非常合理的。

四是办事手续与程序繁复的管理官僚化是大学管理系统规制的最可能后果。其预防措施是,建立与完善管理程序,使官僚化降低至最低限度,在对意见进行表决及关键的管理问题做出决定时,首先应采用民主程序,积极运用调解程序,采用多种多样的汇报方式,增强大学活动的透明度,加强对大学的监管力度等。保障事务公开与报告的这一系列程序完全可以从商务实践中照搬,如每年必须公布大学的报告,每年必须对大学进行独立审计等等。

五是限制国立自治机构只推行一长制的管理机构未必合适。大学管理结构不同模式选择的可变性与可能性应成为大学管理体制发展的关键原则,因为在给大学提供自治组织权力的情况下必须改变大学的管理要求。

六是行政部门与委员会部门之间的关系复杂。西方国家监事会的经验表明，该组织与行政管理部门之间的无所不在的关系带有非常复杂的特点。对俄罗斯大学而言，这个问题是最关键问题，首当其冲的便是缺乏该模式的大学管理经验。

七是监事会作为俄罗斯大学新成立的管理机构尚存在许多问题。首先，监事会不能对变革做出高效反应。由于监事会开会频率很低（每3月1次），因此，对俄国经济不稳而时常出现的变革很难快速做出反应。其次，监事会不能保证自己获得相应的信息以完成自己对大学监督与跟踪任务。监事会成员获取信息的保障渠道是很复杂的，原因有二，一是任何一所大学都很复杂且是多级体系，二是当今俄罗斯很少有大学具备建好的集跟踪、加工、保存与分析于一体的信息管理系统。第三，监事会成员在通过具有高级专门技能的管理决定时权威性还不够。这个问题将是一个非常大的问题，特别是在监事会在开展活动的初始阶段，因此，许多国家都拟定了监事会成员培训计划。第四，监事会的人员构成不平衡：多半是权力部门代表。在监事会的理念当中早就明确了高校管理的国家——社会性原则，但事实上并未如此执行，因此，这些规范应当得到强化以保证国家机关代表与社团代表（包括商务社团）的平衡。第五，监事会的产生程序不当：只有任命制。世界实践证明，监事会的产生不仅要依靠任命制，而且还要依赖代表选举制以及规定限额的代表等等。监事会委员自上而下具有很强的独立性，在通过决议时这种特性通常会左右他们的立场。第六，在监事会成员的数量上毫无根据地加以限制。监事会成员由3~11人组成，这会导致一系列的反对意见。如果底线只有3人，那么对关键问题的决定只需2名法定人数同意即可通过；即便委员人数达到11人，如果委员们有潜在的利益，那么代表制度也不能高效运转，尤其是多专业的巨型大学。即便是11人，也不能开展群众性的批评以获得广泛的意见与建议，并且潜伏着某些个人的优势。因此要排除以上弊病，监事会成员应达9~25人。

## 四、结束语

大学制度一般可以从宏观和微观两个层面进行。宏观的大学制度是指一个国家或地区的高等教育系统，包括大学管理体制、投资体制和办学体制等；微观的大学制度是指一所大学的内部治理结构，即内部的组织结构和运行机制，包括组织机构、决策机制、激励机制、资源配置机制、工作机制（包括科研、教学和社会服务活动的运作模式）和制度创新机制等。学校内部治理的核心是完善决策、执行、监督的机构设置和运营程序，把决策、执行和监督三者分开，并有相互的制约。从俄罗斯喀山大学的内部治理结构看，虽然存在不少问题，但初步形成了决策、执行、监督的组织架构，即学术委员会负责决策，以校长为首的行政当局负责执行，监事会、观察会负责对决策实施与效果的监督，如喀山大学观察会审议喀山大学校长工作报告、财务方案、财产使用报告、财务计划执行报告、年度会计报告等，且观察会成员主要由政府代表（中央、地方政府）、社会代表、学校代表构成，这就较好地解决了在国家对高校集权管理弱化的情况下，谁来监管大学的问题。"三委"的作用主要是分解以校长为首的行政当局的权力，避免大学集权，实现民主管理，从而真正实现大学的自我管理，即大学自治。

俄罗斯高等学校内部管理体制改革的目标也是建立现代大学制度。2014年俄罗斯教育部长季米特里·伊凡诺夫指出，2000年以来俄罗斯对高等教育的投入增长了近20倍，但教育质量并没有得到相应提高，原因之一就是陈旧的高等教育管理体制在阻碍。[10]随着俄罗斯加入博洛尼亚进程及对教育质量的极大关注，现代大学制度建设迫在眉睫，而现代大学制度的核心是面向社会，依法自主办学，实行民主管理；特征是学术自治，权责分明，管理科学。俄罗斯大学在学术自治方面，开始从中派主义自治模式向自由主义自治模式转变，[11]自治程度在不断深化，政府对高校的作用在不断弱化，大学的自我管理作用在不断加强，[12]而且初步形成了一长制与委员会制相结合的、权责较为分明的治理模式，其中有些措施对我国现代大学制度建设具有很强的借鉴意义。

俄罗斯通过《自治机构法》和《国立（市立）非营利自治组织法》把教育机构改造成另类的法权组织形式的学校，毫无疑义，教育领域法权组织形式的多样性是必须的，这一思想本身也是正面的，因为教育机构千篇一律的管理结构早已不适合高校的发展要求，限制了大学组织的发展，也阻碍了新型学校的产生。

大学组织设计领域里的大量创新反映了全世界的大学管理的经验与实践，同时也使得俄罗斯高等教育的管理理念融入世界教育空间。在新的法权组织形式框架下大学管理经验缺乏，这就使得俄罗斯高校面临许多问题与风险，为降低这些模式的运行风险可选择一定数量的高校做试验并根据获得的经验研制法权标准，经过运行后再在全国范围内推行。

## 参考文献

［1］ Клюев. А. К. Новые модели управления вузом: шаг вперед или два назад［J］? Университетское управление. 2004, 5 – 6(33): 53 – 61.

［2］ Современная система высшего образования в России: вчера, сегодня, завтра［EB/OL］. (2016 – 08 – 03). http: //www. kp. ru/guide/sovremennoe – vysshee – obrazovanie. html

［3］ 王恩华. 俄罗斯大学自治: 历史、现状与趋势[J]. 国家教育行政学院学报, 2013(11): 91 – 95

［4］ 同［1］

［5］ Устав федерального государственного автономного образовательного учреждения высшего профессионального образования "Казанский (Приволжский) федеральный университет" ［EB/OL］. (2019 – 11 – 16). http: //old. kpfu. ru/ustav/index. php

［6］ Регламент Ученого совета［EB/OL］. (2016 – 07 – 05). http: //kpfu. ru/uchsovet/reglament – uchenogo – soveta – kfu

［7］ 同［6］

［8］ 同［1］

［9］ Фиапшев Б. Х. Образовательные стандарты, автономия, академические свободы［M］. М: Народное образование, 2007: 184.

［10］ 同［2］

［11］ 同［3］

［12］ 同［3］

# 第八章

## 依章治校：俄罗斯喀山大学
## 学术委员会章程评介

　　随着俄罗斯高等教育现代化的不断推进及博洛尼亚进程的不断加快，俄罗斯大学的内部治理结构也已发生很大变化，学术管理变得越来越重要。虽然俄罗斯没有提出现代大学制度建设这一概念，但在行动上已经走在了前面，例如，全面实施学术委员会章程及大学章程建设就比我们早。那么，俄罗斯大学学术委员会章程有哪些特点，包含哪些内容，存在哪些问题，对我国大学学术委员会章程建设有哪些好的借鉴，这是值得研究的。下面仅以俄罗斯喀山大学学术委员会章程做进一步探讨。

　　喀山大学建于 1804 年 11 月 5 日，是俄联邦直属的七所联邦级大学之一，是继莫斯科大学和圣彼得堡大学之后俄罗斯沙皇时代成立的第三所高校。成立以来，该校培育出许多著名人物，如列宁和列夫·托尔斯泰，创立非欧几里得几何学的罗巴切夫斯基，发现化学元素钌的克劳斯，有机合成结构理论的创始人布特列罗夫，电子磁共振的发明人扎沃伊斯基，声学磁共振的发明阿尔特舒勒等等。2011 年 6 月 29 日喀山大学按照国家要求制定并通过了《喀山大学学术委员会章程》，拉开了依章治理学术的序幕。

## 一、喀山大学学术委员会章程内涵

### （一）关于《喀山大学学术委员会章程》的结构

　　从形式结构上来看《喀山大学学术委员会章程》按照总则、分则的体例设计，以"章—条—款"的形式予以展开，共九章九十七条六十三款。总则部分为第一章，分则部分包括二到九章，分别为：学术委员会主席、副主席及秘书，学术委员会下辖的专业委员会，学术委员会工作计划的制定、会议准备程序、决议的形成，学术委员会会议召开程序，投票及决议通过程序，公文处理，章程的分发、登记与保护。

### （二）关于《喀山大学学术委员会章程》的内容

1.《喀山大学学术委员会章程》总则内容

一是确定喀山大学学术委员会组织工作程序、学术委员会会议举办程序以及根据《联邦教育法》《联邦高等及大学后职业教育法》及《喀山大学章程》形成决定的程序。

二是明确了委员的任期和学术委员会的地位。总则第二条指出，学术委员会任期不得超过5年，学术委员会在大学章程确定的权限内对喀山大学实施总的领导。这实际上明确了学术管理的主体地位。

三是确定了学术委员会的基本活动方向和基本内容。活动方向包括确定大学的发展战略及大学的设置、制定调节大学乃至各部门内部生活方面的有关部门文件，还包括科研、教育、人事鉴定。其基本内容是：学术委员会确定教育科研人员、教职员工及学生的大会程序；确定教育科研人员、教职员工和学生大会与会代表的选举程序；准备这些会议的文件；在学术委员会会议上选举大学学术委员会主席（主席任期不得超过5年，选举方式为匿名投票，得票多的当选）；根据大学校长提名研究并确认"监视会"代表候选人，并且做出提前停止他们权力的决定；制定大学"监理会"条例；确定大学的结构，甚至变更与补加教学院部的结构，分部除外；每年听取大学校长关于大学活动的报告；审议教学院部等部门的示范条例，甚至审议职能部门、大学各委员会机构的条例（大学"观察会"除外）；确认科研计划、科研总结，教育人员的培训与再培训计划与总结；根据大学生工会组织投票确定各类学生奖学金发放程序；按规程做出开办新专业和新方向的决定；教授、副教授职称的评定；授予"荣誉博士"，"功勋教授"，"功勋教师"，"功勋科技工作者"及"功勋员工"称号，申请授予俄联邦和鞑靼斯坦共和国荣誉称号，研究国家奖金和其他类奖金，国家奖励、政府奖励及部门奖励人员的提名；研究教职员工的提案与诉求以及损害大学章程所规定的学生权益而由学生提出的提案与诉求；审议招生、考试、鉴定、申诉各委员会的条例，根据俄联邦法律确认招生规程；解决教师休假一年工资是全额发放还是部分发放抑或不发工资问题；对毕业相应专业、受过中等职业教育或受过各类高等职业教育的人员，以及对那些在短时间内能够完全掌握高等职业教育大纲所规定内容的人员缩短学制进行审议；规定转学时间应在学年初二个月之内办理；研究教育科研人员竞争上岗问题，确认系主任的选举程序；研究在各教学院部创办分学术委员会的问题；解决其权限范围内的其他问题。

四是明确了学术委员会会议原则及章程的通过与变更原则。总则第五条和第六条指出，学术委员会应遵循集体自由讨论原则和公开会议上解决问题原则；学术委员会章程的通过与变更必须经过学术委员会大会投票，超过在册成员三分之二票数才能获得通过，并从通过之日起发生效力。

2.《喀山大学学术委员会章程》分则内容

1) 学术委员会主席、副主席及秘书的产生、职责与权限

分则第二章明确指出，大学校长担任学术委员会主席，学术委员会副主席由学术委员会主席提名，从学术委员会成员中选举产生。学术秘书是学术委员会秘书处重要成员，由学术委员会大会投票从委员中选举产生，学术委员会秘书由大学校长任命，学术委员会副主席对秘书处实施总的领导。其职责与权限如下[1]：

◆ 学术委员会主席

(1) 主持学术委员会工作，召开学术委员会大会；

(2) 保证维护本章程条例；

(3) 确认学术委员会年度工作计划；

(4) 确认学术委员会大会日程；

(5) 根据大会日程安排及本章程要求对大会发言顺序提出建议；

(6) 对所有学术委员会成员提案按先后顺序安排投票表决；

(7) 组织投票及统计票数；

(8) 领导学术委员会工作，做好会议记录，必要时做好速记记录，签署决议、决定及学术委员会会议记录及速记记录；

(9) 保证报告学术委员会组织决定；

(10) 根据本人倡议或根据 20% 以上学术委员会成员的书面申请召集学术委员会临时会议；

(11) 对学术委员会下辖的常务委员会 (包括临时委员会) 实施总的领导。

(12) 代表学术委员会处理与国家权力机关、组织机构及社会团体的关系；

(13) 依据大学章程、学术委员会章程及其他大学规章解决学术委员会组织活动的其他问题。

◆ 学术委员会副主席

学术委员会副主席在主席缺席或主席不能履职并受主席委托召开学术委员会会议，协调秘书处工作及学术委员会下辖的常务委员会和临时委员会工作，根据本章程解决学术委员会内部工作的其他问题。

◆ 学术委员会秘书

（1）秘书处具有如下职能：

①与学术委员会副主席协商起草学术委员会会议日程并报送学术委员会主席确认；

②审查分析来校各类文件和权力部门的呼吁书，审查问题管理情况（这些问题属于学术委员会权限范围内的问题），并就来校文件与呼吁书撰写必要的材料；就学术委员会研究的问题与学术委员会下辖的专门委员会共同起草决议、决定草案；

③准备学术委员会审查会议日程问题所必需的材料；

④对学术委员会会议以及学术委员会下辖的常务委员会会议实施组织保障；

⑤做好学术委员会会议记录，并保证做好速记记录；

⑥检查学术委员会决议及任务的执行情况；

⑦将会议日程及在学术委员会例会上需要研究的文件分送给各位委员；

⑧行使学术委员会规定的权力。

（2）学术委员会秘书处为履行其职能应享有如下权力：

①有权获取信息，这些信息对全面分析学术委员会所研究的问题以及学术委员会准备研究的问题是非常必要的，并对通过的决议报告情况实施监督；

②有权打破规定程序将决议、决定草案退回修改、加工；有权参与学术委员会之常务委员会的工作；有权了解大学各教学院部的分学术委员会的事务情况；有权参与大学各教学院部分学术委员会会议。

2）学术委员会下辖的四个专业委员会的职责与分工

章程规定，喀山大学学术委员会下辖四个专业委员会，这四个专业委员会都是常务委员会，分别是：教学科研委员会，文化教育活动、社会与青年政策委员会，法律委员会，评审委员会。其委员都是从学术委员会成员中抽调而来。常务委员会是学术委员会的常务行动机构，解决活动的组织问题，预先审查权限范围内的问题，并将充分论证的建议提交给学术委员会，需要学术委员会投票表决的决议应当事先在学术委员会中的相关委员会里进行讨论，不能推迟的情况除外。其委员构成以及主席均在学术委员会会议上公开投票产生，根据学术委员会主席提名，得票多的当选。常务委员会副主席由委员会会议根据常务委员会主席提名选举产生。各委员会的职责与分工见表 7 - 1。[2]

章程还明确了"四委"享有如下权力：吸引大学工作人员（包括建立工作群，材料送审）参与学术委员会需要审查的问题的酝酿；有权从大学直属部门和教学院部分学术委员会中咨询、获取信息和委员会开展工作的所需文件。之外，章程规定，学术委员会可设立临时委员会和协商委员会以解决临时问题和冲突问题。章程第三章第十九条指出，为了就某个不属常务委员会管辖范围的问题准备材料，必要时学术委员会可以成立临时委员会，临时委员会可以由学术委员会成员组成，也可吸收非学术委员会成员，如大学生、大学工作人员等参与。如有需要和需要相互协商时还可以吸收其他机构和组织的工作人员进入到临时委员会。具体任务、活动期限、权力行使以及临时委员会全体成员都得经过学术委员会决议确定。临时委员会主席由学术委员会成员担任，并由学术委员会发文确认。章程第三章第二十条指出，必要时学术委员会可成立协商委员会以解决某些分歧与冲突，委员会成员、主席、权力、活动期限与程序都由学术委员会确定。章程中的这两条规定主要是弥补上述"四委"的不足，体现了依法办事、照章办事的价值观。

（3）学术委员会工作计划的制定、会议准备程序、决议的形成。

学术委员会工作计划怎样制定、会议怎样准备、决议怎样形成，章程第四章做了详细规定，见表 8 – 1[3]：

表 8 – 1　学术委员会工作计划的制定、会议准备程序、决议的形成

| 序号 | 内容 |
|---|---|
| 1 | 学术委员会工作计划按学年制定，并在学术委员会会上确认，其工作计划方案由秘书处根据校长、常务委员会及学术委员会委员提议制定，已通过的工作计划应上网挂在喀山大学网站入口的学术委员会网点上，学术委员会有权变更已通过的工作计划。 |
| 2 | 喀山大学学生及员工，甚至局外人都可把问题提案列入学术委员会议事日程。 |
| 3 | 列入喀山大学学术委员会议程的、需要审查的提案应报送主管大学活动的副校长。提案应包括如下内容：<br>1）简短的说明；<br>2）决议草案；<br>3）经济财务论证。 |
| 4 | 主管大学活动的副校长会同喀山大学法律小组（成员由校长任命）三日内审查材料。如果材料要求修改或者所反映的问题非学术委员会管辖范围之内，那么根据相关决议，材料应返还给提案倡议者。 |

| 序号 | 内容 |
|---|---|
| 5 | 根据审查结果,主管大学活动的副校长把材料呈送给校长,协商该问题是否提交校长办公会议而后提交学术委员会讨论。校长有权决定对校长办公会议没有提交的问题向学术委员会提交材料审查。 |
| 6 | 校长办公会上材料,校长办公室有权赞同、阻止或返还材料进行加工完善。 |
| 7 | 在得到校长办公室肯定回答后,学术委员会副主席一日内将校长办公会议记录的摘录连同材料一并送达学术委员会秘书处(秘书),形成学术委员会议程。 |
| 8 | 学术委员会例会议程方案应在三日内由秘书处协商学术委员会副主席起草完毕,并报学术委员会主席——校长进行确认。 |
| 9 | 学术委员会议程通常由三部分组成:<br>1)议程的基本问题;<br>2)时事信息,包括校长办公会及秘书处的情况甚至学术委员会成员关于大学工作的意见与问题;<br>3)其他不同的问题,包括已提交议程讨论的,要求学术委员会做记录决议的业务问题。 |
| 10 | 秘书处应将已通过的议程和提交学术委员会审查的、附有相关材料的附件草案呈送学术委员会相关常务委员会备审,常务委员会对提交的材料进行审查并形成决定。 |
| 11 | 常务委员会决议须经公开投票且获得参会人员多数票方能通过。每名委员有权提交其特别意见,以对委员会决议进行补充。常务委员会也可以函授形式通过。常务委员会决定应转达至秘书处,以便他们熟悉学术委员会所审核的材料。 |
| 12 | 提交学术委员会讨论的、附有常务委员会决议附件的材料,秘书处应在会议前三日内通告学术委员会所有成员。 |
| 13 | 为了就学术委员会所讨论的问题提供必需的信息与结论,可邀请国家权力部门、社会团体、科研机构的代表以及自由评审专家和其他专家参会。秘书处与学术委员会主席协商后编制被邀参会人员目录。应邀参会人员拥有发言权。 |
| 14 | 学术委员会秘书应做好关于学术委员会决议的记录。 |
| 15 | 学术委员会秘书根据学术委员会会议记录摘录于学术委员会会议召开后一日内起草决定草案,并按喀山大学规程呈报校长确认。 |

(资料来源:http://kpfu.ru/uchsovet/reglament – uchenogo – soveta – kfu)

（4）关于学术委员会会议召开程序

章程对会议召开的时间等事项做了详细、明确的规定，见表8-2[4]：

**表8-2　学术委员会会议召开程序**

| 序号 | 内容 |
|---|---|
| 1 | 学术委员会第一次会议的召开不得晚于学术委员会选举后的一周，学术委员会会议应公开召开。 |
| 2 | 学术委员会会议通常在9月1日至次年6月30日这一区间召开，一月不得少于一次，具体召开时间为每月第三个星期四的9点至13点。<br>每逢国家节日、纪念日学术委员会可召开隆重大会，关于隆重大会的召集，会议时间、地点以及召开会议的程序由学术委员会主席确定。召开隆重大会通常不设议程，其决议通常也不需要表决。 |
| 3 | 学术委员会会议上应做好记录，必要时还应做好速记记录，学术委员会秘书及主席应在速记记录上签字。 |
| 4 | 根据学术委员会的决定或根据学术委员会主席的提议，学术委员会会议可以不公开召开，甚至开会时间也可变动。 |
| 5 | 学术委员会非例行会议可以根据学术委员会主席倡议召开或根据以学术委员主席名义提出的书面申请召开。申请书中必须有20%以上委员联名，且附上提交非例行会议讨论的所有文件附件，包括学术委员会的决定、决议草案。学术委员会主席在收到申请七日内审查非例行会议申请，并在必要时召集非例行会议。学术委员会秘书应将召开会议的时间地点以及提交会议讨论的问题通告所有学术委员会委员。 |
| 6 | 学术委员会会议的参会人员应在学术秘书处登记。 |
| 7 | 学术委员会会议的参会人员达到在册委员的三分之二，可认定为具有法律效力。 |
| 8 | 委员有义务参加学术委员会会议。 |
| 9 | 学术委员会委员出于正当理由不能参加学术委员会会议应提前直接或通过学术委员会秘书向学术委员会主席请假。 |
| 10 | 学术委员会委员可以以个人名义参加学术委员会会议以及学术委员会常务委员会会议。学术委员会委员对所有会上审查的问题进行表决时都有发言权，如果他还是常务委员会委员，那么对常务委员会会上审查的问题进行表决时也有发言权。 |

| 序号 | 内容 |
|------|------|
| 11 | 学术委员会委员有权选举和有权成为常务委员会委员被选人及学术委员会其他工作机构成员的被选人。 |
| 12 | 学术委员会委员有权就被选机构的全体成员、学术委员会选举出来的或学术委员会任命的某岗位候选人提出异议,有权质问校长办公室及大学行政的代表,在讨论学术委员会管辖范围内的问题时有权按表决程序发表意见。 |
| 13 | 学术委员会委员有权获得学术委员会已经通过的文件,有权获得他在学术委员会开展工作所必需的信息。其他人员只能在征得学术委员会主席允许后才有权获得指定的信息。 |
| 14 | 学术委员会会议上学术委员会主席有权从妨碍学术委员会工作的被邀人员的会议厅离席。 |
| 15 | 学术委员会主席在参与公开表决时应对其本人作了标记的问题(同意、不同意、弃权)做最后表态。 |
| 16 | 学术委员会会议规定发言的基本形式如下:报告、副报告、对商讨问题的总结性发言、对讨论问题的内容进行辩论、提交提案时对候选人进行讨论,对表决的理由、大会召开程序、对大会咨询情况、信息、申请、请求等情况做必要陈述。 |
| 17 | 报告、副报告、总结性发言所用时间由学术委员会主席与报告人、副报告人确认,报告的时间不得超过 30 分钟,其他发言不得超过 5 分钟。 |
| 18 | 学术委员会主席经得多数与会人员同意后规定议程中所议问题的总时间以及提问与回答的总时间,也可延长发言的时间。 |
| 19 | 学术委员会委员可以在讲坛上发言,亦可在座位席上发言。 |
| 20 | 规定时间已到,学术委员会主席对此可提醒发言人,如果发言人不停止发言,主席有权终止其发言。 |
| 21 | 学术委员会会议上发言人在发言中无权使用粗鲁、侮辱性话语,这有损作为一个公民、职员、委员的诚实与品质,无权召集非法行动,无权利用不确实的信息,无权准许针对某人的、毫无根据的申诉。如果发言人破坏了这些规则,学术委员会主席有权终止其发言,且违规人员不得再次就商讨的问题发言。 |
| 22 | 任何人在没经得学术委员会主席同意无权在学术委员会会议发言,违反这一规定的人将被终止发言。 |

| 序号 | 内容 |
|---|---|
| 23 | 因辩论终止而不能发言的委员有权把自己签名的发言稿附在学术委员会会议记录上。 |
| 24 | 某个问题的辩论时间超过了章程规定的时间或经得与会人员的多数同意可以终止辩论。 |
| 25 | 在决定终止辩论后，学术委员会主席应查明，哪些人报了名却没有发言但坚持要发言，在经得学术委员会同意后应让其发言。 |
| 26 | 报告人和副报告人，甚至在发言过程中遭到批评的人，有权做最后陈述。 |

（资料来源：http://kpfu.ru/uchsovet/reglament - uchenogo - soveta - kfu）

（5）关于投票及决议通过程序

为扩大民主，保障公正，学术委员会章程遵从程序正义原则，在第六章专门安排了投票及决议通过的程序，详情见表 8 - 3：[5]

表 8 - 3　投票及决议通过程序

| 序号 | 内容 |
|---|---|
| 1 | 学术委员会的决议可以在会上公开投票通过，也可以非公开投票通过，非公开表决的结果应在公报上公布。学术委员会决议还可以函授形式通过。 |
| 2 | 学术委员会会议的决议必须获得与会人员的多数票方能通过。现行法律、大学章程与本章程规定采用"特定多数"规则的情况除外；<br>表决形式由学术委员会自主确定；<br>学术委员会可以就以下问题实施非公开表决：大学董事长的选举问题、岗位的竞聘问题，职称授予问题，科学院院士、通讯院士的推举问题，要求不低于20%委员参会的会议，现有法律规定的其他情况。学术委员会记录必须由学术委员会主席及学术委员会秘书签名；<br>学术委员会记录必须向社会公开。其决议、决定必须传送给校直属部门领导；<br>会议决定以会议摘录的形式予以通告。 |
| 3 | 以下问题的决议必须获得与会人员 2/3 票数才算通过：<br>1）大学结构改革；<br>2）授予教授、副教授职称的提名；<br>3）科研工作人员培训与再培训工作计划与总结的确认；<br>4）确认由大学校长提名的、担任"观察委员会"委员的校方代表候选人以及提前终止权力的有关事项。 |

| 序号 | 内容 |
| --- | --- |
| 4 | 所有问题的表决结果都要进入学术委员会会议记录。学术委员会的决定由学术委员会主席签署后发生效力并以校长令的形式发文通告全校。校长令应在大学官方网站与公布，网址为 http://www.ksu.ru。 |
| 5 | 就某个问题表决时学术委员会参会委员只能投一票：同意或反对或弃权。 |
| 6 | 根据学术委员会决定，就议程中的问题表决时可以进行两轮投票。 |
| 7 | 如果在第二轮表决中候选人或提案仍未达到规定票数，则重复表决程序，而提案则被视为取消，在重新表决前，候选人推举程序应重新进行。 |
| 8 | 学术委员会公开表决以举手方式进行并统计票数，主席或计票委员会统计票数。 |
| 9 | 公开表决开始前，主席要通告需要表决的提案份数，对需要表决的决议措辞以及连贯性要反复斟酌，公布以什么样的多数票决议才能通过(以学术委员会总人数的多数票还是以学术委员会参会人数的多数票，以普通多数票还是以特别多数票)。 |
| 10 | 在主席宣布投票开始后，任何人无权终止表决，宣布会议召开程序除外。 |
| 11 | 计票结束后主席宣布，决议通过或未通过(被取消)。 |
| 12 | 如果在确认结果时发现表决程序错误，则要按照学术委员会规定进行第二次表决。 |
| 13 | 职位竞聘，职称评定，通讯院士、科学院院士推举以及现行法律或学术委员会决议所规定的事务都应进行匿名表决。 |
| 14 | 对匿名表决事务及确认表决结果时学术委员会以公开投票方式从学术委员会委员中选出计票委员会，人员不得少于 3 人，但不能超过 11 人，必须为单数。以下人员不得担任计票委员会委员：<br>1)姓氏出现在匿名表决公告里面的人员；<br>2)学术委员会主席、副主席，评审委员会主席。 |
| 15 | 计票委员会从其成员中选出委员会主席。计票委员会决议获得其成员多数票，则宣布通过。 |
| 16 | 匿名选票，应由计票委员会进行核对，检查是否与确认的形式相符、与委员会人数相符，是否含有必需的信息。表决结束后所有选票由计票委员会封存，保留三年。 |

| 序号 | 内容 |
|------|------|
| 17 | 签订合同前的教师岗位竞聘匿名选票以及评定职称选票都由计票委员会在选拔程序执行前直接分发。 |
| 18 | 给每位学术委员会委员就以下议题分发一张选票：<br>1）机构或职务的选举；<br>2）学术委员会审查的决议草案；<br>3）教师签约前的竞选；<br>4）职称评审及现行法律与喀山大学部门法规规定的其他事项。 |
| 19 | 计票委员会根据学术委员会委员名册将匿名表决选票分发给每位委员，委员在其姓名背面签收选票。 |
| 20 | 匿名表决选票应投至由计票委员会封存的专用箱内。 |
| 21 | 计票委员会应为学术委员会委员私下表达意见创造条件。 |
| 22 | 关于匿名投票的结果，计票委员会应撰写所有计票委员会委员签名的记录并列入会议议程。学术委员会以公开投票方式，并以参会人员多数票通过计票委员会记录，在此基础上主席宣布候选人当选或未当选、评选结果情况、授予还是不授予、决议通过还是不通过，而且要宣布具体的姓名与决定。 |
| 23 | 学术委员会可以就大学章程管辖范围内的问题通过决议和决定，还可就学术委员会内部工作组织问题形成决议和决定。 |
| 24 | 学术委员会可以就政治、社会经济、文化教育及其他问题发表决议、申明、呼吁等，其发表程序与发表决议、决定程序一样。 |

（资料来源：http://kpfu. ru/uchsovet/reglament － uchenogo － soveta － kfu）

　　总之，俄罗斯喀山大学学委员会章程体现了以下特征：①学术委员会章程由法律委员会制定，具有很强的专业性；②突出专门委员会建设；③凸显委员的权力与义务；④凸显了学术委员会会议程序，体现了照章办事的原则；⑤体现了议事的民主性。

## 二、喀山大学学术委员会章程问题分析

### （一）没有明确学术委员会委员的任职条件

　　委员的工作作风、学术水平、治学态度、学术影响、是否积极参与学校建

设等因素没有作明确的要求，或许已作内部要求，但未在章程中说明。

### (二)没有明确一线普通教师的代表比例，且普通教师代表比例偏少

我们以"教学科研委员会"委员构成来说明这一问题。请看表 8 – 4：[6]

表 8 – 4　现任"教学科研委员会"代表一览表

| 序号 | 姓名 | 职务或职称 |
|------|------|-----------|
| 1 | Т. Д. 阿尔柏托维奇 | 普通物理教研室主任，物理学院副院长，委员会主席 |
| 2 | Л. В. 阿列克谢耶维奇 | 国际关系、历史学、东方学学院科研副院长，委员会副主席 |
| 3 | А. А. 瓦尔塔诺维奇 | 物理学院院长 |
| 4 | А. М. 米尔查耶维奇 | 诺巴切夫斯基数学与机械学院代数与数理逻辑教研室主任 |
| 5 | Б. Р. 阿布杜拉耶维奇 | 喀山大学沿岸船舶学院教学副院长，生产管理教研室主任 |
| 6 | Г. И. 沙米里耶维奇 | 体育与运动医学学院院长 |
| 7 | Г. В. 伊凡诺维奇 | 高分子与元素有机化物教研室主任，普特列罗夫化学学院院长 |
| 8 | Г. В. 查基托维奇 | 大众传媒与社会科学学院鞑靼新闻学教研室主任 |
| 9 | Е. А. 米哈依罗维奇 | 诺巴切夫斯基数学与机械学院科研副院长 |
| 10 | Е. О. 彼得罗维奇 | 生态与地理学院景观生态教研室主任 |
| 11 | З. Р. 里夫卡托维奇 | 语言与国际文化交流学院院长 |
| 12 | И. Т. 康斯坦丁诺芙娜 | 语言学院院长 |
| 13 | К. А. 米宁曼苏罗维奇 | 教育与心理学院院长 |
| 14 | К. А. 帕夫罗维奇 | 基础医学与生物学院院长 |
| 15 | Л. Р. 哈费查维奇 | 计算数学与信息技术学院院长 |
| 16 | М. А. 尼古拉耶维奇 | 沿岸船舶城喀山大学分部经济系主任 |
| 17 | М. И. 弗拉季米罗芙娜 | 喀山大学分部世界史与本国史教研室教授 |
| 18 | М. Р. 法依列芙娜 | 语文与国际文化交流学院，20 ~ 21 世纪俄罗斯文学与教学方法教研室主任 |
| 19 | Н. Л. 阿芙哈托芙娜 | 国家与市政管理高校校长 |

| 序号 | 姓名 | 职务或职称 |
|---|---|---|
| 20 | С. Р. 米尔查维奇 | 基础医学与生物学院无脊椎动物学教研室主任 |
| 21 | С. Л. 那依列维奇 | 经济技术与经济史教研室主任、区域发展与管理学院副院长 |
| 22 | С. С. 尤里耶芙娜 | 生态与地理学院代理院长 |
| 23 | Т. М. 芙雅捷斯拉沃芙娜 | 法律系刑法学教研室主任 |
| 24 | Ф. А. 伊兹拉依列维奇 | 物理学院普通物理教研室教授 |
| 25 | Х. И. 加捷列维奇 | 经济与金融学院副院长 |
| 26 | Х. Р. 拉维罗维奇 | 国际关系、历史与东方学学院院长 |
| 27 | Х. А. 法里多维奇 | 信息技术高等学校校长 |
| 28 | Ч. И. 阿德加莫维奇 | 地质与石油天然气学院主管市场副院长 |
| 29 | Ш. Р. 拉申托维奇 | 泽列诺多利斯克市喀山大学分部校长 |

（资料来源：http：//kpfu.ru/uchsovet/komissii－uchenogo－soveta）

从表中可以看出，29 名委员当中，只有 2 名普通教授，占 7％，其余均为有行政职务的人员，占 93％。尽管上表中有许多是教研室主任，但俄罗斯大学教研室主任的级别与地位较之我国的要高得多。其他委员会也存在类似的情况，见表 8－5：

表 8－5 "四委"代表构成汇总表

| "四委"名称 | 人员构成 | | |
|---|---|---|---|
| | 有行政职务人员 | 普通教师 | 总人数 |
| 教学科研委员会 | 27（93％） | 2（7％） | 29 |
| 文化教育活动、社会与青年政策委员会 | 14（87.5％） | 2（12.5％） | 16 |
| 法律委员会 | 15（80％） | 4（20％） | 19 |
| 评审委员会 | 16（89％） | 2（11％） | 18 |

（资料来源：http：//kpfu.ru/uchsovet/reglament－uchenogo－soveta－kfu）

上表表明，各委行政人员所占比例都很高，分别达 93％，87.5％，80％和

89%，而普通教授比例都很少，分别为7%，12.5%，20%和11%，而且各委普通教师比例也不均衡，差距很大。

### （三）行政管理色彩仍然较浓

这主要体现在两个方面：一是章程第二章第一条明确规定大学校长担任学术委员会主席，二是普通教授比例偏少，行政人员比例太高。当然，大学校长担任学术委员会主席，有利于校长贯彻自己的办学思想与意图，但如果委员大部分由行政人员组成，就很容易被校长操控，形成新的集权——大学集权，学术权力得不到彰显，行政权力仍然指挥学术权力，因此，俄罗斯现代大学制度建设的首要任务是必须克服苏联模式的惯性，更快地与国际接轨，让学术权力发挥真正的作用。

## 参考文献

［1］Регламент Ученого совета［EB/OL］．（2014－05－06）．http：//kpfu．ru/uchsovet/reglament－uchenogo－soveta－kfu

［2］同［1］

［3］同［1］

［4］同［1］

［5］同［1］

［6］Академическая комиссия：Состав комиссии［EB/OL］．（2014－05－06）．http：//kpfu．ru/uchsovet/komissii－uchenogo－soveta

# 第九章

## 俄罗斯非国立大学"协同治理"

近年来，俄罗斯狠抓教育质量，对不合格的大学实施停办。"从 2014 年到 2017 年俄罗斯大学及其分校减少了 1097 所，即截至 2018 年 1 月，高校数量从 2268 所减至 1171 所，其中国立高校的分校与非国立高校的分校减幅更大，前者从 908 所减至 428 所，后者从 422 所减至 81 所；国立高校减少了 83 所，即从 567 所减至 484 所，非国立高校减少了 193 所，即从 371 所减至 178 所"。[1] 目前，俄罗斯非国立高校，包括分校在内总数为 259 所。下面我们以圣·彼得堡欧洲大学、俄罗斯经济学院、斯科尔科沃理工学院为例，探索俄罗斯非国立大学在推行"协同治理"（shared governance）方面所取得的成功经验及其存在的问题，以期对我国民办高校有所启发。需要指出的是，在俄罗斯趋向这一体制的国立高校非常少，但一些非国立高校正在往这方面改革，如前面提到的三所高校就是其中之一。在这些高校里教授是主导力量，因为他们要保证大学的排名，许多教授都有国外工作经验，这与他们的管理风格也是相适应的。这种风格就是教育与研究活动的自治原则，各类行政机构不得干预这种自治。

### 一、三所大学的共同特征、基本情况及治理模式的构成要素

我们所研究的这三所非国立大学拥有相似的特征，即：

非国家拨款（斯科尔科沃理工学院通过斯科尔科沃理工基金实施国家中介拨款）；大学规模相对不大（30～100 名教授，100～200 名本科生，主要培养硕士与博士层次的研究生）；管理体制设计参照美国大学；在教学、研究领域相对自治。

这些大学都规模偏小，教师集体相对自治，采用"协同治理"模式。该模式

的主要目的与任务就是造就一个高效的、行政人员与教师相互影响的制度。

教师是推动大学发展的重要力量,正是教授们保证了大学很高的摘引率排名和发文量排名。因为大部分教授都拥有西方学历(至少进修过),并拥有在美国大学的工作经验,因此他们创制了一套负责任的大学管理办法,那就是教学与研究最大限度地自治及最小限度的任何层级的行政干预(包括大学层面的行政干预和部门的行政干预)。以下是三所大学的基本情况与治理模式构成要素,详见表9-1:[2]

表9-1　三所大学的基本情况与治理模式构成要素表

| 校名 | 基本情况 | 治理模式主要构成要素 |
|---|---|---|
| 圣·彼得堡欧洲大学 | 该校创办于1994年,主要培养人文、社会科学研究生(人类学、历史学、艺术史、政治学、社会学、经济学等方向)(注:俄罗斯的研究生是指副博士培养)。随着大学的不断成长该校的管理体制经受了巨大的变革。参与管理的教师们认为,该校已获得了充分的发展。 | 1. 校长就当前大学管理与战略问题向监事会报告工作;<br>2. 垂直管理模式下系内部的财务与教育相对自治;<br>3. 教师参与专门设置的科研计划委员会、人事委员会、财经委员会、社会政策委员会等,并授予各类委员会决策权;<br>4. 垂直管理模式下划分校长办公室(外部代表)与第一副校长(兼教务长)(学术问题)的责任;<br>5. 可以强行讨论系级层面与校级层面的战略撤退问题。 |
| 俄罗斯经济学院 | 该校创办于1992年,学校的使命就是为俄罗斯社会、商界及国家培养现代经济人才并开展科学研究。根据 Re PEc (Research Papers in Economics)排名,2013年就研究质量而言,该校是后共产主义国家中最优秀的经济系。 | 1. 由院长委员会实施对校长工作的监控,院长委员会代表深度参与大学战略管理及大学重要决策;<br>2. 部门在科研方向上及教育过程的相对自由;<br>3. 人员聘任及教师工作评价自治;<br>4. 明确划分校长与教务长的责任;<br>5. 战略问题与财务问题不是校长与教师们共同商定的对象,这些问题由行政当局解决,并商讨"Post factun"行动结果。 |

| 校名 | 基本情况 | 治理模式主要构成要素 |
|---|---|---|
| 斯科尔科沃理工学院 | 该校在麻省理工学院（MIT）支持下于 2011 年建成。其主要任务与推行"参与式大学管理"相关，那就是为大部分拥有国外重点大学长期工作经验的、并习惯于有固定交往风格的工作人员创造一种习惯的环境。 | 1.跟美国大学一样由外部委员会实施对校长工作的监督；<br>2.财务与人事问题研究中心自治（管理模式定位于伙伴组织管理模式，所有科研、学术问题由本中心内部解决）；<br>3.依赖那些能够熟练解决新出现的问题，且及时交换信息的非正式机构（如各中心的院长委员会）；<br>4.校长的重要作用就是确定大学发展战略。 |

## 二、形成了"一长制与委员会相结合"的治理结构

俄罗斯《高等及大学后职业教育法》第 12 条明确规定，"应根据俄联邦法律、高等职业教育机构（高校）标准条例及高校章程实施对高校管理，并遵从一长制（校长负责制）和委员会制相结合的原则……"。[3] 为此，三所大学遵照"一长制与委员会制相结合原则"并 在很大程度上借鉴世界顶尖大学的治理体制，三所非国立大学总体治理结构详见图 9 - 1。[4]

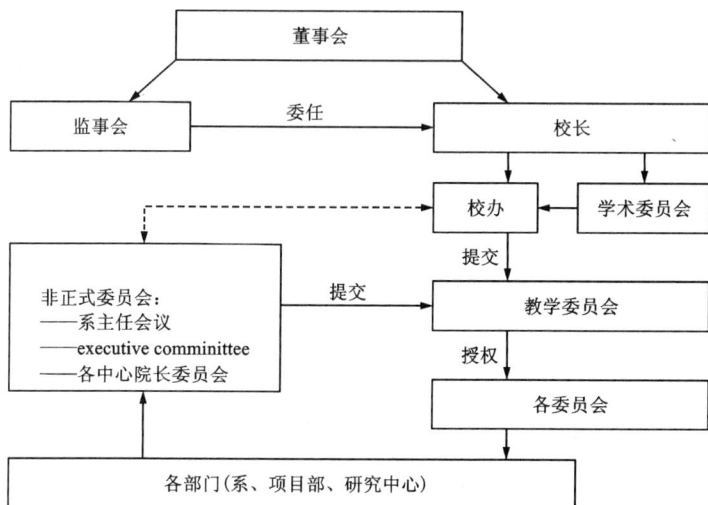

**图 9 - 1　圣·彼得堡欧洲大学、俄罗斯经济学院、斯科尔科沃理工学院治理结构图**

### （一）董事会是最高决策机构，履行决策职能

董事会（общее собрание учредителей）是学校最高决策组织。学校董事会的权利主要包括：对学校事务拥有优先决议权；制定、修改学校章程；成立监事会；组织并正确使用学校财产的权利，并裁决学校公共财产使用原则和方向，核准并变更财政计划，核准年终决算和年度财政收支表；任命校长并规定其任期内的权力；学校参与或加入其他国内外组织的决定权；组织或停办学校，任命清理委员会、批准清理账务收支；建立或撤销学院的分院、代理机构；签订契约，规定与《联邦教育法》规定的非营利组织运行方式相统一的条例；对校长提出的其他问题进行讨论并决议。

### （二）学术委员会是最高管理机构，履行全面管理职能

学术委员会（ученый совет）由选举产生，对学校实行全面的管理和工作规划。学术委员会在校长领导下进行运作，校长出任学术委员会主席。学术委员会的成员包括：学校校长、副校长、院长、财务处长、图书馆馆长、系主任、教学科研人员、学术秘书以及学校其他领域工作人员代表。学术委员会执行校长的命令。

学术委员会的职权范围主要有：对学校施行全面的管理，规定学校发展的优先权和原则，指明教学、科研以及组织机构的发展方向；研究大学章程的修订方案；讨论学校系、各机构的创办、重组与停办；确定各专业的开办与停办及根据俄联邦国家教育标准确定学生的培养规格；确认教育大纲、文凭发放、论文答辩以及毕业生鉴定等事宜，解决教学组织及科学研究问题；选举系主任，挑选教育、科研人员并与他们签订劳动合同；审核副校长和分支机构负责人提交的总结性报告和前瞻性报告，制定研究生考核和奖学金申请等方面的相关规定；为实现并保障学校教师、本科生、研究生及员工的权益创造条件。除以上权力以外，学术委员会有权就校长或多数委员关心或提出的问题召开会议，并且保证此会议的有效性和前瞻性，不受董事会与校长的管辖。学术委员会维护学校决定，规范各项文本。

### （三）校长是最高执行长官，全权负责学校管理

学校的最高执行长官是校长，校长由董事会任命，是大学的首席执行官。校长行使的权力有：在俄罗斯境内外无条件代表学校处理与其他任何形式组织的法律主体之间的关系；代表学校颁发各类委托书；签署组织安排的合法文件；执行学术委员会的决议；依据学校章程管理学校的所有财政资金、支配学

校所有财产；在例行财政年度，按照预算外资金管理学校收入与支出预算；开设学校银行账户，并进行信用管理；参与管理学校创办的其他非营利性组织以及学校参与的经济组织；组织管理学校及下设分支机构的一切事务；保证学术委员会参与下的学校办学方向；管理干部、工作人员的聘任与免除并有权依据法律对教职工进行纪律处分或是追究其他的相关责任；负责人员编制，在学校现行的工资待遇范围内，调整职务薪金、津贴、奖金等；在不违反俄罗斯联邦法律及现行学院章程的前提下，解决与已签署条约相关的任何问题，包括有关提供借贷款、承担条约当中所属等；处理董事会规定未涵盖的其他问题。此外，校长全权负责学校的管理，校长应尽全力营造学校良好的学术科研氛围，保证高水平的教学效果，从专业角度上指导并维持学校良性的财政收入与支出运营情况。校长亲自领导、管理、分配副校长的工作。

在这三所大学的管理结构中校长与校办都占据中心地位。校长就关键的战略问题与财务问题做出决策，领导大学最重要方面的工作，遇有最复杂的管理问题时校长有"最后发言权"，在大学内部文件的签发上拥有最终签字权，这就导致校长在管理体系中拥有很大的权力，校长拥有如此强大的执行权，意味着实践中他可能干预大学的所有活动过程，然而事实上并非如此。尽管校长拥有全权，但他力图建立咨议委员会，将决策责任授予其他机构或副校长，而自己只保留"最后发言权"。我们所研究的这几所大学校长都拥有特殊的地位，但在任何情况都要视情况而定。校长最通行的授予执行权的方式有以下几种：

1. 建立第一副校长（教务长 provost）办公室

观念上教务长这一阵营的产生是建立在义务划分基础上的，以美国大学为典型代表。校长主要忙于对外联络、融资、制定发展规划等事务，而此时教务长管理大学当前工作，首先是教育、科研方面的事务。

2. 隶属校长的咨议委员会（校长办公会）

校长办公会是典型的俄罗斯大学管理机构，是一个委员会决策机构（跟大学当前工作紧密相关），由几名副校长和财务处长组成。俄罗斯经济学院和圣·彼得堡欧洲大学采用这种委员会制，而斯科尔科沃理工学院采用其他授权制度，即多名副校长取代校长办公会议。[5]

3. 师生大会（конференция работников и обучающихся）

师生大会是一个委员会机构，保障民主权力的落实。师生委员会主要关注和讨论的是学校社会经济、教学方法、科学发展、学术委员会成员选举等一些基本问题。师生委员会会议的召开根据需求而定，但是在校长决议的前提下，一学年不少于一次。师生委员会的成员包括：不同单位的职工代表、教师代表以及学生代表。学校师生委员会代表按照一定的比例，从学校组织机构的代表、不同单位的教职工当中选举产生。该机构代表各个领域工作人员及教师的利益，当委员会代表出席达到 2/3 时，师生委员会方可在工作中行使其权利。

### 4. 监事会(попечительский совет) 监督校长及校办的工作

这些大学"西化"的第一个特征就是每个大学都设有积极开展工作的监事会。监事会是董事们为预先解决大学管理问题而设置的一个委员会机构，属于董事会的特别权。跟世界顶尖大学一样，监事会的主要任务就是宏观上监督整个大学的活动，微观上监督校办的活动。监事会将校长候选人呈报董事会确认。监事会组成人员都是独立的，本校员工或教授不会进入，也不可能进入该机构。因为，这些大学都是非国立的，只有商界、学界代表以及知名的科学和文化事业资助人才能成为监事会成员。总之，监事会是一个自治的委员会会议，对与大学职能及大学发展相关的关键问题共同做出裁定。[6]

### 5. 国际咨询委员会(Международный консультативный совет) 实施监督与评估

在任何情况下，国际咨询委员会都可额外代表外部监督机构，这是一个经过西方管理实践完全保留下来的、从事大学学术过程评价的机构。该委员会对教授工作实施评价、对教学大纲及系部工作实施审核。校长与监事会的战略对话无须教师参与，我们所研究的这三所大学都有这种战略对话。

### 6. 业务管理机构对学校日常工作实施管理

这三所大学有一个有趣的特征便是存在着业务管理机构，任何官方文件对此都没有记载。这个业务机构就是系主任(项目领导与中心领导)与校长、副校长的联合会议。通常这样的管理机构是用来讨论业务问题和交换信息的。这类会议比学术委员会召开的会议要多。在圣·彼得堡欧洲大学这样的会议又称"系主任会议"，在俄罗斯经济学院称为执行委员会(исполнительный совет)，斯科尔科沃理工学院不久前建立了中心主任委员会。

校长通常对作为教师代表的系主任工作进行评定，而系主任通常要把系里的意见带给校长。现实中这是一个最有效的大学管理要素，因为这种会议能迅速把意见传达至校长，从而使学校更加专业地解决问题，同时也促进了系与系之间的信息交流，一些关键决策在上校级层面会议讨论之前就已经得到了商定。

### 7. 教师自治

尽管校长在管理结构中处于强势，但他会遇到两股非常力量：一股来自监事会（管他）；一股来自自治的老师核心（被他管）。在我们所分析的这几所大学里，教师在教学、研究过程中拥有完全的自治权，这是世界顶尖大学通行的做法——继承学术自由的后果。各部门——系、规划部、研究中心的教师都享有充分的自治权。在俄罗斯经济学院和圣·彼得堡欧洲大学都设有几乎所有教授都参与的系委员会规划部，他们管理着本部门的当前工作，包括教授的聘任。而圣·彼得堡欧洲大学的行政当局监督聘任过程。系委员会对新教授岗位聘任做出的决策要在系全员委员会上商定取得一致意见。系全员委员会是一个有几名教授参与和学校行政人员参与的集体机构。当行政当局认为候选人尚未达到大学的要求时，他们就要干预聘任过程。这种干预常常会产生冲突，因为，大学行政人员的意见不会永远为系里说话。正如上面所提到的，俄罗斯非国立高校新的治理体系是建立在外国经验基础上的，这种经验已成功嫁接到俄罗斯非国立大学的工作上，这种改革能使大学保持稳定，也能帮助高校内部机构正确分配权力，也就是说，这是一种向"协同治理"模式的转变。在这一模式中涵盖了遴选校长及校长要向监事会报告工作等事项。贝契可夫认为，报告工作制度可以预防垂直管理的概念化，并且允许校长指派系主任。[7] 不过在对教学过程与研究过程做出决策时向教师集体提供自治则是非常重要的一点。吸引教授参与管理，这一措施可以通过管理人员加以实施，如通过专业委员会和各委员会利用其手中的权力在一定范围内吸引教授参与。但吸引教师参与财务管理受到限制，因为在这一管理层级商讨财务问题的效率不高。

## 三、俄罗斯三所非国立大学"协同治理"的成功经验与存在的问题

俄罗斯这三所非国立大学的整个管理都是以世界顶尖大学的经验作支撑，管理品质优良。这些优良品质包括：

（1）推行校长向监事会义务报告制度。这一制度包括校长的遴选、战略的形成、向监事会汇报等事项，这种制度便于在小组内部对关键问题集中决策。而这样的小组拥有局外人的视觉，且不参与大学当前事务的管理，这样会使战略决策更加稳重和可靠。

（2）由校长委任系主任或部门领导，则便于垂直管理机构的汇报组织。

（3）形成了决策（董事会、学术委员会）—执行（校长、校办）—监督（监事

会、国际咨询委员会)工作机制。

(4)教师在教育与研究方面完全自治,且这种自治由老师们协调,不能有行政人员参与,并由外部委员会(国际咨询委员会之类机构)根据透明的、事先确定的要目对自治程度进行评价。

(5)教师通过已创建的各种委员会参与大学管理。这些委员会在教育、科研、人事等方面拥有一定的权力。但教师参与财务问题管理受到限制,因为在该层面管理上老师商讨财务问题的效率低下。

当然,这些成功经验与优良品质值得我国民办高校乃至公办高校学习与借鉴,但在俄罗斯国情下,这种治理体制还存在一些不利于协同管理的因素,我们借鉴时还需要防范。

第一,这种协同体制运行好坏完全取决于校长本人。以校长、副校长为首的行政当局很强势,主要表现在,他们经常性地参与大学很多层面的工作,这种管理制度的形成是由非国立大学的特征决定的,即这些大学普遍规模不大、集权管理明显、教授数量不多等特征。在现有的微观管理实践中校长经常性地起重要作用,有时校长力图监管大学所有层面的工作。因此,这种制度的主要缺陷表现在,当决策人员都在场时组织会碰到管理中的困难。解决这个问题的主要策略就是在设立教务长(第一副校长)办公室时划分好各自的责任与义务。然而校长碍于员工关系和管理关系很难履行其执行职能,因此即便有正式的权力划分,微观管理中也会遇到许多困难。[8]

第二,时间维度上大学在进化,规模也一定会扩大,这是管理体制业务变革的必然结果。大学在规模扩张时微观管理问题便成了行政当局的关键问题,因为他们同时还要解决大学以后的发展问题,部门数量增多问题以及大规模教师的招募问题等等,而现有管理制度在教师参与大学管理方面还存在障碍,因为,这种制度最初就没有定位在咨议能力的发展上。

第三,大学内部教授团体的代际对抗。大学内部共同体中拥有信任与地位的"老"教授的部分权力将会被剥夺,这是早晚要发生的事情,此时的俄罗斯经济学院与圣·彼得堡欧洲大学正处于代际不协调时期,也正在影响着大学协同治理。"老"教授们与比较年轻的教授及科研人员之间存在着一定的差异,"老"教授更具有同类性,拥有很高的联合能力,年轻的教授尚未形成统一的群团,但已经零零散散地在质询大学内部现有的利益分配制度。在这种情况下校长或教务长要缓和这种矛盾。这两所大学行政上的问题对大学内部的稳定与管理具有潜在的危险,然而预防措施尚不完善。

第四,按教育部国家教育标准实施教学过程,其费用在不断增长。已经习惯于西方规则的老师们不愿适应按俄罗斯国家教育标准来实施教育过程,这在俄罗斯经济学院和圣·彼得堡欧洲大学是一个非常普遍的问题。非国立大学所教课程通常是按照西方模式设置的,很少针对俄罗斯教育系统来设置课程。大学不得不花费额外资金来解决这些问题,除了用于教学的物质消耗外,还降低了教师们参与整个教育管理的机动性与积极性。

第五,决策过程中存在着非正式的相互影响机制。非正式关系妨碍着按规则行事的管理机构的功能发挥。大学行政当局经常碰到这样的问题,即主要决策已在非正式委员会的情况下通过,事后才宣布讨论(事实上已经通过了决定),不能说这是老师参与管理的障碍,因为非正式讨论也是一种参与管理的方式。问题在于,非正式讨论与行政接触很难得到监管。

第六,管理系统内部信息的扩散。难以置信的是,小型大学存在着信息利用问题,这个问题非常具有现实意义并在大学各层面都有提及(包括老师层面、系主任层面、规划部主任层面和大学行政当局层面)。因为利用财务信息和战略信息通常是被禁止的,如果不禁止会产生大量的谣传和不真实的信息,而这些谣传和失真信息又会通过非正式关系在大学内部扩散。显然,谣传与失真信息对大学的稳定构成威胁,不利于大学协同治理。行政当局反对这样的信息传递并努力加强对员工的信息管理,关键是要做好系主任的工作,在这种情况下信息的扩展全凭某个系主任的良心。

对非国立大学而言,"参与式大学管理"模式往后的发展前景,首先就是要让教师在教育、科研过程中享有自主性和独立性。这就意味着各系在教学质量评价与科研工作评价上拥有很大的自治权,这还意味着教师要积极参与国际咨询委员会,每个系都要成立这样的委员会以保证对教授工作的独立评价,这不仅不会限制教师,而且还可以促进教师直接参与系里的评价过程。之外,将科研问题纳入全校范围内研讨是不妥的,与专家评审相悖,因为各系存在着学科差别,因此,科研问题更适合于系级层面研讨。

当前,俄罗斯非国立大学享有高度自治权,其治理正在向协同治理模式转变,建立了校长负责制与各委员会协同配合的治理体制,形成了董事会、学术委员会决策,校长负责执行,监事会、国际咨询委员会对执行进行监督的工作机制,较好地解决了在无国家监管、大学高度自治情况下谁来监管大学及大学高效运行问题。在治理结构改革上权力分配明晰,体现了全员协同参与理念,反观我国民办高校虽然也实行董事会制度,但并没有形成决策、执行、监督机制,因此,俄罗斯非国立大学协同治理模式对我国民办高校乃至公立高校的治理改革具有很强的借鉴意义。

## 参考文献

［1］Число вузов в России сократилось на половину［EB/OL］. (2018 – 02 – 05). http：//
47news. ru/articles/133933/

［2］Участие в управлении университетом［M］: Научное издание. СПб. : Норма,
2016: 51 – 53

［3］А. К. Клюев. Новые модели управления вузом: шаг вперед или два назад［J］?
Университетское управление. 2004. № 5 – 6(33): 53 – 61

［4］同［2］54

［5］同［2］56

［6］同［2］55

［7］同［2］59

［8］同［2］56

# 第十章

## 俄罗斯世界一流大学建设与内部治理：三所国立大学试点

### 一、俄罗斯世界一流大学建设概述

为了加强世界一流大学建设，俄罗斯政府决定在 2020 年前通过竞争将建立 40～50 所联邦级研究型大学，这些大学的工作将会获得国家长期发展规划的支持，并就国家最需要的科技项目开展研究。第一层次的联邦级研究型大学在俄罗斯科学与教育方面，应具备世界竞争力并应获得必要的资源保障。第二层次是建立 100～150 所地区级和跨地区级的巨型大学，这些学校将实施多学科教育以解决联邦主体(各加盟共和国)人才缺乏问题。第三层次是建设好普通大学(университет)、专业大学（академия）及学院（институт），这些学校主要培养学士(包括应用学士)。此外，国家将在第一层次基础上建设一批能与世界重点大学竞争的联邦级研究型大学，即实施"5top－100 工程"。"5top－100 工程"是俄罗斯政府支持俄罗斯巨型大学建设的国家规划，并由教育与科学部根据 2012 年 5 月 7 日普京总统令"教育与科学领域国家政策实施办法"批准实施。"5top－100 工程"的目的就是要提高俄罗斯大学教育的声望，让参与该项目的大学起码有 5 所在世界三大排名系统中进入前 100 强。这三大排名分别是 Quacquarelli Symonds、Times Higher Education 和 Academic Ranking of World universities(中文名分别是国际高等教育咨询公司、泰晤士高等教育、世界大学学术排名)。该项目具体建设目标是：2018—2019 年俄罗斯重点大学进入世界前 100 强的要达到 5 所，2020 年达到 6 所，2021 年 7 所，2022—2023 年为 8 所，2024 年 9 所，2025 年不得少于 10 所。[1]其具体措施是 2010 之前精选 12 所大学，2015 年前不得少于 16 所，2020 年前将超过 20 所进行培养。

**（一）参与世界一流大学建设的大学**

在竞争的基础上分两个阶段选拔 21 所大学进入"5 top – 100 工程"。第一阶段竞争始于 2013 年 5 月 8 日，共递交了 54 份申请，资格审查后 36 所允许参与选拔，从中选出 15 所优胜者。2015 年 10 月选拔委员会又增补了 6 所大学成为该项目成员。被选出的 21 所大学分别是：[2]

（1）波罗的海康德联邦大学（БФУ）

（2）高等经济学院（ВШЭ）

（3）远东联邦大学（ДВФУ）

（4）喀山联邦大学（КФУ）

（5）莫斯科物理技术学院（МФТИ）

（6）国立研究型技术大学（МИСиС）

（7）国立研究型核反应大学（МИФИ）

（8）下诺夫戈罗德罗巴切夫斯基国立大学（ННГУ）

（9）新西伯利亚国立大学（НГУ）

（10）莫斯科谢切诺夫国立第一医科大学（МГМУ）

（11）俄罗斯人民友谊大学（РУДН）

（12）萨马拉科罗寥夫国立研究型大学（Самарский университет）

（13）圣·彼得堡国立电子技术大学（ЛЭТИ）

（14）圣·彼得堡彼得一世工业大学（СПбПУ）

（15）西伯利亚联邦大学（СФУ）

（16）托木斯克国立大学（ТГУ）

（17）托木斯克工业大学（ТПУ）

（18）秋明国立大学（ТюмГУ）

（19）圣·彼得堡国立大学（ИТМО）

（20）乌拉尔联邦大学（УрФУ）

（21）南乌拉尔国立大学（ЮУрГУ）

这些大学在校生总和达 36 万之多，有 25 位诺贝尔奖得主在这里学习和工作过。该项目不限于资助这些高校，还有一批示范性的部门高校，它们当中的主要大学可根据其发展情况及该项目预算情况补充进来。俄罗斯教科部单独对莫斯科大学和彼得堡大学拨款。这两所大学不参与"5top – 100 工程"，2014 年至 2016 年度这两所大学的拨款额度为 20 亿卢布。

为了监督项目的实施，俄罗斯政府决定于 2013 年春成立国际委员会，其主要任务有以下几个方面：

（1）对该项规划实施监督，看规划是否保证了俄罗斯主要大学国际竞争力的提高；

（2）研究大学为实现既定目标而采取的措施方案；

（3）在该工程框架上评估这些大学所取得的成效；

（4）给俄罗斯教科部提出资助额度及是否继续拨款的建议。

国际委员会成员如下：[3]

安德烈·沃尔科夫，莫斯科"斯科尔科沃"管理学校的学术导师；

亚历山大·阿布拉莫夫，"Evraz plc"院长协会主席；

菲立普·阿尔特巴赫（Phlip G. Altbach），国际高等教育中心奠基人；

马可姆·格兰特（Malcolm J. Grant），英国国家健康保护中心主席；

格尔曼·格列夫，俄罗斯储蓄银行董事长；

康拉德·捷巴格尔（Koenrand Debackere），鲁汶天主教大学校长（比利时）

瓦列里·科慈罗夫，俄罗斯科学院执行总裁；

麦考尔·克罗乌，美国亚利桑那州立大学董事长；

闵维方，中国教育发展战略协会执行主席；

Lap-chee Tsui，香港大学董事长：

委员会主席：奥尔卡·戈罗捷茨，俄联邦政府副总理；

委员会副主席：奥尔卡·瓦西里耶娃，俄联邦教科部部长。

## （二）"5top-100工程"的任务及资金运转

这些大学需要完成一定的任务，任务指标如下：

（1）培植大学的研究能力；

（2）把全体成员以及教育大纲和智力产品的质量带向世界水平；

（3）把自己的创新融入专业教学、发展普通教育和补充教育，在青少年中普及科学教育，促进他们开展创造活动；

（4）每所大学的在编外籍教师不得低于10%，留学生不得低于15%。

努力提高本校工作人员学术论文的引用率是该项目参与大学和希望进入该项目大学的总体任务，论文引用率取决于许多因素，但论文的英译质量是关键因素，因为大部分科学杂志都是用英文出版。另一个重要的标准就是要发表一部分与国外学者合著的文章，这与俄罗斯对科学划分的传统有紧密的关系。在俄罗斯科学可划分为科学院科学、部门科学及大学科学，而美国及欧洲科研则集中在大学。

关于项目的拨款，2013年俄罗斯政府公布了一项规定，即到2017年该项目共投入资金571亿卢布，其中2013年投入90亿卢布，2014年投入105亿卢布，

2015 年 120 亿卢布，2016 年 125 亿卢布，2017 年 131 亿卢布。2015 年 11 月季米特里·梅德韦杰夫总理签署了一份决定，即对该项目的国家支持延长至 2020 年，且将 2016 年和 2017 年度的拨款额度分别提高至 145 亿卢布（即分别增加 20 亿卢布和 14 亿卢布）。总之，2013—2017 年投入到该项目的预算资金达到了 605 亿卢布。[4]资助的增长与 2015 年 3 月新批 6 所大学进入该项目有关。国际委员会正研究再增加 10～15 所大学进入到该项目名册。因为在当前这份名册里没有一所农业大学或交通大学。

在资金的分配上每年教科部都要对这些大学在提高竞争力方案的落实情况及在各种世界大学排名的位置变化情况进行评估，并根据评估结果分配资金。从 2015 年中期起高等经济学院、圣·彼得堡国立大学、托木斯克工业大学及托木斯克国立大学成了该项目的领军大学和国内优秀大学，它们都获得了 10 亿卢布的资助。稳步发展的有新西伯利亚大学，2013 年、2014 年、2015 年分别获得项目内资助 5.924 亿卢布、7.75 亿卢布、7.61 亿卢布。2016 年"国际委员会"通过了对以下 7 所大学平均 9 亿卢布的拨款方案。这 7 所大学分别是喀山联邦大学、莫斯科物理技术学院、国立研究型技术大学、高等经济学院、国立研究型核反应大学、新西伯利亚国立大学、圣·彼得堡国立大学。

当然，也有相反的例子。2014 年 9 月国际委员会没有通过圣·彼得堡国立电子科技大学的"路线图"，并认为该校对留学生没有吸引力从而终止使用 2013 年第一阶段拨付的 6～7 亿卢布的预算资金。该大学仍保留在项目内，但两年后其"路线图"要接受重新审查。

2014 年末，政府计划缩减该项项目的拨款，但季米特里·李瓦诺夫维持了危机前的国家资助额度。他事先得知，不会有额外资金拨付，教科部只好依靠本部的预算支撑着该项目。教科部为维持该项目拨款不变，消减了其他教育部门的拨款。从 2014 年 12 月份起对学生助学金的拨付减少了 10%，稍后又削减了几个专用规划的资金，如《2011—2015 年俄语》规划，《教育发展》规划等。之外为提高引征指数，对那些在非权威刊物（垃圾刊物）发表科研论文的大学实行预算削减，并将这部分资金追加到"5top－100 工程"预算。

教科部的经济政策在教育领域遭到了许多批评。当时的俄罗斯经济学院校长、经济学家谢尔盖·古里耶夫认为，国家应当资助并保证教育信贷，其中包括国家应该对高利率负责。物理学家安德烈·罗斯托佛侧夫是该项目的奠基人之一。他认为，为了提高对俄罗斯大学的信任度必须恢复俄罗斯大学及其教师的声誉，这是一个非常重要的问题。国家杜马委员会分管教育的第一副主席弗拉基米尔·布尔马托夫对"5top－100 工程"的大额拨款也引起了解高度关注，他向国家审计署发出质询，要求彻查专项资金的用途。担任俄罗斯国家副主席的"统一党"

以"大学改革完全失败、教育系统混乱不堪为由"，提出开除李瓦诺夫党籍问题，但该党领袖季米特里·梅德韦杰夫推翻了这一提议。教科部认为，对资金开销的抱怨缺乏根据，并要求项目参与大学定期寄送成果报告。

### （三）为实现该项目任务所采取的措施

#### 1. "参与"措施

采取各种措施的目的就是要保证项目参与大学获得必要的信息以完成既定任务及跟主要专家交流，并寻找新的合作伙伴，商讨方案的当前问题及交流经验。

仅 2015 年就采取了 10 多条项目参与措施，其中最重要的有以下几条：

（1）参与"金砖五国"及发展中国家大学峰会；

（2）参与"教育与世界城市：金砖五国展望"国际大会；

（3）参与"学术筹款"国际会议；

（4）参与马德里国际资源展（AUlA）；

（5）参与欧洲国际教育联合会年度大会（EAZE）；

（6）参与 NAFSA 国际教育活动家协会展；

（7）参与"5top – 100 工程"克拉斯诺亚尔斯克会议；

（8）参与在下诺夫戈罗德罗巴切夫斯基国立大学举办的"5top – 100 工程"，QS WORLWIDE 峰会（与 QS 亚洲公司合办）；

（9）参与年度"俄罗斯学者与工业企业协作研究"展览会（俄教科部举办）；

（10）参与"Webometrics 排名视角下俄罗斯大学在网络空间的世界知名度"讨论；

（11）参与常态化的、提高项目参与大学竞争力的措施执行计划讨论会。

#### 2. 对大学进行合并

2011 年，根据梅德韦杰夫总统的倡议在圣·彼得堡开始了大学的合并。2012 年 5 月 7 日普京总统在就职典礼当天签署了一份指示，该指示明确指出，对效率不高的国立大学实行重组。某些项目参与大学已经完成了合并或正在走跟其他大学合并的程序。如自 2011 年起圣·彼得堡国立低温工艺与食品制作技术大学作为"冷冻与生物技术学院"并入了圣·彼得堡国立大学。在"5top – 100 工程"框架下该学院解散成两个系。再如，2015 年初圣·彼得堡经贸大学并入了圣·彼得堡工业大学。

2015 年 4 月萨马拉当地政府通过了把三所萨马拉当地大学合并成一所研

究型大学的方案，该方案的反对者举行了大型群众性集会，萨马拉技术大学则拒绝合并，这所新组建的研究型大学只好在萨马拉科罗廖夫国立研究型大学与萨马拉国立大学的基础上开始重组，最后阶段的重组工作到 2019 年才完成。

### （四）"5top-100 工程"大学取得的成效

#### 1. 外国留学生数量得到了提高

吸引外国学生与外籍教师是俄罗斯大学的主要任务之一（外国学生不得低于 15%，外籍教师不得低于 10%）。2014 年 5 月，来自印度尼西亚、蒙古、越南、印度的部分大学与中学的老师在托木斯克工业大学的国际教育学院通过了俄语课程的学习。托木斯克国立大学有 80 名世界重点大学的学者在此工作。同一地区的大学留学生比例也完全不同，托木斯克工业大学留学生占比 25%，而托木斯克国立大学占比只有 9%。主要原因是，这些学生均来自苏联加盟共和国。据该年资料统计，圣·彼得堡国立大学有留学生 900 人，占学生总数的 6.5%。

#### 2. 教育交流得到了加强

所有大学都参与学生交换与教师交流计划。某些计划由"国际流动中心"和德国学术交流中心（DAAD）拨款。例如，圣·彼得堡国立大学已进入"欧洲大学协会"及"波罗的海地区大学网"（BSRUN）。俄罗斯高等经济学院已在 30 个专业实施双文凭培养并在全世界有 70 个合作伙伴。托木斯克的许多大学都与越南建立了合作关系，如托木斯克国立大学与越南河内国立大学，托木斯克建筑大学与国立公民建筑研究型大学，托木斯克工业大学与河内科技大学等建立了合作关系。

为了吸引留学生新西伯利亚国立大学计划用英语授课培养硕士，这项工作主要在数理系和信息技术系进行。乌拉尔联邦大学获国家资助达 7.61 亿卢布，这些钱主要用于教师进修和维持和"剑桥中心"的合作，并共同制定使用英语教学的培养方案，首先是硕士方案。此外，这些资金还用于来校留学的本科生与研究生资助。

在预算框架下各大学力图进入在线教育网。2015 年 11 月俄罗斯四所大学（国立研究型核反应大学、国立研究型技术大学、圣·彼得堡国立大学及乌拉尔联邦大学）联上了 edx 国际教育项目，该项目是由麻省理工学院与哈佛大学创办，教学计划包括了视频课与测试。

"5top-100 工程"参与大学都要在俄罗斯科学院研究所系统里开放教研

室，并计划建立一个把 DFU（Device Firmware Update）自然科学学派，生物医药学派与俄罗斯科学院远东分院的研究所联合起来的国际财团。

### 3. 办学条件得到了改善

另一项高效的预算投入就是现代设备的采购。国立研究型核反应大学的一个新实验室就是在"5top - 100 工程"框架下创办的。"5top - 100 工程"框架下不仅新开了许多实验室，还促进了大学的基本建设。如 2008 年新西伯利亚国立大学开始兴建的教学大楼依靠项目拨付的 40 亿卢布才得以完成，并于 2015 年 11 月正式开放。这些资金不仅用于基建，还要用于旧楼的修复及位于当地的新楼的购买。2016 年因国内经济危机各大学预造的教学楼建设项目被冻结或者即便实施，也是大幅度削减预算。例如，圣·彼得堡国立大学制定了在"南方"卫星城建教学楼方案，但因没有国家拨款而使该项目搁浅。俄罗斯高等经济学院同样需要资金修复教学楼，例如，该校 2015 年在原"红色灯塔"厂修复的厂房内开辟了一栋教学楼，该楼需要继续修缮。

2015 年"圣·彼得堡国际经济会议"召开，商人们提出建立高校领导干部后备力量的想法，这一思想获得了普京总统的支持，并号召各位企业主与专业大学合作，积极参与高校教学大纲的制定。

### 4. 相应地促进了中学教育的发展

当前，大学的关注点都集中在中学教育上。许多大学都开有预科课程，俄罗斯大约有 65% 的中学年龄的孩子进入了补充教育系统，而中等学校校外教育都由国家拨款。"5top - 100 工程"特别关注与工程、技术、工艺相关的领域，因此俄教科部对学院及中专学校也加大投入以更新其教学设备，其目的就是为学生接受高等专业技术教育做准备，终极目的就是要提高大学的排名，因为排名体系中首先要评估的就是物理 - 技术方面的成就。

### 5. 俄罗斯大学国际排名得到了不同程度的提升

最具权威的、定位高校的排名系统有三家：一是英国泰晤士高等教育周刊[Times Higher Education（THE）]排名，二是英国咨询公司[Quacquarelli Symonds（QS）]排名，三是上海交通大学（Academic Ranking of World Universities）排名。

第一个世界主要大学排名系统由英国泰晤士高等教育周刊（THE）与英国咨询公司（QS）共同研发，并于 2004 年公布于世。两家单位在评价方法上发生分歧，2009 年末两家分开，各自排名，且评价标准不同。对大学的评估一般参照以下指标：论文发表及引用频次（Hirsch 指标，主要评价学者对科学的贡献），诺贝尔奖数量，大学声望（学术共同体、企业家对大学的看法），外国学生及外籍教师的比例，生产、科研的进款等。

(1)《泰晤士高等教育》(THE)排名

全世界有 5% 的大学，即 1000 所大学进入该项系统中的"Education World University Rankings"排名。根据 2014—2015 年资料，莫斯科大学排名第 196 位，新西伯利亚大学位于 301～350 名阵营中。2015—2016 年有 13 所俄罗斯大学进入排名系统，其中 8 所是"5top－100 工程"参与单位，2016 年有 24 所大学进入了排名系统，其中三分之二是该项目参与者。据编辑总排名时统计，俄罗斯大学在生物技术与天体物理方面落后于国外。除了这些世界级的排名指标外，该公司还有其他范畴的排名，这些排名的推进有助于俄罗斯大学实现规划既定的目标。例如，在 2015 年泰晤士高等教育物理科学排名中，国立研究型核反应大学排名第 36 位，与 2014 年相比几乎前进了 60 位，而新西伯利亚大学该学科排名第 86 位。2016 年成效更加明显，圣·彼得堡国立大学的"计算机科学"排名第 56 位，莫斯科物理技术学院的"自然科学"排名第 78 位，高等经济学院的"商务与经济学"排名第 83 位。

《泰晤士高等教育》另一大排名系统就是 BRICS & Emerging Economics Rankings(金砖国家及其发展中国家大学排名)。如果说 2014 年这份排名册中只有 2 所俄罗斯大学(莫斯科大学和圣·彼得堡大学)的话，那么 2015 年就已经有 7 所进入了排名，其中有 4 所是"5top－100 工程"参与者，即国立研究型核反应大学(排名第 13 位)，新西伯利亚国立大学(第 34 位)，莫斯科物理技术学院(第 69 位)，莫斯科国立鲍曼技术大学(第 90 位)。2016 年 BRICS(金砖五国：巴西、俄罗斯、印度、中国、南非)形成了经常更新的系统，在这一排名系统中更多的俄罗斯项目参与大学进入了该系统，如圣·彼得堡彼得一世工业大学(第 18 位)，托木斯克工业大学(第 20 位)、国立研究型核反应大学(降至第 26 位)，喀山联邦大学(第 31 位)，新西伯利亚国立大学(第 87 位)、莫斯科物理技术学院(第 93 位)，国立研究型技术大学(第 99 位)，而下诺夫戈罗德罗巴切夫斯基国立大学第一次进入该名册，占第 193 位。World Reputation Rankings 排名系统首先考虑的是对大学声望的认同，2015 年只有莫斯科大学(排名第 25 位)和圣·彼得堡大学(排名在 71～80 名阵营中)进入了排名系统。2016 年初在 100～200 名的排名中有彼得一世工业大学、莫斯科物理技术学院、托木斯克工业大学及喀山大学。

(2)英国咨询公司(QS)排名

要在 QS 排名系统中把排名向前推进具有一定的客观困难，这一困难因素就是大学声望。大学的认可度在该评估系统中起着重要作用。在 2015 年 QS 世界大学排名中项目参与大学离前100强还相差甚远，新西伯利亚国立大学排名第317位，莫斯科国立鲍曼技术大学排名第338位。然而2015—2016年在QS排名中新西伯利亚国立大学和莫斯科物理技术学院被评为欧洲及中亚发展中国家10所最好的大学。2016年QS"金砖五国"大学排名系统把进入排名的大学从200所扩大至250所，其中俄罗斯占了55席，新西伯利亚大学进入了前20强，国立研究型核反应大学排名第50位。

（3）上海交通大学：世界大学学术排名（ARWU）

该系统排名时更多考虑的是毕业生获奖或工作人员获诺贝尔奖或菲尔兹奖，还有学术论文经常被引用的研究人员的数量。2015年该排名系统中前100所顶尖大学中只有莫斯科大学，排名第86位。

（4）其他排名

其他排名系统总统指示中没有注明，但对大学来说仍具有重要意义，如Round University Ranking（RUR）。据Thomson Reuters国际传媒公司资料显示，2015年度全世界200所教学质量最好的大学俄罗斯大学占了10位，其中一半以上是项目参与大学。排名情况如下：

莫斯科鲍曼技术大学，第106位；

俄罗斯人民友谊大学，第112位；

托木斯克大学，第131位；

下诺夫戈罗德罗巴切夫斯基国立大学，第135位；

国立研究型核反应大学，第136位；

莫斯科物理技术学院，第143位；

托木斯克大学工业大学，第179位。

尽管俄罗斯大学的世界排名离既定目标还有一段距离，但2013年开始运行的"5top-100工程"对俄罗斯大学在世界的排名具有明显的推动作用。据Web of Science和Scopus两个网站统计，两年之内俄罗斯在国际上发表的论文数量翻了2倍多，引用指数也提高了16%。奥尔卡·戈罗捷兹认为，俄罗斯大学无论是发展强度还是发展速度都可称得上是世界的领军之一。QS研究部主任也认为，俄罗斯大学正在发力，奋起直追。

### （五）项目存在的困难与意见分歧

1. 缩编问题

对参与大学而言除了完成项目规定的任务外，还必须遵守教科部的其他方针，如俄政府"路线图"规定，2018年前所有大学师生比应达到1:10，根据政府这一规定，部分"5 top－100 工程"参与大学会因达不到这一标准而被迫清退。

大学减编问题或许是由该项规定引起，也许是资金不足所导致。项目参与大学必须经得"国际委员会"及教科部同意才能确定预算，其目的就是要保证"5top－100 工程"实施计划的落实。于是某些大学决定缩减老师编制或降低工资标准，这就会导致人员的解聘。例如乌拉尔联邦大学准备减员 700 多人（该校教育、科研人员总计 3250 人）。

2. 关于学术论文的评论问题

据《Nature》杂志消息，佩罗捷尔斯基物理化学生物学院（现已并入莫斯科大学）的科研人员发表论文时必须将其论文通告俄联邦安全服务中心以期审查。副校长安德烈·费佳宁驳斥了这一说法，但不可否认的是，该校科研人员待发表的论文必须经过评审委员会审查同意以确定"论文的创新程度与发表潜力"。这个委员会实际上是一个内部评论研究所。

这一措施如果全面推广的话，会抑制学术论文发表的速度，因评审而耽搁论文发表会导致论文创新的时效性，从而影响论文引用率和大学排名。

关于是否继续对该项目实施拨款还存在着意见分歧。2017 年 10 月 4 日在俄罗斯高等经济学院召开了俄罗斯 21 所"5top－100 工程"参与大学的校长会议，即《全球大学》协会成员大会，会议对该项目的中期工作展开了讨论。高等经济学院提议，首先讨论一下国家拨付资金的利用效率问题，在评价资源利用效率问题上官员们意见分歧很大。俄罗斯副总理奥尔卡·戈罗捷兹对"5top－100 工程"所取得的成效给予了高度肯定。她说，"自项目实施最近几年来我们这里发生了非常严肃的变化。项目所取得的成就可圈可点，让人吃惊。谁也没有想到，三年之内我们会取得如此实在的、有分量又有看点的成果。"她认为，俄罗斯大学的国际排名已向前推进，这就是成效，并声称，"方案实施三年来俄罗斯有五所项目实施大学进入了 QS、THE 重点学科排名 100 强"。"令我欣慰的是，我们还能够推动被我们认为是不好专业的发展。"她把这些学科专业归结为经济学、社会学、国际关系学。戈罗捷兹还指出，教师集体和教学工作组织也发生了质量上的变化。她进一步解释道："我们今天看到，所有大学的教师都发生了实际性的变化，特别是那些不仅仅只从事教学的科研人员发生了变化"。高等经济学院校长雅罗斯拉夫·库兹米诺夫支持副总理的观点，认为俄罗斯大学在世界排名中确实在快速推进。并认为，俄罗斯大学已把中国大学列为竞争对手，诚然，俄罗斯大学在排名上还没有超过中国，但在挺进排名的速度上已超过中国。他指出，"如果我们把俄罗斯大学的推进质量与同期'985'的中国第一批项目建设大学相比，我们就会发现，俄罗斯大学在排名上的发展速度几乎是中国的 2 倍。"[5]

　　俄教科部部长奥尔卡.瓦西里耶娃对该项目的评价则不显得那么乐观。她的发言显得残酷与武断，对该项目的肯定点就是该项目是俄罗斯普通教育系统的一张名片。然后她指出，根据俄罗斯总统指示，2020 年以前必须有 5 所大学进入前 100 强，然而"5top－100 工程"是俄罗斯教育领域最贵的项目。"五年之内国家对该项目投入了 502 亿卢布，剩下的三年还将追加 292 亿卢布"。她继续说道："20 世纪我国在短期内实施了三大骄人的项目"，她把这三大骄人的项目归结为火箭项目、原子项目和控制论项目。然后又展示了"5top－100 工程"参与大学取得的成果信息表。详情见表 10－1。[6]

表 10－1　"5top－100 工程"参与大学信息表

| 大学 | 1 | 2 | 3 | 4 | 5 | 6 |
|---|---|---|---|---|---|---|
| 高等经济学院* | 42. 22 | 400 | 100 | 27. 29 | 1. 2 | 3. 4 |
| 莫斯科物理技术学院* | 40. 87 | 300 | 100 | 17. 16 | 5. 4 | 23. 8 |
| 圣·彼得堡国立大学* | 40. 87 | 501 + | 100 | 20. 75 | 4. 9 | 10. 1 |
| 国立研究型核反应大学* | 40. 56 | 400 | 100 | 17. 46 | 6. 1 | 44 |
| 国立研究型技术大学* | 39. 18 | 501 + | 100 | 19. 05 | 2. 6 | 6 |
| 新西伯利亚国立大学* | 38. 84 | 300 | 100 | 5 | 7. 5 | 48 |
| 喀山联邦大学* | 32. 23 | 500 | 200 | 15. 87 | 1. 7 | 4. 3 |
| 托木斯克国立大学* | 31. 57 | 400 | 200 | 15. 51 | 4. 4 | 11. 2 |
| 托木斯克工业大学* | 31. 57 | 400 | 200 | 22. 30 | 2. 8 | 4 |
| 乌拉尔联邦大学* | 31. 29 | 500 | 300 | 18. 25 | 1. 7 | 3. 1 |
| 圣·彼得堡一世工业大学* | 31. 16 | 500 | 300 | 13. 63 | 1. 4 | 4. 9 |
| 远东联邦大学* | 26. 15 | 501 + | — | 7. 22 | 0. 9 | 1. 6 |
| 萨马拉大学* | 24. 68 | 501 + | 500 | 7. 95 | 0. 9 | 2. 4 |
| 下诺夫戈罗德罗巴切夫斯基国立大学* | 19. 69 | 501 + | 300 | 12. 51 | 1. 5 | 3. 6 |
| 圣·彼得堡国立电子技术大学* | 8. 83 | — | 400 | 6. 08 | 1. 5 | 2 |
| 莫斯科国立谢切诺夫第一医科大学** | 9. 93 | 501 + | 500 | 10. 17 | 0. 4 | 0. 7 |
| 波罗的海康德联邦大学** | 2. 92 | — | — | 2. 42 | 0. 6 | 1. 2 |

| 大学 | 1 | 2 | 3 | 4 | 5 | 6 |
|---|---|---|---|---|---|---|
| 俄罗斯人民友谊大学** | 2.92 | — | — | 3.44 | 0.6 | 0.9 |
| 西伯利亚联邦大学** | 2.92 | 501 + | — | 5.95 | 0.6 | 1.3 |
| 秋明国立大学** | 2.92 | — | — | 4.23 | 0.4 | 0.8 |
| 南乌拉尔国立大学** | 2.92 | — | — | 6.3 | 0.4 | 0.5 |

（注：＊—"5top − 100 工程"第一批参与者；＊＊—"5top − 100 工程"第二批参与者；1—投入总量（亿卢布）；2—总排名成绩；3—学科排名成绩；4—已投入科研及经验咨询费（亿卢布）；5—WOS 数据库平均每位教育科研人员发表论文数；6—WOS 数据库每位教育科研人员论文被引平均指数）。

她意外地谈到了俄罗斯已经实现的三大项目并进一步指出，剩下的资金将投给 2020 年前有望进入世界前 100 强的 6 所高校，其余 15 所高校只需报告项目建设期间所做的工作及资金花费情况。她重申，这是实现总统指示的唯一机会，我们无须"自欺欺人。"[7]

这一提议让在场的所有大学校长和副总理奥尔卡·戈罗捷兹颇感意外。副总理不理解，为什么瓦西里耶娃部长会发表这样的言论。她说："我提议现在不讨论拨款问题，这不是本次大会所要解决的问题，同行们坐在这里不是讨论政府的方案"。部长迅速做出回应，说道："我们不谈政府拨款支持问题，那我们就来谈一谈谁该留在项目内，谁的成果质量高。现在不谈拨款问题。"副总理打断了部长的谈话，声称，瓦西里耶娃部长的提议留给专门委员会解决。

校长们也不赞成瓦西里耶娃部长的提议。高等经济学院校长库兹米诺夫指出："要完成总统规定的指标，不能只资助学科世界排名 100 强的 6 所高校，还有 3 ~ 4 所高校的学科能够进入世界前 100 强。"

教科部副部长柳德米拉·奥戈罗多娃强调，政府对完成总统五月指示的责任越来越大。"我要提醒的是，我们现在把涉及学科排名指标带进了"5top − 100 工程"，但五月指示是建立在主要成就基础上的，是要整个大学进入前 100 强……。"她继续强调，该项目的目的不仅仅是使俄罗斯大学改善自己的国际排名。"项目的价值是使一批正在履行提高竞争力规划的大学为俄罗斯教育的整体发展做出贡献。"[8]副总理戈罗捷兹最后指出："在该方案上最主要的就是不要做剧烈变动，急剧变动会否定过去所取得的成果和已积累的成效。"[9]戈罗捷兹的立场显得更加坚定。

基于此，2017 年 10 月 27 − 28 日在叶卡捷琳堡召开了关于提高俄罗斯重点大学国际竞争力的"国际委员会"会议，俄罗斯副总理戈罗捷兹同意继续对俄罗斯 21 所重点大学进行 300 亿卢布的拨款。

## 二、俄罗斯世界一流大学建设与内部治理：三所国立大学试点

为了实现"5top - 100 工程"所规定的任务，尽快进入世界100强，俄罗斯国立大学与非国立大学正在参照美国及欧洲大学做"参与式大学治理"改革的尝试。期望通过大学内部治理改革扫除通往世界100强的体制障碍。

下面我们以俄罗斯三所国立大学作为例子来展开研究，看看它们是如何实施大学内部治理改革的。这三所大学都是"5top - 100 工程"参与者，"参与式大学治理"的某些要素在这三所大学里正在推行。即圣·彼得堡力学、光学、信息技术国立研究型大学（圣·彼得堡国立大学），国立研究型技术大学，国立托木斯克研究型大学。

圣·彼得堡力学、光学、信息技术国立研究型大学专攻先进的信息技术与光子技术。百多年来该校在信息技术与光学技术领域取得了辉煌成就，从2013年以来该校入选"5top - 100 工程"。2013 - 2020 的战略目标是：在信息技术与光子技术领域、高水平人才培养方面及科研成果市场化领域达到领先地位。

国立研究型技术大学是一所专门的大学，也是国内在冶金学、材料学、纳米技术与矿山领域处于先进地位的重点大学之一。2013 年该校入选"5top - 100 工程"。该校的战略目标是：2020 年前材料学、冶金学、矿山业各方面要成为全球领袖，同时在纳米技术、生物医药技术等领域巩固已有的地位。

国立托木斯克研究型大学是西伯利亚最古老的大学，建于 1878 年。这是一所涵盖各方向人才培养的古典大学，包括大人文社会科学。2013 年该校入选俄罗斯"топ—15 工程"，获得了俄罗斯进入世界大学排名 100 强的支持。目前，这三所大学都在推行"参与式大学治理"模式；重新确定学术委员会下设的委员会作用；确定教师代表开展工作的战略以及参与大学战略任务讨论战略（包括人事政策、规划、纲要、计划及财务政策的讨论）；寻求大学内部治理与外部治理的权力平衡。

### （一）当前三所国立大学的管理特征

俄罗斯大学管理体制存在以下特征。

1. 大学内部存在两种主要管理模式

（1）模式一：在大学管理体制中校长处于强势地位

在第一种管理模式中校长对所有问题（包括战略问题，日常管理问题）做出决策，大学内部各委员会成员都由亲近校长的行政人员和教授担任。

这种管理模式存在着以下风险：

1）校长缺位时管理系统不稳定。这种情况在俄罗斯非国立大学——俄罗斯经济学院就发生过。当校长突然离开，新的校长还未到任时，学校的组织工作基本上陷入瘫痪状态。

2）校长管得过细，许多日常问题决策权都掌握在校长手中。

正如非国立大学——俄罗斯经济学院和圣·彼得堡欧洲大学所展示的，每个小问题的解决都要校长表态，这常常导致大学内部决策过程处于停滞状态。一方面，在组织的小范围内会产生高效，另一方面，这种管理体制不利于促进学校发展。

（2）模式二：校长与学术委员会博弈："教授寡头统治"与"行政群体"的对抗

第二种模式的特征是集权更少。尽管校长的终决权在大学官方文件里得到了强化，但要落实这项权力常常碰到来自学术委员会"教授寡头统治"的阻力。

为了解决这一问题，学校采取了在行政人员与教学、科研人员当中寻找拥护者战略。结果是许多问题都由学术委员会研究解决，包括对财经问题与战略问题的解决，而财经问题与战略问题显然不能由学术委员会解决。

## 2. 存在两条平行管理结构

现有"行政人员"这一特殊群体存在的问题及教学、科研人员参与大学管理热情度降低，这两点普遍成为三所大学的主要特征。三所大学普遍存在两条平行管理结构。

一条是正式的、"亲苏"管理结构，该结构是根据苏联教育体系及当前高等教育标准法令而形成的。该结构是建立在委员会制原则上的，其代表是学术委员会及大学内部各委员会。

另一条是"战略"结构。该结构由临时委员会组建，其目的是解决最重要的战略问题，该结构的具体部门包括战略委员会、管理委员会、执行委员会、规划办、各种临时委员会群体等。这些机构常常作为规避传统管理委员会的机制而成立的，目的是使校长与行政人员快速、高效地作出决策。目前正式管理机构与战略管理机构的代表可以在前面所列三所大学的不同部门交叉任职，但实践中这种情况不经常发生。首先，行政人员可以进入委员会管理机构中的"战略世界"，个别教学科研人员代表也可以进入到管理机构，但代表的选举是建立在外部观察员不明标准的基础上的。

这种管理体制也存在着可能的风险，即教学科研人员与行政人员之间存在着互不信任问题。正如国外大学经验所展示的，大学内部创立两种管理体制愈发可能导致中级管理层（系一级）与低级管理层（教研室级）教学科研人员对改革的抗拒。在某段时期教授们开始把"行政人员"群体视为"背对"教授管理大学的敌人，教授们认为，教授、副教授、教师、研究人员才是大学产品的主要生产者。那些不能担任行政职务或不愿担任行政职务的教学科研人员更加可能成为不满群体，如此在教学科研人员与行政人员之间肯定产生互不胜任问题，且经常性地直接影响大学管理的成效。管理效率与决策汇报制度及教学科研人员的理解密不可分，因此，决策时他们的意见会被充分考虑。如果这样的相互影响、相互作用的机制没有建立起来，那么管理决策，无论怎样最优化，在组织内部也难以实施。

### （二）加州大学伯克利分校"参与式大学治理"及其对俄罗斯三所大学的影响

为了解决世界一流大学建设的体制障碍及以上存在的问题，俄罗斯三所国立大学正在参照加州大学伯克利分校实施治理改革试点。

加州大学伯克利分校（The University of California，Berkeley）被公认为世界顶尖大学之一。在以教师科研贡献和研究生教育质量为基础的世界大学排名中，该校是多年以来美国第一所国立大学进入世界顶尖大学，该校学术繁荣的原因之一便是采用了"参与式大学治理"模式。其当前的排名状况见表 10 – 2：[10]

表 10 – 2　哈佛大学及伯克利加尼弗尼亚大学的世界排位

| 大学 | 年份 | 世界排名 |
| --- | --- | --- |
| 哈佛大学 | 2015 ARWU | 1 |
| | 2015—2016 年 QS rankings | 2 |
| | 2015—2016 年 THE rankings | 6 |
| 加州大学伯克利分校 | 2015 ARWU | 4 |
| | 2015—2016 年 QS rankings | 26 |
| | 2015—2016 年 THE rankings | 13 |

（资料来源：Участие в управлении университетом［M］. СПб.：Норма，2016：81）

  "参与式大学治理"模式涉及许多管理体系，包括寻找与遴选新岗位人员、经常性的教授工作评估及系部评估，研究工作评估及研究机构管理质量评估等。大学的所有决策都以学术价值为导向，包括关键行政职务的委任。主管资金质询、建设资金及行政与财务问题的副总裁由职业行政人员担任，无须博士学位和教授职称，但总裁、校长、主管科研工作的副总裁、主管教学事务及高等教育学术规划的副校长，甚至系主任都必须由终身教授担任。如此，由学者担任领导职务的制度得以形成，因为学者们懂得大学工作的属性，在平衡学术与行政问题时他们得心应手。如果大学管理仅依靠没有学位的职业行政人员，那他们作出的决定很难获得教学人员的信任，"参与式大学治理"会受到阻碍。最主要的是该校形成了"绩效型"组织文化，并通过学术评议会对教授工作、研究工作、系部工作实行经常性评估。与俄罗斯大学不同的是，美国学术评议会非选举产生，凡是签订了2年合同的教授自动成为评议会成员。目前加州大学伯克利分校学术评议会成员大约有1500人。评议会有权就学术问题向董事长及教务长质询，甚至质询的问题还有许多非学术的，当然，这种情况指的是董事长与教务长的工作影响了研究质量与教育质量（如预算资金的分配）。学术评议会的工作常常是在由临时委员会创办的常务委员会和工作小组中进行，高级行政人员与评议会主席、副主席的碰头会也起着重要的作用。加州大学伯克利分校的教学人员经过精心组织、周密思考，积极参与大学日常管理，这对获取高质量的教育和高水平的科研成果来说至关重要，它维持了大学这一社会系统的健康氛围。之外该校还成立了学术人员委员会，对大学学术事务实施评估。学术人员委员会由9名具有终身教授头衔的知名学者组成，每位委员在委员会工作不得超过3年。学术人员委员会不得有行政人员参加（如各部部长、系主任、副校长或教务长），因为，委员会的任务包括了对行政人员的结论进行评审。委员会成员不是由评议会投票选举产生，而是由委员会中的委员会选任（专门从事评议会成员任命的委员会），委员会成员候选人由委员会委员和评议会主席经过认真的、非正式的挑选得以产生。挑选的主要目的就是维护委员会内部各学科（人文学科、社会学科、自然学科、工程学科）代表人数的平衡。这种平衡很重要，因为委员会每年要对全校各系600-800名教授进行评估。

  除此之外，每隔八年对每个系部的工作进行全面评价。加州大学伯克利分校共有64个部，还有许多不太大的学术机构，如工作小组、研究中心等。这就意味着，每年有大约八个部需要评估。

## 三、俄罗斯三所大学推行"参与式大学治理"：基于加州大学伯克利分校经验

为了实现"5top‐100 工程"参与大学的总目标，俄罗斯三所大学正在参照加州大学伯克利分校经验进行改革，以推行"绩效型"组织文化。这一总目标就是要在利益相关者之间维持管理职能的平衡并使每一群体在这种平衡中拥有管理上的最大权限。基于此，俄罗斯三所大学采取了一系列改革措施。[11]

### （一）国家层面的措施

组织学术共同体的教师及大学管理人员集中学习，使他们形成参与管理的价值。

1. 学术共同体教师的培训

正如世界顶尖大学管理模式研究所展现的那样，创建一个正式机构比要求教师参与该机构工作要容易得多。因此，为了让教师与科研人员富有成效地落实"参与式大学治理"模式，必须对他们进行培训，甚至让他们有机会知晓大学内部决策程序。俄罗斯大学的大部分人员在完成大学战略发展任务方面没有进行过培训或培训程度不够，通过学习获得必需的技能，包括通过学习构建高效决策模式的课程。大学教师熟知管理方法，包括掌握多种语言的大学课堂的管理方法是非常有益的，甚至组织教师在国内不同大学进行为期半年或一年的交流也是可行的，其目的是让他们熟知不同大学的不同决策类型。

为了建立统一的"参与式大学治理"模式，该项目所有参与大学应对大学内各群体开设"参与式大学治理"系列专题讨论课或主题讨论班。

2. 对俄罗斯大学管理体系进行评价排序

国家将按已经采用的、与管理模式相关的指标对俄罗斯大学进行分类排序，并在全国推行这种排序制度。为此，必须针对俄罗斯大学各管理要素建立统一的分析与评估系统。正如世界重点大学经验所展示的，当外部组织（工会或独立的研究所）而不是教育部代表介入评估时，评估指标才能产生成效。

### （二）大学层面措施：推行"参与式大学治理"，改革大学内部治理结构

1. 平衡校长权力，使校长的工作合理化

正如世界主要大学经验及俄罗斯非国立大学历史所展示的，解决问题的方

案之一便是推行第一副校长办公会议。校长与第一副校长的权力划分必须进行单独讨论，为此，将对集中在校长和第一副校长手里的当前正式职能与日常职能进行专门的研究。此外还成立了非正式的、有讨论权而无决定权的机构（如系主任副系主任委员会），这些机构只准备决策，尔后将决定移交学术委员会以作结果性讨论。慕尼黑技术大学"扩大管理委员会"就是现存的例子。俄罗斯境内圣·彼得堡欧洲大学的"系主任会议"及俄罗斯经济学院的"执行委员会"就是很好的例子。这类机构的人员组成包括校长、所有副校长和所有系主任（院长）。

### 2. 建立临时委员会，平衡现有管理结构

必须使非常专业的临时委员会及大学全能委员会最优化。我们所列举的三所国立大学都存在着临时委员会及其他委员会，其主要问题归结为：

（1）此类委员会的生命周期不确定；

（2）委员会决策地位不明确；

（3）各委员会中与系部工作及科研中心工作毫不搭界的行政人员代表占据数量优势。

临时委员会的建立，目的是解决战略问题，而不是作为大学代表完成"参与管理"的指标。俄罗斯境内圣·彼得堡欧洲大学的临时委员会就是此类委员会的一个很好例子，该委员会成员不仅有行政人员，还有许多教学科研人员代表。

### 3. 扩大院系权力，促使微观管理问题的解决

三所大学将授权系主任在本系制定工作人员财务条例。正如世界重点大学经验展现的，"效率合同"制度是对抗教学人员暗中抗拒的有效办法之一。这一制度包括了教授工作成效的评价程序及与评价结果紧密相关的工资级别。在被研究的俄罗斯这三所国立大学中这一制度才刚刚形成，目前需要解决的问题是谁将有权（是校长、副校长、系主任、副教研室主任）将教学科研人员的工资与评价结果挂钩。

机制一：委派系主任，而不是选举系主任；

机制二：教研室主任通过选举产生；

机制三：制定系主任、教研室主任更新程序；

机制四：对全系的系工作与教研室工作进行评估。

为了监督由系主任选定的管理战略的落实，将对系里工作进行定期的、独立的外部评价。这样的评价应由某些系和研究中心设立的"国际咨询委员会"

组织实施。

**4. 对学术人员的聘任实施组织改革，提高学术人员参与大学教学科研及管理的积极性**

美国加利福尼亚大学校长克拉克·克尔曾说，没有著名学者的大学不可能称其为著名大学。为了拓展大学知识领域并使该领域处于世界科学的领先地位，三所大学的学术招聘开始在全球范围内寻找知名学者，且其学术贡献要获学术共同体高度评价。因此，三所大学将为教授在新岗位工作提供良好的资源，如实验室、设备、技术人员和高工资。此外，给教授提供足够的研究时间。这就意味着，将要减少教授的教学工作量和提供学术休假（sabbatical）并补偿出行差旅费用，阻碍这一战略措施的因素之一便是来自大学行政人员与教学人员的反对，他们把聘来的教授视为享有特权的"爱出风头的人"。此外，俄罗斯国情下高效搜寻与选拔候选人存在以下障碍。

第一，学术人员委员会委员的选拔以及教研室层面的候选人搜寻与选拔存在着帮派主义原则，这使得委员们尽力招聘自己的亲近同行或朋友，而不是最优秀的候选人；第二，创造高水平的研究条件以及吸引优秀候选人所必需的基础设施的投入都不够；第三，教学工作量太高，阻碍了研究工作的进行；第四，缺乏把科学贡献摆在第一的价值定位，其结果是，对新进教师评价依据的不是学术标准；第五，在学术人员委员会与校长之间缺乏改善科研工作质量的愿望与准备，而不仅仅追求研究产品数量的增长（杂志上发表文章的数量）。

为了解决这些问题，三所大学使用了两个办法：一是使招聘过程具备一定的可信度，即该席位招聘的是一个有杰出贡献的学者，这一点应不存在疑义。大学有了这样的学者，就可以促进大学的学科发展，改变大学在国际国内的处境，还可因教授出色的研究成果而促使国家额外拨款。二是针对招募的教授制定新的跨学科规划并组建新的学科系，即没有根深蒂固的老教授集团参与的跨学科系，这些举措也能成为大学的发展点。三是严格新教授的聘用程序，并对新教授的雇用程序及候选人质量评价的主要标准与指标做出了规定。如果本年度不能找到优秀的符合要求的候选人，那么招聘程序可以延伸到下一年度。对于新教授的标准，第一看候选人学位论文是否为科学做出了重要贡献；第二看候选人学位论文是否为原创性研究，是否改变了学界对某一问题的认识；第三看候选人学位论文是否足够的理论创新、逻辑结构是否合理、现实材料是否可靠。最具意义的是看候选人发表论文的质量，而不是数量，也就是说，看这名学者在其知识领域的发展上做出了什么贡献。论文的数量当然也有重要意义，如果他（她）发表的论文不多（即便论文对科学很有价值），说明候选人未来的成效与潜力不够。还应避免招聘那些过去获得过荣耀，即在某个时候发表过非常出色的论文，但从此以后再无学术产品产出的候选人，更不值得招聘那些因自己跟委员会成员有良好的私人关系而获得高度评价的候选人。

除了这些，招聘教授时还要收集几份有关候选人的外部评语。这些评语应由知名学者撰写，其研究领域跟候选人的专攻领域一致。值得注意的是，撰写评语的人跟候选人没有私人关系，评语中还要将候选人跟同一领域的领衔学者进行比较评价。

### 5. 对现职普通教师、副教授、教授工作效率实施评价

为了提高现有教师参与学校管理的积极性，三所大学遵照加州大学伯克利分校定期工作评价经验，要求每一位教学人员每三年就要对自己的工作进行评价（对讲师和副教授第二年就要进行一次自评）。按照透明化、有声化程序撰写一份书面报告，报告要对工作人员在教学、科研、参与公共事务与行政工作的进步情况做出评价，这就让教师明白，在学术生涯的每一阶段学校都在期待着他们的进步。此外，还明确了，要获取副教授、教授职称必须完成哪些指标。评价就建立在"参与式大学治理"体制上。学术人员委员会的任务就是对教师的学术工作（研究成果与教学）组织充分的论证分析。更为重要的是，学术人员委员会的结论是透明的，是在所有过程参与人员认同的评价标准基础上取得的，具有合法性，它对教师如此重要，并在以后的大学学术生涯中起决定作用。决策系统应定期对有无帮派接受检查。为了避免决策失真，质量评价的正义性就显得尤为重要。

除此之外，为了达到既定目的，三所大学正实施分类战略，即把老师分成研究类和教学类。研究型教师教学量要少一些，教学型教师教学量要大一些，而且主要为本科生授课。如果这一试验获得成功，俄罗斯大学将被分成两类，一类主要从事研究（研究型大学），另一类以教学为主（教育机构）。在维持按学生人头数进行拨款的情况下将把教师分为研究阵营和教学阵营，这对研究型大学特别重要，使研究型教师把教学之余的时间全部用于提高学术论文的数量与质量上。

### 6. 对系与教研室工作效率实施评价

系、教研室及研究中心都应在专门委员会参与评估情况下对本单位工作进行全面评价。专门委员会成员必须是来自其他大学的著名学者，考察周期为4~5年。高度专门化的大学，如圣·彼得堡信息技术、力学、光学研究型大学及国立研究型技术大学，都在参照麻省理工学院模式，每2年对系与教研室的

工作进行评价，此类评估还可用于设系不多的大学，在设系很多的巨型大学里（如托木斯克国立大学）考察每隔 4～5 年进行一次。评价标准取决于每所大学的优先发展方面，如大学是否把足够的力量用于提高教学质量与教学效率上，是否强烈追求改善国际排名状况等。

### 7. 外部委员会工作的组织

在俄罗斯私立大学监督管理职能已转移至"监事会"，而在俄罗斯国立大学这一职能由俄联邦教育与科学部和"观察委员会"（наблюдательный совет）执行。教育与科学部和"观察委员会"做了许多具有共性的决定（如预算），而在美国大学这样的决定由管理委员会（board of governors）做出。在美国以上所列委员会成员都由广泛的社会代表组成（常常是本校往届毕业生），从来没有本校老师参与其中。当前三所大学设立了国际委员会，尽管加州大学伯克利分校没有设置国际咨询委员会，但毫无疑义，在俄罗斯建立这种委员会是非常必要的，特别是在改善俄罗斯大学的排名上。国际委员会成员由在世界权威大学工作的、真正有益传播世界经验的领衔学者和行政人员组成，其职能就是对某些部门进行评估，使废止规划及大范围改造规划这样艰难的决策更具合法性。

### （三）俄罗斯国立大学推行"参与式大学治理"存在的问题与对策

#### 1. 俄罗斯国立大学利益相关者之间缺乏一种清楚明了的作用划分机制[12]

在圣·彼得堡国立信息技术、力学、光学研究型大学里存在着复杂的、混乱的管理机构，包括三个外部委员会、一个学术委员会和几个单独委员会。校长是大学管理的关键人物，所有决策权都集中在他手里。国立研究型技术大学的许多代表认为，大学的决策权都集中在校长层面。托木斯克国立大学还处于重组中。虽然也吸引教师参与决策过程，但负责哪方面的决策依然不清晰，在托木斯克国立大学这一点已经阻碍着管理决策机制的建立。因此，必须分清每个利益相关者群体的作用以及各自的权力与责任，以降低大学管理的难度。

#### 2. 大学内部各利益相关者群体之间缺乏信任

俄罗斯大学内部群体之间互不信任，教师不信任校长，校长们认为教师决策时只顾自身利益，而不是大学利益。在财务问题上更是谁也不相信谁，而"参与式大学治理"的推行，需要所有部门高度信任。对俄罗斯大学而言，增强信任并调整好各利益相关者群体的关系显得尤为重要。

### 3. 俄罗斯大学师生参与大学治理的意愿不高

为了了解俄罗斯大学师生参与大学治理的意愿，有学者对大学教授与学生参与大学管理的意愿进行了调查。调查对象为圣·彼得堡大学经济系与社会学系学生，还有该校老师58人，经济学系中调查对象80%为女性学生，20%为男性学生；社会学系70%为女性学生，30%男性学生；教师当中77%为女性，23%为男性。结果显示，被询学生当中只有18%经常利用该大学网站，大部分学生表示，很少访问网站资源，22%的学生更愿访问本系网站，老师也很少访问学校网站。[13]从年龄层面看，越是年轻，越是更多地访问学校网站，因此可以认为，上网设备不好或缺乏上网设备也影响着被询者访问学校网站，拒绝回答的人或从不上网的人没有。至于上网目的以及管理方面的信息对其是否有特殊兴趣，结果是76%的学生上网目的是为了获取大学服务工作方面的信息，24%的学生对股票、奖励基金、学术措施及文化措施感兴趣。老师们则是对管理方面的信息及学术与文化事件方面的信息措施感兴趣，各占一半。此外，他们还在网上利用图书馆资源。

还有学者对师生与大学行政当局之间的互动情况进行了调查。所提的问题是，被询者是否知道网上开辟了公开讨论的专门栏目。大量的人回答不知道。说得更具体一点，有80%的学生及23%的老师不知道。38%的人说，他们"听说过"此事，但从来没有使用过。[14]学校没有公开告知学生与教师有机会参与学校管理。当被问及你们是否知道，在圣·彼得堡大学网站上专门创建了一个公开讨论的栏目？31%的学生知道，23%的学生不知道；教师当中有38%的教师知道，有8%的教师不知道。有58%的学生不回答此问题或者认为不想介入这样的讨论。显然，学生对参与管理还没形成相应有的概念。原则上教师对这种服务也采取不介入的态度。社会上常常流行着这样一种观点，即行政当局通过这样一些资源力图用集体意见来替换自己的决定。这毫不奇怪，69%的学生和62%的教师从来没有试图在学校官方网站上向圣·彼得堡大学行政当局提出问题，而29%的学生及23%的老师拒绝回答此问题。缺乏对行政机关的信任及不相信通过公开交流解决管理问题是主要原因。下一组问题涉及不久前在俄罗斯大学范围内推行的 Blackboard 系统（注：Blackboard 是美国 Blackboard 公司开发的数字化教学平台，教师可以在该平台上开设网络课程，学生可以自主选择课程学习，不同学习者之间以及教师和学生之间可以根据教学需要进行讨论、交流），根据征询结果，51%的学生说，系里面在积极利用该系统，但里面所呈现的课程并非所有课程。44%的学生认为没有 Blackboard 系统教学过程无法开展，经济学系的大部分学生能够充分利用该平台的功能，而社会学系只能找到几门课程。学生之所以喜欢使用该平台，是因为该平台具有电子邮箱功能，在该平台上学生可以直接与教师进行交流。但有56%的被询学生不使用该平台，而24%的被询学生认为，该平台拥有足够的、可以直接从老师或行政当局那儿获得的字面信息，只有9%的人认为，使用Blackboard能使在线材料陈述更具参与性，其余9%的人认为，这会遇到一定的困难，因为掌握该平台需要一定的技能，而这些技能不是所有的教师都能够掌握。至于教师，他们当中的大部分(54%)倾向于在工作地与学生直接交流，有23%教师认为，不反对通过社会网Вконтакте与学生互动，该网络还不是大学内部正式的联系工具，只有极少数被询教师(8%)利用Blackboard作为沟通渠道与学生交流。至于谈到教师集体与行政当局的联系，62%的教师认为，需要知道大学里的行政过程，然而他们常常缺乏通过大学网站了解信息的技能，对教师而言网上最有趣的管理选项就是校长的会议信息(占46%)。尽管被询者更早之前就对通过网络资源与行政当局互动这一举措持反对态度或不参与态度，但有31%的教师认为，对他们而言有机会通过网络向校长提问，这一点很重要，还有15%的人认为，应通过网络向行政当局提问。当问及：对你们而言，披露圣·彼得堡大学管理方面存在的问题有哪些重要意义时，9.09%被询者表示不感兴趣；72.73%的人认为有必要知道，但没有时间或不会浏览圣·彼得堡大学网页。18.18%的人经常性地研究这些信息。当问及，你们最感兴趣的管理选项是哪些时，50%的人认为是"校长会议"，33.33%的人认为是"向校长提问"，16.67%的人认为是"向圣彼得堡大学行政当局提问"。[15]

总之，对管理体系及其参与人员可做如下几点评价。第一，关于获取管理信息的技术机会和其他机会，没有向师生提供应有的信息并缺乏参与行政管理过程的方式方法，其结果是，这些机会流于形式，没有得到实际的应用。第二，对大部分教师而言，由于缺乏应用的技能而很难使用最新平台，这完全可以通过专门的学习得到弥补，但学校预先没这么做，这严重阻碍了新事物推广的进程。第三，时至今日师生对学校管理过程仍然持冷漠态度。许多被询者不愿参与管理。第四，教师集体与学生们不信任行政机关。有一种流行的观点认为，行政人员的权力都在为自己谋私利，因此，人们期待着大部分权力掌握在大学校长手里并实施垂直管理。

### 4. 俄罗斯大学推行参与式大学治理的具体对策

为了推行参与式大学治理，实现"5top-100工程"任务，俄罗斯成立了"国际委员会"，专门诊断"5top-100工程"参与者自身存在的管理问题。以下是国际委员会专家李娅·罗查夫斯基针对俄罗斯大学推行参与式大学治理提出的具体对策。[16]

（1）改革大学内部管理结构，让各利益相关群体都拥有各自不同的权力

在"5top－100 工程"框架下俄罗斯教育与科学部为大学设计了许多骄人的目标，其中之一就是要改善教育大纲的质量和提高研究水平。为达成既定目标，需要对大学内部的管理结构进行改革。首先要研究具体改什么，还应搞清楚为什么"参与式大学治理"被认为是创办世界级研究型大学的重要因素。

美国大学里监督人和董事长拥有终决权，然而他们把许多决定的筹划授权给了教授们。这主要涉及与教育政策相关的问题，如教学课程的内容、招生政策、新教师的委派以及教师的晋级等问题。换句话说，在"参与式大学治理"体制中各利益相关群体都拥有各自不同的权力。他们参与管理会使责任不断扩大并形成一种认同感，有了责任感和同一感，决策就会得到理智认证，而不是出自个人偏好，从而促进大学发展的高质量教育和高质量研究的条件形成。

在世界顶尖大学里拥护"参与式大学治理"模式的理由不会引起任何怀疑，与学术自由结合在一起的"参与式大学治理"被认为是建立一切大学制度的基本原则，同时也为教育与研究的发展创造了条件。

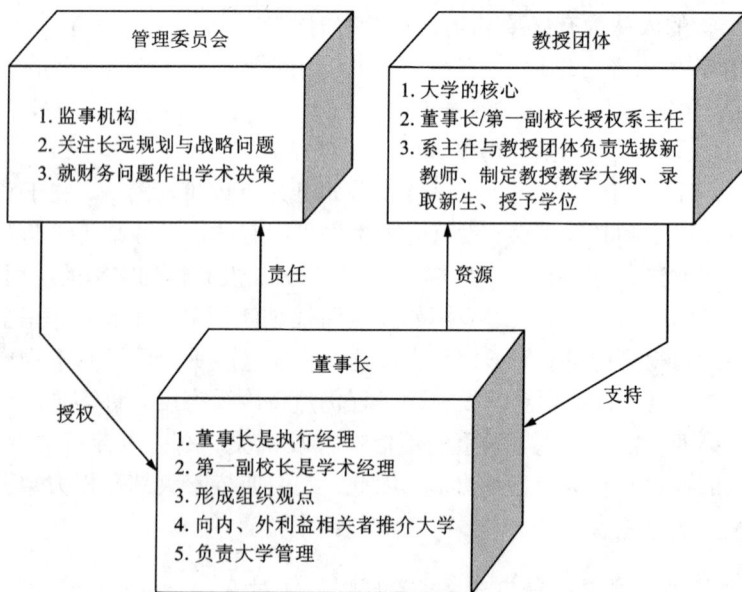

图 10－1 "参与式大学治理"图（李娅. 罗查夫斯基，2014 年）[17]

（2）必须对整个大学的组织系统进行改革

　　为了使建立在"参与式大学治理"原则上的管理结构开始正常运转，俄罗斯大学必须对整个大学的组织系统进行改革。

　　首先，俄罗斯大学要形成一支高水平教学、高水平科研的教授队伍，为此，应当制定好奖励制度并为他们的职业发展提供机会，学术晋升应具有公开性并建立在明确的标准基础之上。

　　第二，在成立新的管理机构时必须考虑组织中的正式制度和非正式制度。任何方式都难以调节董事长、监事会与教学人员的责任，任何组织都存在着促使或阻碍管理进程的非正式渠道。

　　第三，管理模式的运行应从弄清某些群体和某些个人的作用开始。监事人与董事长应当一以贯之地授权教师决策，还应当与委任的行政领导共同分担决策责任。管理风格应带有委员会性，而不是官僚等级性，尽管最后决定由行政当局做出，但教师应在教育政策领域、选举新的科研干部方面做好决策的准备工作。

　　圣·彼得堡欧洲大学的个案分析展示，今天俄罗斯大学的管理机构中还存在着许多阻碍向"参与式大学治理"转变的因素。

　　建立常务委员会或临时委员会制度是处理好各种关系和塑造信任的最有效机制之一。各利益相关者的代表都应成为委员会成员。委员会要考虑各种观点，让不同意见发声。无论是委员会的责任范围还是其成员的责任范围都应当以书面形式明示与固化。

　　（3）创造条件使"参与式大学治理"职能得以顺利发挥

　　为使"参与式大学治理"顺利推行与高效推行，应创造许多必要的条件。

　　第一，明确权力与责任。应当给承担组织变革责任的人提供足够的自主权。教育与科学部应当把真正的权力授予给校长，同时使他们对后果负责。权力与责任的融合应渗透到管理体系的各个层面，包括校长、副校长层面，系主任层面，教研室、实验室层面和教师层面。

　　第二，划清大学内部每个团体的权力与作用。每个群体都知道自己的权力与责任，能降低大学管理的难度。必须对经常性影响大学内部各项工作的程序进行规范化、统一化，这会促使负责程序的工作人员更加高效地工作。

　　第三，在汇报与辩论之间达成平衡。有教师参与的高效管理系统要求各层面、各部门间相互配合与信任，履行不同职能的各群体也要相互信任，这种信任是建立在汇报与辩论基础上的。辩论可借助工作小组机制获得支持，而汇报则需要借助多个机制才能实现。校长要向教育与科学部和观察委员会汇报，教师要向自己的同行和教研室主任汇报，教研室主任则要向系主任汇报等等。学术组织的汇报制度意味着，有权以大学名义进行活动的人都应当向其他群体或个人报告自己的行动。

第四，成立紧急问题业务讨论组。为了在大学内部推行改革，必须成立一个能联系重要管理人员(校长、系主任)的机构，因为这一少部分人能快速作出决策。这个小组的准确人数视各大学的具体情况而定，但小组不宜太大，10～15人为宜，小组的主要任务就是为最高行政当局制定总目标。

(4)关于教授招聘的组织

教师的专业水平是一所大学成功的基础。俄罗斯大学要在以下两个方面引起特别重视，一是教师的招聘程序，二是组建定位于高水平教学与高水平研究的教授团队，凡高质量完成本职工作的教授可获相应的奖励。今天，俄罗斯大学教师工作条件还不尽人意，工资也大大低于世界标准。在这种情况下要求教授去完成世界级的研究任务，实践上很难行得通，因此，要对教师的专业成长提供机会，对教师的评价只看成果，不看私人关系。而且，在国际劳动力市场上招募教授则要求人事政策做出相应改革。为了让国外学者的雇佣常态化，俄罗斯教育与科学部应消除雇佣外部候选人的障碍，应为外部候选人提供在大学内部单独晋升的机会。

(5)关于教授工作绩效评价

教师工作绩效评价因人而异。教师(尚未获得终身教席人员)年度工作评价，其目的就是让他们能够看到，他们的工作成效在多大程度上与校内要求的标准相符，又在多大程度上促使他们获得终身教席。为了获得递交终身教授申请的机会，对他(她)要进行二次评估，即第三年和第六年(通常终身教席要在获得tenure track席位后才能获得)。

终身教授(post-tenure performance evaluation)的评价程序至今仍有争议，比一年一度的普通教师评估程序更简单。拥护者们认为，一年一度的普通教师工作评估是教师发展的重要手段，并坚信，终身教授不退休这一制度存在着风险，即终身教授中成果少的学者仍然占据着终身教席，而且紧盯着更有发展前景的普通教师能够获得的资源。持不同意见者认为，终身教授的工作本来在其他评估程序中就已经体现，因而对其工作的额外评估已毫无意义。例如，各部每年对教授工作进行机构内部评估，包括他的教学质量、科研成果、参与公共事务与行政工作情况。之外还有经常性的、关注普通老师成果的部门评估。最后，还有不同意见者认为，终身教授的评估违背了学术自由思想。

最近十年来对终身教授进行评估(特别是国立大学)已成了通行的做法。目前个人评估以年度报告的方式进行，而全面考察则是每五年进行一次。年度报告(预先确定好形式)由教授本人自主撰写，包括过去一年的工作情况，如所教课程情况、论文发表情况、参加学术会议及大学委员会的会议情况以及对本科生的学术指导情况等。这一切信息都由系主任个人分析，之外系主任在评审时还需要看其他信息，如学生对教师上课质量的意见。五年一轮的全面报告工作间隔时间更长，需要大学付出更多的时间和精力。这类报告的目的就是要提高教授的工作成效，关注重点则是同行对教师的评价。

结果是教授知道了自己工作的不足之处和弱势，还可以获得改进工作的建议以及可以正常地利用大学资源。报告中要列举老师采取的一系列行动（说明行动期限）。甚至还存在着中期评估，其目的就是检查教授们所列行动的落实情况。为了不影响教授们的团结，中期检查应根据透明原则进行。

第一，必须制定明确的评价标准。为了让评价程序更加公正，每位老师都应知晓评估他们的标准是什么。

第二，评价应经常性开展。教师们应亲自提供本人过去一年的工作情况。评估结果可以作为提高待遇的决策依据。

第三，全面评估的时隔应更长。通过同行来评估教师的工作，这一举措首先应建立在考察基础之上，即由知名同行学者进行考察。考察的组织不能仅委托给本系或本教研室的教师，但他们可以参加某个阶段的组织工作。评估委员会必须关注全系或整个教研室的工作。系主任应以书面形式或在单独会议上介绍所有情况。评估时还应听取老师所教本科生的意见，允许他们对教师的教学与学术指导进行评价。

（6）关于规划工作与系工作效率评价

要想使部门工作评价程序高效地运转，就必须要创造一定的条件。

第一，部门工作评估的目的与标准应清晰明了。

第二，整个系统都要进行评估，不仅教师工作、部门工作要被评估，而且系主任、校长及大学监督人的工作也要被评估。在美国这样的评估通常每五年进行一次，通常以人事处领导的名义或专门委员会的名义组织评估或者邀请外面的评审专家进行评估。董事长会通报对系主任及副校长的评估结果，董事长本人的评估由监事会领导实施。

第三，专门委员会有权对系里工作进行评价。专门委员会由系主任组织成立，各部领导参与。每个教师将会阅读到系里的工作报告，专门委员会与系主任可就澄清某些细节问题展开非正式的秘密谈判。

第四，应当指定具有不同学科发展背景的教授们作为评委会委员以获得全面评价。工作人员在清查各系在学科领域所取得成就的同时，对各系的弱势与强势做出评价，揭示其使命，确定未来五年学科的主要方向，预测会在哪些方面取得成果。

各系一致认为，对迎评考察的准备会取得丰硕成果，因为这会挑起并激发大家讨论，迫使大学思考系里的使命与发展战略。

对各系而言，评估程序是统一的，但各系的评估标准则因系而异。首先，对科研质量的理解因学科而异，因此，应吸引外部评审专家参与科研评估。统计论文的引征频次是评估科研质量的可靠手段之一。

另一个方法就是根据载文杂志的特点统计论文发表的数量。其次，对教学质量必须进行评估，许多大学把学生对教师的评价意见视为重要指标。

第五，开展系与教研室的评估对致力于获得优质成果的大学发展而言具有十分重要意义。评估应由外部评审专家根据评估工作细则来开展，评估工作细则由系主任、校长制定并通过书面形式提供给外审专家。大学中任何一位对评估有兴趣的人都应知晓评估标准。

第六，系评估应在5~7年之内进行一次。对系或教研室组织大型评估需消耗大量的时间与资源。但开展五年一次的、高水平准备的、程序正规的考察比起学校行政当局每年花大量时间与精力但获信息量不大的评估而言要重要得多。

第七，必须制定考虑学科差别的、包含通用质量评价标准的评估指标体系。通用指标由校长和系主任在教师参与的情况下制定。具体到某一学科某些指标由系自行制定（教师参与情况下），并且要获得校方行政当局的支持。

第八，要求确定系领导担任的期限。即便极有才能的管理人员管理时也有自己的观点与偏好。管理上不同观点与方法的汇合是构建强系的重要条件，因此，系领导的定期轮换可以预防各系单方面的发展。

（7）关于科研工作管理

无论是教学还是研究对一所大学乃至整个社会而言都是相当重要的。并非每位知名研究人员都是一名好教师，反过来，也不是每位出色的教师都能从事重要的研究，在这二者之间寻求平衡的确是大学一项复杂的任务。

科研质量的评价应从学科的角度进行，而不能考虑个别研究人员或系里的意见。引征指标及广泛应用于自然科学及社会学科的检索库对评价研究质量是非常有帮助的。但这些指标不可能替代外部评审专家的意见，因为外部评审专家跟大学不存在休戚相关的联系，故他们没有成见。

第一，对效率低下部门实施重组与关停。如果某一学科对大学的发展起至关重要的作用，那就必须投入资源以改善其专攻某一领域的现状。这常常意味着要及时更换部门领导并对教师集体实行变革。

第二，如果校长和系主任认为某个部门对大学来说不太重要，不值得得投入，那就必须做出关停决定。在这种情况下评审权最好交与在大学中保持中立的外部评审专家手中，这样不会引起教师的不满和抵抗。

第三，必须根据大学的发展目标建立教学、科研刺激制度，工资标准制定的原则应体现大学优先发展什么。如果大学的目标是鼓励研究人员从事教学、教学人员从事研究，那么这一点就应在奖励体系中体现出来。应当注意的是，如果工资不足以维持正常的生活水准，那么教师就不可能把时间用于研究上。

第四，必须鼓励教师用英文发表论文，英语仍然是学术世界的主要用语。引文的统计主要考虑的是英文杂志发表的文章。对俄罗斯教师而言撰写英语文章需要付出额外的精力，这就意味着加重了额外负担。因此要对发表英文文章的人给予物质鼓励，这种物质鼓励包括每发表一篇英文论文给予财经补贴，而且还要把它视为一项特殊成果并作为已经完成的一项工作予以肯定。关于发表英语论文，可组织人员对教师的学术论文进行英译。

第五，建议在国际劳动力市场上招募教授的程序简单化。

（8）关于外部委员会工作的组织

外部委员会在"参与式大学治理"中起着十分重要的作用。美国大学的"监事会"是一个外部委员会，在大学管理体系中拥有至高无上的权力。关于外部委员会的职能各大学说法不一，但其核心职能作用是一以贯之的，始终不变的。在大部分美国私立大学中，"监事会"的作用包括：

a. 委派大学董事长；

b. 制定来年预算；

c. 制定大学长期发展战略；

d. 在某些情况下将空额决定提交至学校领导层。

关于外部委员会应当拥有哪些职能，谁应当成为外部委员会成员，这不存在一个唯一的、正确的方法。重要的是要让外部委员会成员维护大学的利益，为此，需要独立的、自主的外部监督人，这些人的主要任务不是管理大学，而是监督大学、支持大学。监事人要维护好大学向外界汇报制度这一形式。为了使决策更具正义，教师与高级行政人员应通力协作，这种协作应通过组织观而得以巩固，这种组织观就是外部评价与评论对组织的发展具有决定性意义。

第一，要精确表述俄罗斯大学内部各委员会的作用与职能。俄罗斯大学各委员会的职能要重新确定，必须明确各管理机构的责任范围，其目的就是要避免工作的交叉与重叠。

第二，确定外部委员会成员的构成与选拔机制具有重要意义。"监事会"委员任职资格问题应听取校长意见和其他委员会成员的意见。重要的是，要保持"监事会"成员构成的平衡，不允许某个群体或成员占据主导地位（如学者群体、政客群体、企业家群体）。

第三，必须考虑"监事会"的工作条件。"监事会"成员的任期应是长期的，这会使该委员会更具独立性，也会使其成员深层次地、专心地致力于大学当前问题的解决。在美国该委员会的任期通常为五年。

第四，委员会成员应通过专门培训。培训时间一天就够了（介绍委员会成员熟悉大学的特点）。必须坚信，所有委员都掌握了足够的、高效履行自己义务的信息，对于国外委员必须保证其参观大学和知晓委员会工作职责的机会。

（9）管理系统中的正式与非正式变革

为了能使学术工作得到显著改善，光靠在管理系统中推行正式变革是不够的。各利益相关者群体间的相互信任也至关重要。信任的产生取决于透明的评估标准以及高效公开的决策过程。因此，这里的任务不仅要创办管理机构和建立汇报制度，还应建立对话机制、公开机制促使各群体精诚地支持质量标准。

各利益相关者间相互影响的形成需要时间，因此，必须致力于把奖励系统机构改革与文化进步结合起来，在不损害效率的情况下达到管理过程对话的目的。此类改革应注意以下几个问题：

第一，对现有领导和未来领导开展专门针对大学管理特点的培训，这在管理机构改革中起着十分重要的作用。大部分学术导师没有进行过管理培训。他们在本学科领域是受人尊敬的评审专家，但他们缺乏高效管理组织的知识，可以安排他们参与教育与科学部组织的或某些领导培训班进行培训。

第二，管理机构改革应根据利益相关者群体相互报告原则来实施。这就要分清每个群体的权力与义务（校长群体、系主任群体、教师群体）并建立沟通机制和公开交流信息。公开交流信息使人更加信任决策过程，而沟通机制的建立使人坚信领导们关心大学共同体的意见与需求。

当然，在采纳大学管理机构改革的建议以及推行"参与式大学管理"模式时还要考虑俄罗斯历史与文化的特点。俄罗斯大学在展示管理体制改革决心的同时还要考虑到大学管理模式与教学质量、研究质量之间的直接关系。

今天，俄罗斯大学为获取高水平的教育和科研成果已经开始管理体制改革。其目的就是改革现有的大学管理模式，十分明显地表达了建立未来大学的愿望。

当今，大学在国际市场上为国家的经济发展与推进所做的贡献是显而易见的，大学已成为主要的创新源泉与技术源泉之一。传统上占据世界大学排名顶端的大学，其成功因素很多，其中就有高效的管理体制。世界重点大学都在推行"协同治理"模式（shared governance）——"参与式大学治理"，这种模式是最行之有效的、符合现代发展要求的管理模式。在这样的体制里大学各利益群体都感觉自己是合作伙伴，而不是执行者，这就促使学者致力于高水平的教学、科研工作，致力于新知识的创造和创新发展。采用"参与管理"模式对提高

"5top－100 工程"大学的国际竞争力无疑具有很大的帮助。

总之，以上所描述的"参与式大学治理"要素的推行，使俄罗斯国立大学把改革推向了大学组织文化的变革，即逐步向"绩效型"组织文化转变。教学科研人员参与大学管理，也包括参与决策过程，这会提高他们对大学的忠诚，并最终使工作的开展富有成效，同时也会加快决策的落实，降低了大学在监督他们表现时所产生的消耗。

## 参考文献

［1］ Об утверждении государственной програмы Российской Федерации "Развитие образования"（№1642，2017－12－26）［EB/OL］.（2019－09－03）. http：//docs. cntd. ru/document/556183093

［2］ Проект5top－100［EB/OL］.（2019－09－03）. https：//ru. wikipedia. org/wiki/% D0% 9F% D1% 80% D0% BE% D0% B5% D0% BA% D1% 82_5－100

［3］ 同［2］

［4］ 同［2］

［5］ Чего добились вузы 5top－100 и чего им ждать дальше［EB/OL］.（2019－08－03）. http：//www. sib－science. info/ru/heis/chego－dobilis－vuzy－5－100－i－04102017

［6］ 同［5］

［7］ 同［5］

［8］ 同［5］

［9］ 同［5］

［10］ Участие в управлении университетом［M］. СПб. : Норма，2016：81

［11］ 同［10］45

［12］ 同［10］66

［13］ "Соуправление" как социологический феномен［EB/OL］.（2019－08－03）. https：// nauchkor. ru/pubs/soupravlenie － kak － sotsiologicheskiy － fenomen － sovremennye － praktiki － primeneniya － na － primere － uchrezhdeniy － vysshey － shkoly － 587d36515f1be77c40d58c7

［14］ 同［13］

［15］ 同［13］

［16］ 同［10］117

［17］ 同［10］104

# 第十一章

▼

# 知识经济背景下俄罗斯高等教育范式转变

近十年来俄罗斯政府提出了经济转型的决策，即从原材料出口型经济向创新发展型经济转变，而要完成这种转变就必须加强俄罗斯在科学、教育以及高技术领域的优势以扩大其经济竞争的能力，因此，与创新发展型经济相对应的创新型人才培养迫在眉睫，于是改革大学人才培养模式、实施高等教育范式转换便被提上了议事日程。

## 一、俄罗斯正在向知识经济社会转型

### （一）经济战略转型的提出

2007 年俄罗斯政府制订了《俄罗斯联邦 2020 年前社会经济发展纲要》(以下简称《纲要》)。《纲要》指出，俄罗斯经济面临三大挑战，其中第二个挑战便是来自技术变革的新浪潮，这一波浪潮强调创新在社会经济发展中的作用，要求降低传统增长因素的影响。未来十年俄罗斯的发展将向建立新的技术基础方面转变，而这种新的技术基础是建立在利用生物技术领域，信息技术领域、纳米技术领域以及卫生领域等其他领域所取得的最新成就基础上的。

就俄罗斯而言，现有的科研潜力与高技术生产为保障一系列重要方向上技术领先、为形成成套高技术领域及为拓宽知识密集型产品在世界市场的阵地、为扩大俄罗斯在高端技术产品与智力服务市场的战略参与等方面创造了条件。

《纲要》指出，第三个挑战便是人力资本作为经济发展的基本要素，其作用也在不断扩大。并指出现代创新型经济的竞争力水平在很大程度上取决于从业人员的质量、取决于他们的社会化水平及合作水平。如果仅靠廉价劳动力和节约办教育与医疗的支出，俄罗斯不可能在世界经济中获得具有竞争力的地位。

就俄罗斯而言回应这一挑战的办法就是要克服现有的、人力潜能开发的一些消极因素。这些消极因素包括：人口数量的减少及经济领域就业水平的降低；日益增长的、与欧洲及亚洲高水平人才竞争，教育领域、医疗领域的低品质服务以及教育领域、医疗领域社会服务普及水平的降低。[1]

《纲要》指出，要全面完成所提出的任务，关键在于俄罗斯经济转型，即从原材料出口型经济向创新发展型经济转变。而要完成这种转变就必须依靠加强俄罗斯在科学、教育以及高技术领域的比较优势来显著扩大俄罗斯经济的竞争潜力，并在此基础上形成新的经济增长源来提高居民福利。

打造创新型经济意味着把人的智力与创造潜力转变为经济增长和国家竞争力提高的主要要素。高收入的源头不仅仅是利用自然资源获得利润，更应当从产生新思想、新工艺和社会创新中来获得。这就使得俄罗斯不仅能够与廉价劳动力的中国经济与印度经济抗衡，而且还能与欧洲发达国家、美国、亚洲的高品质创新产品开展竞争。

《纲要》对俄罗斯创新型经济的质量与数量提出了具体要求：

第一，实现俄罗斯传统经济现代化(石油天然气、原材料、农业、运输)。

第二，让创新成为经济增长的主要因素，并提出了具体的发展指标，即对竞争力强的各部门的劳动生产率提高 2～4 倍，降低能源消耗 60%～80%，实施技术创新的工业企业比例要达到 40%～50%(2007 年为 8.5%)，创新产品的比例要达到 25%～35%(2007 年为 5.5%)。[2]

第三，形成新的经济——知识经济和高技术经济，而且要使这种经济成为国民经济的主要组成部分，并在 2020 年前就其对国内生产总值的贡献而言要达到石油天然气和原材料的贡献水平。因此，知识经济和高技术经济可理解为依靠大学教育、高技术医疗服务、科学及有经验的设计方案、通讯与传媒、化学与机械制造等知识密集型部门的经济。知识经济及高技术经济占国内生产总值的比例要达到 17%～20%(2007 年为 10%～11%)。2020 年研究与设计的内部经费要占国内生产总值的 2.5%～3%(2007 年只占国内生产总值的 1.1%)，最主要的是提高基础研究与设计及应用研究与设计的成效。2020 年教育经费(国家与私人两部分之和)要达到国内生产总值的 6.5%～7%(2007 年为 4.8%)，医疗保健经费应达到国内生产总值的 6.7%～7%(2007 年为 4.2%)，以保证人的潜能的开发。教育与医疗保健的经费投入要达到国外先进国家的水平，即占国内生产总值的 13%～14%。[3]

### (二)经济战略转型对高等教育提出了新的要求

为了实现上述目标，《纲要》对教育提出了要求。第一，大学教育要普及化。《纲要》指出，要实现工业经济所特有的大众化大学教育向建立创新型经济所必需的、不间断的普及化大学教育转变，要发展与世界基础科学紧密相连的、培养具有竞争力的、对社会负责的个体的教育。第二，教育系统要现代化。《纲要》指出，教育系统现代化是建立创新型经济的必要条件，也是经济快速增长、社会发展的基础，更是提高公民福利和国家安全的重要保障。在谈到高等教育发展的条件时，《纲要》指出，吸引大学生与教师参与基础研究与应用研究是高等教育系统发展的主要条件之一。这不仅能够维持世界熟知的俄罗斯学术流派，而且能够培植新一代研究人员，以满足具有创新性的知识经济的要求。基础科学研究应成为大学生掌握搜寻信息、分析信息、开发信息、更新信息这一特长的最重要资源和工具。第三，《纲要》对教育领域提出了国家战略目标，即提高适合创新型经济发展的、且符合现代社会发展需求与每个公民需求的优质教育的普及性。

要达成上述目的就要优先完成四大任务。第一大任务就是保证本科教育的创新特征，其中包括以下几个方面，一是根据创新发展的任务来改革大学的布局结构，这其中又包括建立联邦级大学和国家研究型大学。二是保证学术知识与实践技能的统一。三是扩大高校科研的资金投入。四是开发学生培养的新方式，即建立应用型学士培养体系。五是根据创新发展的任务改革教育机构的融资机制。第二大任务就是作为社会发展工具的教育制度的现代化，其中包括教育服务制度现代化，即不论儿童居住地在哪、身体状况怎样、社会地位如何都应当保证他们超前发展。二是创设教育环境以保证优质教育的普及并确保残瘫人士顺利社会化。第三大任务就是建立现代教育制度，对从业人员进行培训和再培训。第四大任务就是形成质量评价机制及有消费者参与的教育服务需求机制，参与国际科学研究。

关于教育系统具体发展目标，《纲要》指出，至 2020 年：

（1）形成 20 个世界级的，集教育教学与先进科研于一体的、能够解决全民创新方案所涉及的人才问题与研究问题的重点大学。

（2）完善基础设施并为大学师生学术流动创设条件。

（3）提高俄罗斯大学收入结构中依靠科研、科研工作与设计工作创收的比例（不低于 25%）。

（4）在教育机构中推行新的法权组织形式，保证教育机构学术自治与国家社会监控相结合。

（5）扩大大学科研的投入比例，即用于科研的资金总量要达到 30%。

（6）大学教师的平均年龄要达到"经济合作与发展组织"国家的平均年龄。

（7）创办 500 所以上技术等级认证与授予中心。

（8）利用教育信贷的大学生不得低于12%。

（9）扩大来俄罗斯学习的留学生比例，留学生数量要占大学生总数的5%，并为独联体国家学生来俄学习创造条件。

（10）为了实现创新型经济发展国家将扩大教育投资，即从2007—2008年的4.8%国内生产总值提高至2020年的7%，而国家预算拨款将从4.1%国内生产总值提高至5.5%~6%。[4]

教育目标是为经济目标服务的，教育目标的实现是经济目标实现的基础。要实现原材料出口型经济向创新型经济转变，要实现上述各项经济指标，必须依靠大规模的创新型人才培养，而创新型人才培养是建立在大力发展大学教育与研究生教育基础之上的。

## 二、创新型经济背景下俄罗斯高等教育范式转变

2008年，由俄罗斯斯科尔科沃商学院A.沃尔科教授夫牵头撰写了一份《2020年俄罗斯教育：知识经济背景下的教育模式》报告。《报告》指出，当前俄罗斯面临着一系列挑战，包括如下几个方面：①办学资源与办学规模不符；②教育质量在继续下降；③大学老师中劣质老师的比例在增长；④教育的全球竞争力在降低。⑤教育结构不符合经济需求；⑥教育不再充当社会协调机制；⑦高校没有产生创新及创新产品。[5]

### （一）对大学教师提出了新的要求

在谈到新型大学教师时《报告》指出，①转变教师角色，传统型教师正走下舞台，新型教师既是研究者、教育者，又是解疑者、项目的领导者。②降低"密闭"学校的比例，因为这些学校的教师只管在本校教书，也不去校外工作。要增加其他领域来校兼职任教的比例（如科学领域、商务领域、社会组织、CMU、国家管理部门等）。③教师劳动中相对于教学而言，要把创造特长摆在首位。④教师劳动市场的新模式，教师不再保持过去那种封闭性，他们既要走出去，加入到智力市场上去，去外单位兼职（双向的）。这样教师的绩效工资会得到急剧提升。⑤对教师的"育种"工作要常抓不懈，加快低效教师的淘汰，并有针对性地扶植高效的、有前途的教师。

### （二）扩大教育开放

俄罗斯当前推行的教育新模式与旧模式相较其原则意义上的区别在于，新模式的目的就是教育系统真正意义上的开放，并与其他制度及至个人、经济与

社会发展的动因产生网状影响。这种开放在教育的各层面都可实施。如果说今天教育系统中大部分要素未参与创新过程，如果说有参与也只是通过培养人才为国家创新系统服务，而在新模式中各层次的职业教育机构都是国家创新体系的一部分，它们构成网络，并依赖新知识、新技术的生产与传递及创新动机进入知识管理网络。教育系统应向其他领域开放，包括 CMU、商务公司、个人补习教师、科研院所及社会组织。他们会对教育大纲及教育服务提供许多的建议，并且有权参与拨付给教育的社会基金的分配。

### （三）实施经济机制与管理机制创新

教育范式的转换只有在新的经济组织机制条件下才能实现，这其中包括：

（1）自然人和法人应通过税收刺激资助获取教育。

（2）大部分教育机构正在获得自治地位，这会扩大它们的经济潜力，使它们更加灵活地利用资源，同时也会扩大它们的对后果责任的承担。

（3）各种教育机构都在和谐共处基础上获得拨款。

（4）对大学教师采用弹性工资制度，其工资平均水平与经济领域的平均工资保持一致，以使工作质量提高。

（5）各种教育机构不论其所有制如何都可就预算内资金与预算外资金展开竞争。

此外创新高等教育管理新模式。新模式显然需要新的、依赖创新经济发展原则的管理，其基本特征如下：

（1）社会管理学院将真正参与教育质量的监督与管理，包括机构层面的、市级层面和地区层面的监督与管理（观察会、理事会、中学管理委员会）。

（2）学校要提供本校办学活动与资源的完整信息（含本校网站）、教育大纲、教师的构成及其水平、机构的拨款情况、物质技术基础（包括图书馆情况、寝室、体育设施、餐厅情况）

（3）自恢复与教师签订合同后，职业（学术）自我管理的作用也随之增长，教师与科研人员共同体将成为决策与教育质量监控的主要参与人之一，包括教师集体层面与学术委员会层面及学科行业协会。

### （四）实行高等职业教育结构改革

第一，终身教育体系是由职业教育结构决定的。今后的职业教育将会把职业训练同大面积人员再培训结合起来。职业教育结构要保证俄罗斯每个公民按其所需获得不同层次的职业培养，包括短期职业培训和职业教育应用（技术）学士和学术学士。同时为高效适应劳动力市场需求大学将会采用常新的双元制职业培养大纲。这些培养大纲将会按期进行优化并对所有职业院校学生开放。

大学、专业大学、学院、专科学校以及技能等级培训中心将成为职业教育的主要组成部分，至2020年通过竞争将建立40～50所联邦级研究型大学，这些大学的工作就会获得国家长期发展规划的支持，并就国家最需要的科技项目开展研究。联邦级研究型大学在俄罗斯科学与教育方面应具备世界竞争力并应获得必要的资源保障。第二层次是建立100～150所地区级和跨地区级的巨型大学，这些学校将实施多学科教育以解决联邦主体的(各加盟共和国)人才缺乏问题。第三层次是建设好普通大学、专业大学及学院，这些学校主要培养学士(包括应用学士)。第四层次是专科学校(英文 college)，这类学校主要实施技术学士培养，对某一具体专业采用模块化教学(课程设置模块化)。第五层次等级培训中心，即对想获取某一技术等级的学员实施模块化教学，事实上这些中心在很大程度上将取代今天的职业学校。[6]

第二，高等职业教育要具备创新性特征。职业教育结构改革将为高校学生培养发生本质变化创造条件。对学生而言，过去那种复述教科书知识的教学过程将会被项目教学所取代，学生要参与研究与设计工作，这是连接学校与生产的快速通道。根据开放性原则将许多培养大纲与现实生产结合起来，使之一体化，这其中包括向相应部门的主要企业提供教育服务。这就意味着学生们不仅要在大学学习，还要在从事商品生产与服务的、与高校有合作关系的公司中学习。

为培养创新型经济所需要的从业人员国家将建立独立于高校之外的职业标准与职业考试制度，并保证及时审查培养方案，包括建立自主职业教育机构毕业生技术等级证书的机制。这就意味着，以后获国家文凭的学生数会逐步减少，而依靠职业考试进入劳动力市场的学生会大大增加。

第三，开展国家－私人合作。职业教育领域国家－私人合作不仅能保证教育领域额外资金的增长，而且也是职业教育高度灵活的有力保障，符合创新型经济的要求。企业家协会将会参与国家教育政策的制定与实施(如参与制定职业教育领域的法律法规、培养方向与专业的确定、职业教育国家教育标准的制定、参与职业教育质量监督等)。供高校创新用的基础设施(如商务孵化室、高新技术园区、风险企业等)将与商务部门共建。非营利组织(包括企业家协会)将制定行业标准和举办独立的职业考试。

第四，开辟高等职业教育新的融资体系。要保证融资体系的灵活性与人才支持，最关键的改革就是要使职业教育机构现有的融资渠道现代化，当前最紧要的一步就是要变国家预算拨款向标准化的人头拨款转变。各高校应在国家统考背景下公开透明录取中学优秀毕业生，因为统考是外部独立评定学生的方式，这种传统的入学考试方式要对那些达不到入学要求的学生画一条分数线，甚至要对那些计划内学生也要划一条最低控制分数线，高校可因此而确定自己的培养方向及依据国家统考成绩录取新生。这种机制可以克服中学与大学在学生要求上脱节的问题。

高校的硕士培养将根据招生情况提供长期拨款，因此硕士研究生教育将采用更高标准的生均拨款(高于学士的1.5~2倍)，这对硕士生的自主工作提出了更高要求。硕士生的课程教学(包括副博士研究生)不再是知识浅薄、毫无独创精神地消磨时光，而是"导师与学生"就现代科学前沿问题开展共同研究。因此硕士生的人头拨款标准不包括所有的培养费用。物质技术基础的发展是根据具体培养方向的价值及生产技术与研究技术的创新、并通过国家的专门援助有针对性地实施。这样的拨款要通过竞争才能获得。之外，学生教育信贷国家资助体系将有助于扩大高校非国家拨款的金额，也有助于贫穷家庭学生完成学业。

### (五)形成高等教育创新体系

第一，要实现学士教育普及化。2015年前要完成向二级高等教育的转变，这一转变，一方面会提高职业教育系统的灵活性，另一方面，将会有三分之二以上的普通中学毕业生进入到学术学士和应用学士系统中学习。总之，接受高等教育将成为2025年前新生代积极生活的社会标准。据此，俄罗斯在世界经济中的长期竞争力将会得到保障，创新成果将会持续不断地产生，经济领域各部门将会吸收和采用全新的创新成果。

学士教育普及化，即是对已经顺利掌握普通中学教学大纲内容及准备投入精力进入更高层次阶段学习的所有俄罗斯公民开放，让每个俄罗斯公民有机会进入大学学习。学士教育应保证学生获得综合能力与特长，包括基础知识、研究方法及进入劳动力市场所必需的应用技能。学士培养方向的数量将会根据学校与学生的倡议得到扩大，学士培养中国家教育标准所规定的课程将不会超过50%，学生自主选修课程将超过30%，学士教育还将成为继续教育的主要部分，这将为经常性的职业再培训打下坚实的基础。

在实际性削减学士专业教学内容并推行最灵活的硕士培养标准情况下要完成向高水平教育的转变。如此，硕士培养标准只能是框架性的，不能规定具体内容。

为了能让学生在四年时间里做好进入劳动力市场的准备或进入硕士阶段学习，学士教育必须保证学生有广泛的课程选择。国家将对附设在联邦级研究型大学硕士教育预科部以及地区重点大学学士教育预科部实施年度无偿拨款。

第二，创新高等教育管理方式。与高等教育消费群体保持对话是高等教育发展的基础。为了能使高校工作公开透明、国家将采用高校排名与专业排名系统，包括向毕业生及企业主询问。对于学生是否掌握国家教育标准所要求的知识与特长，国家将采用独立于教育系统之外的职业考试系统作为质量监控的补充。校长将由大学董事会任命，董事会成员将由"外部"权威人士、举办方代表、当地政府代表及行业团体代表组成。由此将会形成职业学术管理人员及高校管理人员市场。由于高校都将成为自治组织，因此职业学术管理人员及高校管理人员必须具备高校管理特长。这一市场将以学术管理人员横向流动为原则，且流动单位具有可比性。

第三，形成新的高等教育质量观。高校教育过程的本质将发生变革。除上面提到的采用模块课程及广泛的选课制以外新型教学还将包括学生大量的自修工作、学生参与项目的研究与设计工作及采用集体教学方式。研究型大学的学士及所有硕士要求熟练掌握一门外语，达到能够自由交流、参与共同研究项目与教育项目的水平。对远距离获取高等教育进行改革。远距离教育主要是针对边远地区因其他原因不能面授的公民。因此需要显著提高教育质量，远距离教育的比例要从45%降至35%，使之与其他发达国家的最大比例相符。由于受远距离教育的人大多是低收入外来居民，因此国家将会通过竞争选择几所专门针对这类人员进行远距离教育的大学，而且对这些大学国家将给予50%的培养成本补贴，以保证培养质量。

第四，恢复高校的研究特长。为了能在研究型大学及其他高校国家支持的研究中心实施知识获取与知识增扩的高效结合，国家将对科学研究进行长期投资，并在此基础上创办企业、商务孵化室、咨询中心、工程技术中心及技术传递中心。

2025年前，国家对高校的科研拨款应占"教育"拨款的25%，2020年前应占35%。此外国家将在竞争基础上建设一批能与世界主要科学-教育中心竞争的联邦级研究型大学，2010年之前精选12所大学，2015年前不得少于16所，2020年前将超过20所。这些大学将拥有广泛的学术自治、财经自治与组织自治等权力。这些大学将获得更多的拨款，首先是研究生教育与硕士生教育的更多拨款。对有研究特点的重点研究型大学国家将给予确定研究方向的权力，并对此予以长期资助。而对于非研究型大学国家将通过竞争资助那些系级与教研室层面的先进专业。并在这些大学生中创办一批将优秀研究人员联合在一起的研究中心，国家通过竞争对这些研究中心实施5~7年的计划拨款。

研究型大学及研究中心主要集中培养科学及高校教师队伍，并在此基础上开展教师业务提高等工作。

对研究型大学及学术人员团体资助是动态的，国家将定期进行选拔以确定资助对象，因此要对研究人员在同一所大学所完成的工作、发表论文、毕业论文答辩进行排序，而且对科研论文评价体系实行制度化。

总之，高校体制的重建是建立在市场机制、消费者需求及质量评价基础上的，这种重建不仅有利于高校类型多样化，而且使得高校办学规模得到扩大，平均招生人数会达 1 万人。

第五，对高校教师提出新的要求与激励措施。根据新的拨款机制及高校研究机会的不断扩大将对教师队伍进行改革。对科研水平高和拥有科研实力的教师发放奖励与补贴，其补贴总额要达到国外大学和俄罗斯商界的报酬水平。高校教师参与科研的比例要从 2007 年的 16% 增长到 2015 年的 35% 和 2020 年的 42%，而国家研究型大学这一比例要达到 65% 和 75%。[7]

为了形成俄罗斯科研人员与高校教师统一市场，俄罗斯大学还对年轻教师设立科研启动补助和业务抵押贷款。

国家将促进教师的国际国内学术流动，包括资助研究生、教师去国内外大学长期进修，同时还资助俄罗斯大学与国外教师签订合同。

这种新思想的传播与扩散将会改变对年轻研究人员及年轻教师专项补助的分配，而且专项补助不与具体大学捆绑，凡是获国家长期补助的研究人员可以选择工作地（钱随人走）。大学也会出台吸引优秀教师与优秀研究人员的刺激政策并为其开展工作创造具有竞争力的条件。

为了支持天才学生，支持他们的学术选择，2010 年推行硕士生、研究生定点资助制度，资助额度达到经济领域的平均工资。2015 年前这一资助体系将囊括研究型大学 20% 的硕士生和 35% 的研究生，至 2020 年前这一比例要达到 25% 和 50%。因此国家将对为校际合作创造条件与机会的教授与研究员协会予以支持与援助，不论这种合作是个人层面还是研究团队和专业层面。总之，这会使得教师不仅要从事学士教学，还要从事硕士生、研究生的教学工作，而且还可能会在不同的大学工作。

### （六）将一部分专科学校提升为大学

专科层次教育系统将会发生基础性变革。初等职业教育概念将成为历史，因为任何职业特长的形成都是建立高水平的普通教育基础上的。同时随着生产技术与服务技术生命周期的缩短，每隔 5~7 年人们就要获得新的技能，而应用技术的掌握在时间上更加简洁、经济，非常符合这一要求。以后将会有一半以上的专科层次中等职业教育专业变更为应用学士培养，并将这类学校列为大学行列（即将部分较强的专科学校升格为大学）。应用学士将在现有广泛知识基础之上更加专业、更有针对性地掌握一些具体的特长。由此，应用学士与学术学士地位平等，都享有助学金，并保证了不同培养大纲之间的学分转换。

除此之外，在中等职业学校乃至专科学校与中等技术学校基础上产生了一批综合性的职业技能等级教学中心，教学中心就是要把初等职业教育机构的普通教育职能剥离出来转给普通教育系统（如夜校），而对一部分儿童可以保留一些既实施普通教育又实施职业教育的机构。与现有实行职业教育系统相比较而言，获取职业技能等级的方工则更加简洁和多样化。职业技能等级培养大纲主要要求掌握一套职业特长。对于这些培养大纲国家将不再确认其培养细节，国家教育标准对它们的描述只能是框架性的，具体培养大纲的制定将委托给行业协会。

## 参考文献

［1］ Концеция долгосрочного социально－экономического развития Российской Федерации на период до 2020 года［EB/OL］.（2019－09－03）. http：//static. government. ru/media/files/aaooFKSheDLiM99HEcyrygytfmGzrnAX. pdf

［2］ 同［1］

［3］ 同［1］

［4］ 同［1］

［5］ доклад《Российское образование 2020：модель образования для экономики，основанной на знаниях》［EB/OL］.（2018－07－05）. http：//pandia. ru/text/78/630/39330. php

［6］ 同［5］

［7］ 同［5］

# 第十二章

## 创新型人才培养与俄罗斯
## 高等教育人文化范式的推行

我们知道，创新型人才培养需要宽厚的文化基础，因此，为了培养创新型人才，教育内容人文化就成为俄罗斯高等教育领域的一种发展趋势，并形成了"理念—目的—措施"的制度安排。

### 一、俄罗斯大学教育人文化理念：人是目的

1988年底，苏联教委主任在全苏教育工作者代表大会上做了《通过人道化和民主化达到教育的新质量》的报告，在"我们主要关心的是个性的发展"的标题下，强调"新的教育方针"就是"发展个性"，"使儿童、青少年的个性成为一切教育工作的中心"；强调教育工作者的"共同目标"就是"人、人的发展、人的完善和幸福"。同时强调了教育的"人文化"。而作为个性化、人道化的具体体现之一的教育内容人文化，就成为高等教育领域中的一种发展趋势。在理解人的自身价值上俄罗斯人在比较短的时间内已走过了一条宽广之路，即经历了从中学死记硬背时代到微观上思考人的时代，实际上在海涅之后人类开始意识到，每块丰碑都是一部世界史。也许人类意识到这一点有些晚，但人类已开始懂得：世界上没有任何东西比人的价值更高，人是万物的尺度。如果人的价值失落，那就意味着我们生活的这个国度失去了本真。

这就是为什么在社会意识里改革衡定人类价值以及必须相应地改变国家政策而制定一条公理的原因。投资也应投向人，投向人的身体与道德健康。俄罗斯学者认为，改革的本质，应当为开发人的优秀品质，挖掘其优质能力创造条件。

人以及人的文化与教育水平应当成为社会发展新范式的出发点和最终结果。在此意义上俄罗斯提出革新教育内容问题，特别是人文教育问题是理所当

然的事情。人文知识就是关于人的知识。如果说得更准确一点，那就是提高人、完善人的知识。可以说，人文科学的训条是：不要损害人，而是帮助人提高。[1]

圣·彼得堡人文工会大学在人文知识的特征上形成了自己的观点，即人文知识就是有目地对人的价值进行研究的人学知识。为此，有俄罗斯学者认为，具有定型文化的人是俄罗斯复兴这一系统工程的开端。

俄罗斯学者认为，人文教育应与道德、品行、良心、精神处于同一意识领域，因此，对青少年学生的培育在人文教育中尤为重要。俄罗斯圣·彼得堡人文工会大学的教育开始于大学对学生的培养且培养在教育过程中不断得到强化。

近年来该校在大学生培育上采取了两条重要措施。一是通过大学俱乐部建设培养大学生亚文化。目前该校在这方面正在进行一项独一无二的社会心理试验，而俄罗斯知识分子文化就是建立在这种亚文化基础之上的。在外部世界负面因素极度多的情况下，大学生亚文化建设应与过去有所区别，当今学生的亚文化建设要围绕纯洁的、明晰的、积极的方面来进行，该校大学生组织的意识形态没有走过去的老路。他们有自己的人文思想，对善、诚实有更宽泛的理解，这是他们建立学生社会的基础。该校希望康德的思想——人只崇拜头上的星空及内心的道德法令能够在其大学墙上体现出某种新的有生命力的东西。因为，如果一个人的身体成长是按从头到大地距离计量的话，那么人的道德成长则是按从头到天的距离来测算。

该校的任务就是出色地、巧妙地将国际教育水平与本真的俄罗斯价值及地道的俄罗斯传统结合起来，并固化这一行为。在俄罗斯大地上俄罗斯大学不可能成为美国式大学，也不可能成为达不到世界水平的高校。世界教育的基本结论是，大学生教育经验的形成既要靠课堂，也要靠课外。而整个俄罗斯教育系统把学生的教育定位在课堂上。为了解决这个问题高校援引美国大学的经验。在任何一所美国大学都建立了大量的俱乐部，既有官方注册的，也有非官方注册的大学生联合会。一年级学生平均每天要花 3.5 小时参与俱乐部活动。关于教育俱乐部的地位与作用已在哈佛大学校长内尔·路德斯坦的声明中做了详细阐述。他说，大学应把俱乐部协会视为学生学习公民角色的一个方面，学习公民角色是哈佛大学教育的主要目的。

为开放的业余组织创造条件是该大学的最重要任务。他们正在建立一批大学生俱乐部，贯彻一些西方大学协会的思想。俱乐部成员是那些根据教学内容及个人兴趣挑选出来的学生。

高校非常认真地核算大学生俱乐部的工作，如导演教研室、艺术学教研室开办的俱乐部他们都要进行严格地核算。地道的俄罗斯文化氛围不会与当代青年所固有的特征(如自由开放、观点偏激、充满激情、追求享乐)发生冲突。

二是开展榜样教育。年轻就其本身而言也是一种节日。近年来该校开学有着鲜明的、有趣的节日特征。他们在"皇村宫殿"里亲手把学生证发给大一新生,这是俄罗斯唯一一所在著名的"皇村"给学生颁发献礼的学校。这里隐含着深层的意义,也隐含着该校对俄罗斯历史的高度重视。这里的"皇村政法学校"培养了普希金,独立的鉴定机构公认这所学校为各时代各民族最优秀的教育机构。"皇村"永远是与普希金的名字联系在一起的俄罗斯一隅之地,该村因普希金的不朽创作而成为民族圣地。

来到这里的都是俄罗斯未来的启蒙者、教育者,该校正是培养学生拥有如此使命,并在这种氛围下从校长手里接过学生证。"皇宫"对面坐落着政法学校和"纪念墙",学生们会在墙上读到:"这里培养了普希金",这就是现在所流行说的不言而教。他们想复兴这所俄罗斯优秀学校的传统。"教"他们价值观,而不是用价值观去"填充"他们。培养人、复兴人的真正价值,不仅是可能的,而且是必需的。

一条无可争辩的生活律令在告诉人们:没有教育就没有教学,没有伦理进步就没有技术进步,没有道德发展就没有经济发展。违背这条律令的确能导致毁灭性的后果。今年该校召开了第一次学术委员会扩大会议,专门研究俄罗斯知识分子个性培养规划,这对该校来说是头等大事。

此外,该校决定效法欧美一些大学的助教制度,并批准落实这一制度。助教工作的特点是与培养任务的个体化紧密相连的,因此在对待每个学生的关系上助教的任务就是将来自系主任、教师、寝室管理机构、家长关于学生的个人信息汇总成一个完整的、内容详细的信息库,并对学生的知识、行为、兴趣进行业务监控,并将这些信息保存到独一无二的"资料库"中,以便于学校各机构在工作中利用该资料库,同时也便于将教学进程通知学生父母。学生在该规划框架下更能感觉到来自各方面的关注,也更符合优质的西方教学标准。

该校各系所进行的初次试验证明,助教制度在学生的教育教学进程中有着良好的发展前景。

今天圣·彼得堡人文工会大学已经成为俄罗斯最大的非国立大学,也成了教育教学过程中采用非传统方法试运行的试验场。相信在有经验老师与有天赋年轻教师的配合下,该校未来的发展会更加美好。

## 二、俄罗斯大学教育人文化之目的：发展理论思维，培养创新人才

伟大的文艺复兴运动及启蒙运动今天已处于全面危机，而作为文艺复兴运动的组成部分，传统教育模式生存力不足。危机的主要标志是：当今世界不仅有接近十亿文盲，而且那些窄口径培养出来的文凭专家，其"功能性无知"也在逐步扩大。曾经俄罗斯的专家培养是窄口径的专业化，主要是培养"技能"与发展"技能"，而不是培养思维与发展思维，这就导致了文化与教育脱节，难以培养学生的创新能力，且这种教育使得学生日益疏远教学过程。然而这种令人担忧的状况仍然在符合逻辑地延续着，并被当作一种肯定的世界观去看世界、去理解人。

古典教育系统是在夸美纽斯、裴斯塔洛齐等科学教育学奠基者的教育哲学思想影响下形成的。他们的研究使得 18－19 世纪欧洲文化成就得以保存。启蒙运动在中小学普通教育与义务教育中等到了体现，并与天赋人权思想相吻合，这种权力包括了大家所熟知的生存权、个人所有权及受教育权。这段时间否认了科学在人的发展过程中的主要作用，世界图式是建立在牛顿力学基础上的，认为宇宙是不可分的微粒——原子组成，原子是宇宙最基本的构件，并认为原子是不活泼的、不变的。所有运动过程都是"质点"在重力作用下相互吸引或相互排斥的空间位移，微粒是按永恒不变的法则运动，而任何事件都是原因和结果相互决定的链，因此，可以准确地重建过去和精准地预示未来。由于许多分支领域及自然科学采用这一模式并取得了成效，故而这一模式变得非常经典且被要求绝对服从。教育学领域亦然。传统教育学就采用了诸如此类的世界观及方法论原则，如一元论、原教旨主义、机械论、目的论、退化论、决定论、要素主义等，并以它们为出发点，把学生看成是外力作用的对象。Ц. Ф. 赫尔巴特创建了完整教育学体系，在这个体系中又详细制定了一套管理学生的手段系统，包括威胁、监视、禁止、惩罚等。惩罚的后果不仅是身体的伤痛，还是一种恐惧，上课也是非常严格、规定得很死，故而使得这种恐吓的教学具有特殊意义，人们适应了这样的教育、教学空间，推行这些强力路线的结果便是使教学局限于以教为中心（教师中心、教材中心、教室中心）。在家庭乃至大学，教育者始终是主体，不论孩子的活动水平怎样。正因为这样，教育者是在用技能、技巧和知识填充着学生这个"容器"，更准确地说是注入这个容器，而这些技能、技巧、知识作为古典科学的标准与典范紧密地结合在一起，对所有人来说都是绝对正确的、算化式的。教学、教育空间被严格地条理化、规范化、形式化和教条化。在这种教育制度下无论是学生的倡议还是教师的倡议都不会被

接受，也不可能被接受。教师的主体性，就本质上讲，也只能是一种幻想。无论是学生还是教师都已经被标准化，并失去了独立性与自主性。

当今信息社会是一个冒险的社会，俄罗斯现在的教育范式不适合于当今教育问题的解决，这已经尽人皆知。这种教育范式要求对《人文教育启蒙运动工程》作彻底的反思，科学作为当代教育的指路星能够促使这一工程的建设。新出现的合理性使得非古典科学和后非古典科学的典范与标准得以形成。在此框架下出现了一种新观点，即我们今天所认识的问题不仅由宇宙本身的构造所决定，也是由预设问题的方式所决定，且这种方式跟认识活动方法与手段的历史发展水平紧密相关。认识主体已被安排在知识客体内部当中并成为知识客体的内在部分，这样的科学探讨便引起了对科学本身中传统"真理"概念的修正。对教育领域来说，这也是重新审视教育学标准的标志。

之后，E. 布拉温缪尔出版了一本书，名为《反教育学：取消教育随笔》（1975 年），在书中作者坚信，伟大的新时代时期中的人文主义已变成不太正面的意识形态口号，并以此掩盖了权力的操作技术：任何培养活动与教育活动都成为一种宣称"洗脑、洗心"和旨在服从、统治、操纵的残酷的平整的时髦。[2]于是要求放弃教学论，拒绝采用教育学中的理论与教材，拒绝把教育学变为一种自我评价的实践与艺术，对所有《反教育学》的信徒来说这样的要求不是偶然的，同时在分析教育中的"后现代呼唤"后得出结论，尽管反教育学的信徒们对启蒙时代的理论与实践进行了彻底批判，但欧洲的世界观与认识论传统在他们脑海中已根深蒂固。区别仅在于，教育不再是教师中心，教育中心正在转向学生。显然，人们对"智慧"不再持怀疑态度，而且还有广泛的认识基础和道德基础。因此，反教育学的"革命"要求在经济社会向信息社会转变的全过程中仍然得以体现，而在信息社会主体的"自我发展"已成为所有变革的主导思想。

是的，正是这种绝对服从促使了博罗尼亚宣言的诞生。可以这样认为，欧洲国家正在通过这一宣言首先解决与专家培养质量紧密相关的本国经济问题。俄罗斯支持博罗尼亚宣言。俄罗斯非常希望加入欧洲各种联盟组织，也非常想进入到欧洲各种技术创新文明体系中去。其本质在于促使教育体制的改革与优化。В. В. 伊尔因强调，新的文明及其 high－tech（包括电子化学、"生物－"科学、"信息－"科学、"纳米－"科学、晶体工艺学、微机械学等）如果没有心灵层面的突破是不可能成功的，没有 high－hume 便不可能有 high－tech 时代的到来。[3]正是在此领域俄罗斯具备了与世界及欧洲教育趋势共同发展的基础。

当今，许多外国创新公司青睐俄罗斯大学毕业生，这不是偶然发生的。美国"硅谷"的在编工作人员有俄罗斯各类毕业生，非常配套，以至于允许他们成立维护劳动权益的"自己"工会。哈佛大学数学系的招牌除了英文之外，还有俄文。然而无论过去还是现在俄罗斯教育都受到来自西方的责难，说他们对教学的定位太注重理论知识的传授，特别是当大学把成套的理论知识和最基本的、成套的实践技能传授给学生时。他们这样做似乎不允许毕业生在某一企业或组织中立即进入工作状态。但技能教学，从本质上讲，虽然不能说是一种消磨棱角的"光轧"活动，但至少可以说，它是一种按制法、作法、图案操作的训练。技能教学的全套装置就是借助考试来训练学生的记忆力，让学生记住事实、公式、定理就行了。这种教育模式在农业社会及工业社会是可取的，但当今"知识社会"是一个多因子的环境，在这种情况下呆板式、疏导式的行为是危险的和毁灭性的。如果技能教学在中等教育领域或在某种程度上行得通的话，那么在大学传授技能，这不仅是一种失误，而且还是一种不道德行为。原本由高校生产出来的知识，其特征是与理论知识的本质一致的，这是希腊人自命为"认知"的知识。因此，把自己定位于劳动力生产市场的学士以及作为培养学术人才熔炉的硕士生教育内在地要求先发展理论思维，而理论思维，本质上讲，是一种批判性思维，是一种以哲学方法为前提的反思。

俄罗斯传统教育模式的负面经验证明：通过说教式教会学生批判性思维是不可能的，他只能教会他自己。[4] 因此，学生能力的培养首先不是理性的培养，而是智慧、智能的培养，即通过方法论文化的熏陶让学生牢牢地持有智慧，科学哲学的观念与概念是最重要的抽象知识领域，这种抽象的知识在俄罗斯高等教育暂时还体现在人文方面。而高等学校人文课程作为必修课教学是培养会生活的"high – hume"的关键因素。人文学科与通识学科是分不开的，尤其是跟抽象的"形而上学"知识分不开，然而长期以来技治主义者强调实用主义、功利主义，形上知识因其直观性与"非具体性"而常常遭到技治主义的排挤。不过，根据 20 世纪科学方法论工作者的研究，可以坚信，基础知识与应用知识的边界不仅可以打通，而且还可以灵活多变。在信息文明不确定性愈来愈高的情况下，谁也不知道什么东西更适合于明天。因此，某些课程，如哲学是必修的，而不是选修，且必修课程是不应在教育改革中被删除的，这个论题不是一个行业的归属问题，而是如何认识摆在高等教育面前的任务问题。正如上面所研究的，传统教育模式中通识学科摆脱不了唯科学化的境遇，故通识学科与人文学科，人文学科与自然学科，通识学科与自然学科宜单独进行。所谓教育人文化，俄罗斯学者认为，可以也应当从原本的通识化开始。首要的是要对所授学科最基本的形而上学（宇宙观）内容进行现实化和最优化以及加强伦理教育与法律教育。

## 三、俄罗斯大学教育人文化途径

### （一）俄罗斯大学教育人文化途径之一：通识化

为了加强学生的通识教育，俄罗斯大学教育正实施教育人文化改革。国家层面体现在俄罗斯高等教育国家教育标准对人文课程的开设的详细规定上及对人才培养目标的重新设置上。

第一，人才培养目标从培养专家向培养人的个性及人文性方面转变。要求学习者拥有创造主动性和创造能力；提高培养质量，打下扎实的基础；形成全面的生态观、教育和职业道德，使学生更专注于研制和使用符合生态的技术和生产；信息社会中的信息革命和社会变化要求培养学习者的信息文化，对有害信息进行信息防护，同时，加强信息教育的内容，在学习过程中深化使用信息技术；通过教育系统，使学生形成全球思维，开设新的课程，如系统模型、预测学、地球学等；拒绝人类中心主义，形成新的完整的世界观、生物圈知识、新的基于广义人道主义的价值取向。如喀山国立技术大学的人才培养目标是：全面促进个体发展，使他们成为接受过高等职业教育，拥有高品位文化及文化修养并具有社会活动能力和爱国公民品质的、具有竞争力的未来专家。又如吉米特洛夫格勒工艺、管理与艺术设计学院的人才培养目标是：培养学生高职业技能、具有丰富的文化和诚实竞争的品格和人文精神以及追求身心协调发展的和谐个体。

第二，规定政治课程为祖国史、政治学、哲学。

第三，加强了高校学习基础课程和职业教育的区分过程，许多高校开始制订自己的课程大纲和计划，大学生们获得了用不同方式实现自己教育途径的机会：同时学习两个专业，完成一个专业的学习后在相对较短的时间内重新学习一个新的专业。

第四，取消了"国家分配毕业生到企业工作并要求在第一个岗位上工作满三年"的制度。在高校生活中加强了民主的开端，这给高校教学过程带来了明显的改变：现在教师和学生都很明确，大多数学生将不按专业对口思维来寻找工作，也不要求自己要长期固守在某一个岗位上。

这就决定了高等教育必须加强基础课程及通识课程的学习。以第三代高等教育国家标准 4 年制《数学》和《哲学》专业学士的培养标准为例，课程都由四大单元组成：ГСЭ 单元——公共人文和社会—经济课程，EH 单元——公共数学和自然科学课程，ОПД 单元——公共专业课程，ДПП 单元——专业课程。另外，

各学校还要开设 ФТД——选修课程。通识教育主要通过第一、第二单元实施。第一单元由教育部专门颁发文件制订了专业标准，作为所有大学生必修课，文理科学生标准一致。这一单元的课程由外语、体育、祖国史、文化学、教育学和心理学、政治学、法律学、俄语和言语文化、社会学、哲学、经济等科目组成。在四年制的大学中，总学时应达到 1800 课时，其中，国家规定部分为 1260 课时，其余由地区和院校自设相应课程。俄罗斯人文社会学科不仅开设科目齐全，而且所占课时比重也很大：总学时为 1800 学时，占四年制哲学专业 7256 总学时的 24.9%，占数学专业 7560 总学时的 23.8%〔俄罗斯高校保留了六天工作制，教育标准规定 4 年内学生用于理论学习时间为 140 周左右，每周最高学习时间为 54 小时（包含课堂学习和课外自习等），其中全日制学生课堂学习时间不超过 32 小时〕。这一单元中，国家规定的学时数根据不同的专业有所不同，如哲学专业占的比重大于数学专业，相应地，地区与高校自身的调控能力对数学专业显得更具主动性。第二单元公共数学和自然科学学科分文、理科，其中文科保证 400 课时以上（哲学专业规定为 700 学时），而理科应达到 1000 学时。文科的科目为：数学和信息、当代自然科学概况、生态学等。理科的科目为：数学、物理、化学、生物及生态学等。[5]

除了国家层面要求大学教育人文化之外，大学层面也在及时跟进。1993 年 5 月，俄联邦高校委员会颁布《关于在俄罗斯联邦各高校建立人文科学教育中心的命令》，在俄罗斯境内的大学里建立了 16 个人文科学教育校际中心。[6]北奥塞梯大学的领导抓住机会，采取了一条非常有远见的决定，那就是在该校建立一个人文教育中心，这是该校一个独立的分支机构，号召人文类教研室实现教学与科研的协调与统一。该校过去一段时间社会、人文科学长期在教学过程中受到排挤。十年过去后，全俄人文学科及社会经济学科教研室主任会议将向所有大学校长推介如下经验：即采取措施在全俄所有大学建立起人文及社会经济教育理事会，并要促使他们的工作开展。中心由该校校长 А. А. 马果缅托维教授创建。他坚信，人文科学不是补充，而是教学过程必不可少的条件。他认为，大学生作为未来的职业专家必须具备高品位的道德文化和爱国主义精神及国民性，为此人文教育必须贯穿整个教学过程。中心的教师们热情鼓吹大学自主解决与教学过程组织及其科学方法保障相关的问题。同时鼓吹作者有制定研究计划及使用作者计划的自由。革新人文社会教育，制定新的组织原则和方法论原则，这不仅使基本的学术训练及专业训练得到了保障，同时也促使大学生个体道德的发展、国民性及文艺审美水平的提高。该中心根据北奥塞梯大学章程（于 2002 年 6 月 28 日俄罗斯联邦教育部通过）开展活动，与校长办公室、教务处、大学学术委员会及系主任共同制定教学计划及大学生人文教育规划，确定教研室的基础课和专业课，经过选举产生的代表机构——人文教育中心是一个总体领导机构，其成员由中心理事会组成，并对校长五年任期的指示予以审定。

人文教育中心的方法论协会非常系统地对教学形式与方法进行完善，对教研室的教学活动、教材编制、教学参考书及教学法参考书实施监控，组织并开展教研室之间的联合大会及教学方法论会议。

该人文教育中心已联合了12个教研室，分别是哲学教研室、历史教研室、文化学教研室、心理学教研室、教育学教研室、经济学教研室、政治学教研室、英语教研室、法语教研室、德语教研室、体育教研室及医学基础部。这些教研室要保证全校各系的人文课程的教学，让学生了解本国及国外的学术动态、学术流派及学术范畴。人文教育中心的各教研室一致认为，人文学科及社会经济学科的教学应根据各系的特点来进行。如果不掌握哲学方法、文化学方法及心理学方法等方法就很难培养出科学家，也很难造就创造型专家，充其量只能培养成一个好工匠。根据各系的特点来深入研究人文科学可以促使高水平及高文化品位专家的培养。而要完成上述任务，唯一的办法就是采用选课制，根据"国家教育标准"减轻人文学科及社会经济学科的教育负担。人文社会科学的课程主题应根据具体系、部的特点来制定来强化其通识性，如心理学教研室提议对药剂师专业的学生开设《医学心理学》专题讲座，对历史系专业的学生、法律系专业学生开设《政治心理学》讲座专题，对经济专业的学生开设《商贸心理学》及对教育专业的学生开设《成人与教育心理学》专题讲座等。经济学教研室对艺术系学生开设《艺术管理》专题讲座，对药剂专业及技术专业的学生开设《营销基础》专题讲座。哲学教研室对物理技术系学生开设《哲学与物理学中的时间问题》专题讲座，对法律系学生开设《法学逻辑基础》等专题讲座。中心工作人员还就每门课程积极地撰写参考教材。

近年来该中心教学法协会推介出版了许多教学参考书、文选、词典、实习课、教学法指南与推介等，具体有：《德俄化学词典》《俄德经济词典》《俄英语法练习集词典》教学方法教材《法学逻辑基础》《大学生课外工作中期监控方法的检查》，《哲学试题集》《中世纪文化》、政治学教参《通过接受高等教育使大学生社会化》。Т. Л. 罗拉耶夫教授专门为人文系及补充教育撰写出版了教材《当代自然科学范畴：哲学视角》及教参《数学与文化》。开展带有民族特点及区域特点的教育是该中心的重要任务之一。各教研室开展了民族教育学、民族心理学、区域史与区域文化的研究，其研究成果在教学过程中得到了推广与应用。

2004年，文化学教研室改名为民族文化学教研室。该教研室一方面开展世界文明与世界文化的教学，同时也不回避北奥塞梯与整个高加索的传统文化问题。不这样做，在感知民族文化特征时就很难培养起民族的宽容性与认同性。大学生应当知道历史上文化的多样性，要知道世界文化进化中民族因素所起的作用，要知道各民族间交往的形式与方式，还要知道民族发生冲突的原因及一些急需解决的民族问题。民族学知识可以使职业训练得以丰富，如法律工作者因此有机会去研究传统法律文化、政治文化及习惯法，语言工作者就知道了所学语言国的民族文化，搞生态的就知道了民族的生态观念及自然资源利用的传统制度，经济工作者就知道了各民族最初从事生产的传统文化，包括经济文化类型、作坊、手工坊及当代经济的民族特征，体育系的学生就知道了民族竞技及民族运动项目以及它们跟魔术、宗教仪式的关系，教师就知道了传统社会中儿童的社会化过程及民族的教育文化，心理学工作者就知道了民族的精神气质特征。教研室工作人员为各系（部）制作了别出心裁的专题讲座课件，在人文教育中心设有教学法办公室，号召采用现代科技及教学与教学法文献、刊物，学术会议材料，人文教育及社会经济教育问题的讨论材料以及即将采用的科学措施等信息来保障师生的教与学。在信息环境发展不够充分及教师集体机动性降低的情况下，这些措施显得尤为重要。

组织与协调教研室的科研工作是该中心的重要活动方向。当代人文学科的发展水平要求人们采用综合性的人类学方法来解决急切的问题，同时也要求人们采用新工艺，而这种新工艺是建立在学科一体化的基础上的。该中心充分利用历史学领域、文化学领域、哲学领域、民族学领域、心理学领域、教育学领域、经济学领域及其他人文知识领域的教学原则来安排一些问题、研究一些问题。现在各教研室正争取集体性的、多学科研究项目的立项。该中心在哲学教研室主任、哲学博士 Т. Л. 罗拉耶夫教授的领导下经常性地开展教学法讨论。讨论会上商讨了以下问题：《全球化与传统文化》《自由的形而上学》《日常事务是历史问题》《时间方向：看问题的新视角》。教学法讨论还常常涉及本中心工作人员博士答辩的讨论，并时常有卡巴尔达——巴尔卡尔大学、北奥塞梯人文与社会研究所和俄罗斯科学院弗拉季高加索学术中心的同行参与。

该中心系统性地召开学术会议，如 2004 年 2 月 25－27 日召开了《当代社会宗教》学术研讨会，并获得了广泛的学术反响与社会反响。该共和国的多民族性与多宗教性激起了学者们对宗教间交流历史经验的研究兴趣。基督教教徒、伊斯兰教徒及犹太教徒们在很大程度上保留了本民族的独立性，也正是因为这个原因，他们能够确定"宽容"得以存在的方式，因此，参加正式宗教代表会议工作谁都不会大惊小怪，即便是东正教监督司祭 O. 弗拉季来尔，还是伊斯兰穆夫提文化中心副主席 C. 马利耶夫。大会上提出了许多感兴趣的问题，如东正教与伊斯兰教对话的前景问题、与宗派主义的关系问题；政权与教会的关系问题；当代神职人员的出路问题；与教徒交往的方式早已被遗忘或被丢弃，如今，哪些方式应当恢复问题；已被抬高的、信仰上帝的自然观问题；道德危机及"宗教文艺复兴"问题等等。

每年该中心的各教研室都开放"科学日"，除了各教研室的阶段会议外，在"科学日"框架下 2004 年举办了大型学术会议，主题是《大学、文化、社会》，与会的有来自印古什共和国的同行，弗拉季高加索共和国的议会议员及市杜马议员，举办了圆桌会议《大学在培养政治精英中的作用》，在学术会议过程中还就许多各教研室工作人员研究的急切问题开展跨学科讨论，例如心理学工作者、医学工作者、教育工作者及体育系教师共同参与了关于吸毒这一全球的人类问题跨学科讨论。以上所显露出的跨学科兴趣是科学研究的重要基础。2004 年 10 月该中心举办了实践方面的学术大会，主题为《高等教育人文化与通识化》，大会就人文社会科学课程教学问题听取和商讨了 11 个问题。会议还专门讨论了《俄罗斯人文与社会经济高等教育现代化规划》(2004—2008 年)以及全俄人文与社会经济学科教研室主任会议材料。

不仅国立大学强调通识教育，私立大学也把通识教育作为人文教育的重要内容加以推广。以圣·彼得堡工会大学为例，当今大学已完全形成共识，那就是要建立新的教学大纲，传统学科内容改革的主要方面就是要让学生明白，课程教学，如经济学、法学教学不可能是"纯粹的"经济学、法学教学。今天所谓的"维持教学"(支架教学)(来源于罗马俱乐部报告术语)已遭到彻底失败，代之而起的是"创新教育"。而"创新教育"是依靠跨学科教学、问题教学、不同学科融合的教学。目前该校用创新教育观替代了先前的"维持教学"观。

该校从最初开始就采用"应用发展观"，这种"应用发展观"的表现是，由现在的三个系扩大为四个系，即文化系、艺术系、经济系、法律系。然后使这四个系联合起来催生了协同效应，也就是说产生了新的品质，这些新的品质不是这四个系的简单算术叠加就能够具备的。其教学过程是所有系及教研室都是彼此紧密联系在一起的，你中有我，我中有你。以经济学为例，如果没有宽厚的法律文化教学，没有保证个体全面发展的系统课程教学，那就不能称之为经济学。

人们坚信，经济学首先是一个道德范畴，那种所谓的试图把经济学与伦理学、文化学、道德学分开的理论必定会遭到反对。如果我们不对国内外经验作深层次研究，对培养过程的基础没有清楚的认识，那未来专家的培养任务是不可能完成的。实践证明，先前所采用的"督学""辅导员"系统应当根据现代条件的变化进行补充与完善。

### (二)俄罗斯大学教育人文化途径之二：提升文化修养

俄罗斯高等教育国家教育标准不仅要求文理渗透，还要求毕业生必须拥有文化专长。以生物学为例，其普通文化专长要求达19条之多。详见表12－1

表12－1　生物专业毕业生应具备的普通文化专长（OK）

| 普通文化专长(代码) | 应达到的效果标准 |
| --- | --- |
| 1 | 对待他人及对待自然(遵循生物伦理原则)应遵循伦理规范与法律规范，在保护自然、捍卫人权及维护人的健康方面要有明确的价值定位 |
| 2 | 尊重本国历史遗产和文化传统，理解本国的发展之路，遵守本国法律与宪法，维护国家安全利益 |
| 3 | 利用现代教育技术与信息技术获取新知识并对科学问题、社会问题及其他问题形成自己的观点 |
| 4 | 构造与实施容知识、文化、道德、体质及职业自我发展与自我完善于一体的远景路线 |
| 5 | 在个人活动中善于利用规定的法律文件 |
| 6 | 在认知与职业活动中善于利用数学及自然科学基础知识，会使用数学分析方法与建立模型方法及理论研究与实验研究方法 |
| 7 | 在认知与职业活动中善于利用人文科学与经济学基础知识 |
| 8 | 具备生态素养并在生活场景中善于利用生物学基础知识，理解社会的作用与意义并善于预测个人职业活动所造成的后果并勇于为自己的决断负责 |
| 9 | 批判性地分析与重估个人的职业经验与社会经验，必要时能在以后的职业活动中更换专业 |
| 10 | 具备用母语进行书面沟通与口头沟通的能力以及社会交流与业务交流的文化技能 |
| 11 | 具备沟通能力及用外语进行业务交流的技能 |
| 12 | 在职业活动中会采用基本技术手段，如会使用单个计算机工作及计算机网工作，会使用计算机应用程序大学插件，能在因特网基础上创建资料库，具备获取全球计算机网上信息的能力 |

| 普通文化专长(代码) | 应达到的效果标准 |
| --- | --- |
| 13 | 能够利用基础知识和信息管理技能以完成职业中的研究任务,遵守信息安全基本要求,包括保守国家秘密 |
| 14 | 具备创造品质 |
| 15 | 能摆正目标,并在达到目标的过程中表现出坚定、耐劳的品性 |
| 16 | 注重完成工作的质量 |
| 17 | 理解并遵守健康生活方式规范,掌握自主增强体质的手段及正确使用体育的方法,保证体育达标,以保证社会活动与职业活动所要求的身体条件 |
| 18 | 善于在团队中自主开展工作 |
| 19 | 掌握救灾的基本方法,使生产人员及居民免遭事故、灾祸及自然灾害导致的可能后果 |

### (三)俄罗斯大学教育人文化途径之三:人道化

自俄罗斯推行改革政策以来,教育界一直把教育人道化作为最主要的工作任务之一。前教育部长叶·特卡钱柯指出:保护儿童及教育人道化的工作不仅是当务之急,而且也要放眼未来。他号召全国上下积极行动起来,使所有的俄罗斯少年儿童都能健康成长,使他们能拥有一个幸福的童年。[7] 由此,大学教育的人道化工作也积极行动起来,2001 年 299 所俄罗斯教育部直属高校共接收11073 名残障学生进入大学学习。当前高校残障学生数正在不断增长,2002 年录取残障学生为 5400 人,2003 年达 14500 人,2016 年则超过了 23000 人。[8] 从以上数据可以看出,残疾人及身体有缺陷者接受高等教育问题今天已变得非常迫切。俄联邦法律根据教育领域的国际文献已为残疾人及身体有缺陷之人制定了各种权力原则和落实措施。让这部分人获取教育是他们顺利社会化、保证他们名副其实地参与社会生活并在各类职业活动与社会活动中高效地实现自我的主要条件和必备条件。因此,完全可以保证残疾人获得高等教育的大众性。

### 1. 形成了一系列残疾人继续教育思想

残疾人继续教育思想反映了俄罗斯国家社会政策的现代趋势及整个教育和

职业教育的发展趋势，充分考虑了残疾学生和身体有缺陷学生的特征。这些思想分为以下几个方面：

第一，残疾人个体的人格尊严与自我实现思想。这一思想保障了残疾人的需求与利益的落实，取代了残疾人对社会有益的思想，而且这一思想不久前在残疾人教育制度中占主流地位。

第二，保障残疾人自我实现思想。这一思想依赖于残疾人职业教育的普及性、连贯性、多级性与灵活性。

第三，一体性与跨学科性思想。这一思想是残疾人教育与康复一体化的方法论基础，要求建立各层级的教育－康复空间，采用教育－康复工艺与技术，并在各层级、各类型教育机构与康复机构之间建立起良好的互动关系并保持其继承性，以促进残疾人完全融入社会与劳动生活。

第四，民主化思想。这一思想是残疾人教育系统，包括残疾人职业教育系统发展的一个主导因素，要求协调社会、国家与个人之间的关系，以及领导与教师，教师与学生，学生与学生之间的关系。

第五，连续性思想。这一思想是构建残疾人教育制度的基础，能够保证残疾人一生能力、质询及个人潜能的实现，并能根据残疾人身体状况的变化促进其教育水平与专业技术水平的提高，而且残疾人的重新培训与专业技术水平的重新考评得到了保障，相应地反映了经济结构改革与国家社会政策变革以及残疾人社会群体的质询。

第六，人文化、人道化思想。人文化、人道化思想是残疾人接受教育的最基本教育思想之一，是职业继续教育观的主流思想。这一思想就是要为残疾人创造条件，以使他们根据其兴趣、能力、潜力掌握入学工作与职业工作的方法从而吸引他们参加劳动并融入社会群落。因此职业教育是残疾人自我实现、自我表达和自我肯定的工具，也是市场经济条件下实现残疾人心态平和、社会保障和社会适应的重要手段，更是残疾人在劳动力市场上能够掌控的财富与资本。

第七，职业教育过程中残疾人社会化思想。这一思想反映了在新的经济社会条件下残疾人的发展、教育、定位等因素问题，也反映了作为活动主体——人的形成问题。

第八，职业化思想。职业化思想是保障"个体—康复—教育—职业—生产—文化—社会"这一系统发展的基础。

第九，多级教育思想。这一思想保障了个体的向前发展，实现了每个人获取现代社会所必需的教育的潜能，保证了职业工作的成效及劳动就业的合理性，也保证了市场经济条件下残疾人职业地位与职业道路，职业自我确定、自我实现、自我肯定的最优化。[9]

俄联邦总统委员会主席团关于实施国家优先计划及人口政策的决议指出，俄罗斯联邦主体应采取全面措施以保证向残疾人提供教育，并保证解决向残疾人提供教育的法权组织问题。

根据残疾学生心理特性与物理性质相互关系特征为他们获取教育创造一切条件，这是落实残疾人受教育权的主要任务。

2. 为残疾学生学习制定了许多相关法律制度

1995 年 11 月 24 日施行的《俄联邦残疾人社会保障法》第一章对残疾人的特征做了如下描述，"残疾人是指因疾病、外伤或肢体缺陷而导致生活不能自理、需要社会保障、且机体功能不健全、身体遭受损害的人"。在俄罗斯法律中跟"残疾人"概念并列使用的还有其他概念，这些概念主要是针对遭受身体损害的、在某种程度上需要国家救助的人员。1992 年 7 月 10 日《俄联邦教育法》使用了一个近似于残疾人的术语——"健康缺陷者"，这类人员主要是指"身体发展和（或）心理发展有缺陷的人"。在 2012 年 12 月 29 日通过的新的《俄联邦教育法》中对"健康缺陷学生"界定为"在身体发展和（或）心理发展有缺陷、且这些缺陷经心理医学教育委员会认定、在不创造专门条件下无法获取教育的人员"。

关于残疾人受教育权的规定在俄罗斯许多法规里都有涉及，主要法规有：

（1）2012 年 5 月 4 日出台了《残疾人权力协定》（No46 - Φ3）；

（2）2012 年 12 月 29 日通过的《俄罗斯联邦教育法》（No273 - Φ3）；

（3）1995 年 11 月 24 日通过的《俄罗斯联邦残疾人社会保障法》（No181 - Φ3），并于 2014 年 7 月 24 日进行修订；

（4）2013—2020 年俄罗斯联邦《教育发展纲要》，该纲要于 2013 年 5 月 15 日由俄联邦政府令通过（No792 - p）；

（5）2011—2020 年俄罗斯联邦《大众生活环境纲要》，该纲要于 2015 年 12 月 1 日由俄联邦政府令通过（No1297）；

（6）俄罗斯高等教育国家教育标准；

（7）俄罗斯学士、文凭专家、硕士培养的组织与实施程序[俄罗斯教育与科学部 2013 年 12 月 19 日令（No1367）]；

（8）俄联邦教育与科学部 2015 年 11 月 27 日令《关于本科生实习条例的确认》（No1383）；

（9）俄联邦教育与科学部 2015 年 6 月 29 日令《关于高等教育学士、文凭专家、硕士国家终结性鉴定程序的确认》（No636）（现已修改）；

（10）关于残疾人在职业教育机构学习的教育过程组织（含教育过程装备）

的方法论意见(俄罗斯教育与科学部涵,2014 年 4 月 8 日通过,NoAK – 44/ 05BH)。

之外,针对残疾学生还有大学内部的规章制度,如莫尔多瓦国立师范学院就存在许多"一揽子"教育规章,例如 2015 年 3 月 10 日通过的《根据残疾学生身体状况确定体育课特殊要求条例》等。

当今俄罗斯社会针对残疾人及健康缺陷者于 2012 年 5 月 4 日出台了《残疾人权力协定》(K46 – Φ3),并根据这一文件采取了一系列为残疾人服务的措施。这些措施包括:让残疾人掌握生活与社会技能,落实残疾人受教育权,促进残疾人就业,创造力所能及的环境,包括保证他们获取信息(包括促进手势语、盲文及其他交流方式的使用),恢复健康和劳动能力等。在残疾人社会化问题上要求国家与社会必须重新认识残疾人制度,承认并落实残疾人生活中的各种权力,包括受教育权。俄联邦宪法也在强调每个人的受教育权。残疾人接受教育的宪法权体现在 2012 年 12 月 29 日通过的《俄联邦教育法》(No273 – Φ3)中,残疾人应最大限度地参与教育教学过程,因为学习期间要形成人的社会观,让他们进入教育机构的社会教育环境是个性品质协调发展的必备条件。《残疾人权力协定》第 24 条规定了残疾人受教育权,并要求国家通过"一揽子"教育计划(生命期内各层次学习)为实现教育公平创造条件。

"一揽子"教育是一种教学过程的组织,即不论残疾学生身体、心理、智力、文化、种族、语言状况如何,都可以与其同龄人在教育机构共同学习,并为他们提供必要的援助。"一揽子"教育理应被认为是当今俄罗斯在教育各层次、各阶段优先实施的国家社会政策。

2013 年 9 月 1 日产生效力的《俄罗斯联邦教育法》第一次明确了残疾人的权力标准。该法第 5 条明确指出,国家保障俄罗斯公民在教育领域的权力,其中包括保障公民受教育的机会,无论其身体状况与其他条件如何;都要保证学前教育、小学教育、基础教育、中等教育以及初等职业教育的普及性与无偿性,甚至还保证通过选拔考试的学生在国立和市立教育机构中接受中等、高等及大学后职业教育。通过专门的教育途径保障有身体缺陷的公民接受教育并修正他们已经中断了的个人发展,提高他们社会适应能力。

《俄罗斯联邦教育法》第 5 条第 1 款宣称,为了实现每个人的受教育权,联邦国家机构、联邦主体国家权力机构及地方自治机构应为身体有缺陷者创造必要的条件,在获取高质量教育上不得歧视。这些条件是校正残疾人已终止的发展和提高其社会适应能力所必需的,也是依据专门教育途径给残疾人提供早期援助以及给他们提供最合适的交际语言、交流方法与手段所必需的。政府部门应在最大程度上促进残疾人接受某一层次和某一方向的教育,甚至可通过"一揽子"教育促进残疾人的社会发展。[10]

个别法律条款对这一宣言的落实进行了专门的阐释。如《俄联邦教育法》第 79 条为"身体有缺陷学生获取教育的组织",该条款指出:身体有缺陷的学生可以跟正常学生一起学习,而不仅仅局限于个别班级或个别教育机构。为了保证身体有缺陷学生平等获取高质量教育,国家应预先创造条件以保证身体有缺陷学生接受法律保障的教育。

《俄罗斯联邦教育法》第 79 条第 3 款指出"……本法所规定的身体有缺陷学生获取教育的专门条件是指针对此类学生教学条件、培养条件及发展条件,包括对他们采用专门的教育大纲、教学方法与培养方法,专门的教材、教参与教学论材料,集体和个体使用的专门的教学技术手段,对向学生提供必要技术援助的助教提供服务,开设班级和个人的校正课程,保证身体有缺陷学生有通道进入教学大楼等条件,缺乏这些条件,身体有缺陷学生就很难或不可能掌握教育大纲的内容"。[10]

根据以上所列权力规定及《俄罗斯联邦残疾人社会保障法》第 19 条之规定国家正在向残疾人提供接受教育和职业培训的必备条件。俄罗斯联邦于 2011 年 3 月 17 日出台了一个指示,即《大众生活环境纲要(2011—2015)》,该纲要遵照"2012 年前俄罗斯政府主要工作方向"(2008 年 11 月 17 日由俄政府通过,No1663 - p)、"2020 年前俄罗斯经济社会长期发展纲要"(2008 年 11 月 17 日由俄政府通过,No1662 - p)及《残疾人权力协定》制定了一整套的落实措施,这些措施保证了残疾人及行动不便群体的优待生活与无阻碍服务。在普通教育机构中创建一种无所不包的、能够保证残疾人一体化的无阻碍环境是落实上述措施的必要条件。

各类机构不论其权力组织方式如何必须遵照有关法律法规考虑残疾人对获取服务的需求与达成目标的需求,并考虑本机构的工作特征提前改变和修正残疾人获取教育的途径与方法。

法律对教育机构现有残疾人专门教育大纲予以确认是保障残疾人高等教育普及性的最重要的条件。《俄罗斯联邦教育法》采用了"被改编的教育大纲"概念。法律预先规定了实施此类大纲的特殊条件,包括:

(1)教育机构录取残疾学生的特殊程序;

(2)残疾学生教育证书发放的特殊程序;

(3)实施残疾学生教育大纲的专门条件。

根据《俄罗斯联邦教育法》第 11 条第 6 款之规定,为落实身体有缺陷者的受教育权问题专门制定了针对此类人员的国家教育标准或把专门的要求写入国家教育标准。在联邦法律发生效力之前国家教育标准就已经考虑到了身体有缺陷学生的教育需求。[10]

残疾人高等教育入学普及政策充分考虑到了以下总体因素：

(1)大学录取的条件与程序应具有可变性和灵活性，包括对某些群体提供优待；

(2)根据大学前培养的不同形式扩大获取高等教育的机会；

(3)进入大学的标准兼顾效率与简约；

(4)在跟有潜力的大学生一起工作时应把自己的信息与各社会群体的中学生培养加以区分；

(5)大学录取的唯一标准就是知识水平与能力水平。

残疾学生及身体有缺陷学生进入大学后的普及与学生工作包括如下内容：

(1)为残疾学生及身体有缺陷学生提供职业援助，促进接受各阶段高等教育毕业生的劳动就业；

(2)各学术部门应为各少数群体(少数民族、少数文化、残疾人等等)创造各种机会；

(3)承认任何社会群体、任何年龄群体享有高等教育的必要性；

(4)采用新的教学工艺与技术以满足社会不同群体的学习需要(特别是残疾学生)；

(5)对残疾学生及身体有缺陷学生实施远距离教学；

(6)采用个别教学原则。

拥有普通使命的教育机构在对残疾学生进行教学时应当扩大自己的社会职能，不仅要完成职业——教育任务，而且还要完成残疾人的康复任务，尤其要突出教育——康复的教育制度。

给残疾人、身体有缺陷者提供在现代大学学习的机会是非常有意义的，因为在大学他们形成了自己的知识体系与能力体系，这对他们未来从事职业工作非常有帮助。今天现代高等教育机构不仅是一个使人与社会具有人道主义因素的、固定的社会文化系统，而且也是一个促进人内部价值的形成、心灵健康发展和生存力生命力提高的社会文化系统，正常人需要接受高等教育，身体有缺陷者更需要接受高等教育。

### 3. 采取各种措施落实残疾人受教育权问题

为了落实残疾人受教育权问题，俄罗斯教育领域采取了许多措施。其中一条最重要的措施就是把残疾人的受教育权落实到大学自我审核评估指标体系中，共涉及七项重要指标，分别是：

(1)残疾学生及健康缺陷者的人数以及占全体学生的比例(学士、文凭专

家、硕士);

（2）改编过的高等教育大纲的总数量;

（3）残疾学生及健康缺陷学生总人数(学士、文凭专家);

（4）按改编后大纲学习的残疾学生及健康缺陷学生数(学士、文凭专家);

（5）硕士生当中残疾人及有健康缺陷的人总人数;

（6）按改编后培养大纲培养的学士、文凭专家当中残疾人及有健康缺陷的学生总数;

（7）学校残疾员工及有健康缺陷员工在接受高等教育上进行过业务提高的人员数以及占全体员工的比例(详见表12-2)。[11]

表 12-2　俄罗斯高校自我审核评估指标(2018 年 3 月 30 日修改通过)

| 序号 | 指标 | 测量单位 |
|---|---|---|
| …… | …… | 人数 |
| 6. | 残疾人及健康缺陷者的学习 | |
| 6.1 | 残疾学生及健康缺陷者的人数(含学士、文凭专家、硕士)以及占全体学生的比例(学士、文凭专家、硕士) | 人数/% |
| 6.2 | 改编过的高等教育大纲的总数量,其中: | 个 |
| 6.2.1 | 改编过的学士、文凭专家培养大纲的数量,其中: | 个 |
| | 1)针对盲人改编的教育大纲数量 | 个 |
| | 2)针对耳聋残疾人改编的教育大纲数量 | 个 |
| | 3)针对手脚残废残疾人改编的教育大纲数量 | 个 |
| | 4)针对有复杂缺陷残疾人(身体两处以上残疾)改编的教育大纲数量 | 个 |
| | 5)针对身体其他残疾改写的教育大纲数量 | 个 |
| 6.2.2 | 改编过的硕士教育大纲的数量 | 个 |
| | 1)针对盲人改编的教育大纲数量 | 个 |
| | 2)针对耳聋残疾人改编的教育大纲数量 | 个 |
| | 3)针对手脚残废残疾人改编的教育大纲数量 | 个 |
| | 4)针对身体其他部位残疾改编的教育大纲数量 | 个 |
| | 5)针对有复杂缺陷残疾人(身体两处以上部位残疾)改编的教育大纲数量 | 个 |

| 序号 | 指标 | 测量单位 |
|---|---|---|
| 6.3 | 残疾学生及健康缺陷学生总人数（学士、文凭专家），其中： | 人数 |
| 6.3.1 | 面授学习（全日制），其中： | 人数 |
|  | 1）失明学生数 | 人数 |
|  | 2）失听学生数 | 人数 |
|  | 3）手脚残废学生数 | 人数 |
|  | 4）身体其他部位残疾学生数 | 人数 |
|  | 5）有复杂缺陷残疾学生数（身体有两处以上部位残疾） | 人数 |
| 6.3.2 | 函授——面授结合式学习，其中： | 人数 |
|  | 1）失明学生数 | 人数 |
|  | 2）失听学生数 | 人数 |
|  | 3）手脚残废学生数 | 人数 |
|  | 4）身体其他部位残疾学生数 | 人数 |
|  | 5）有复杂缺陷残疾学生数（身体有两处以上部位残疾） | 人数 |
| 6.3.3 | 函授学习，其中： | 人数 |
|  | 1）失明学生数 | 人数 |
|  | 2）失听学生数 | 人数 |
|  | 3）手脚残废学生数 | 人数 |
|  | 4）身体其他部位残疾学生数 | 人数 |
|  | 5）有复杂缺陷残疾学生数（身体有两处以上部位残疾） | 人数 |
| 6.4 | 按改编后大纲学习的残疾学生及健康缺陷学生数（学士、文凭专家），其中： | 人数 |
| 6.4.1 | 面授学习（全日制），其中： | 人数 |
|  | 1）失明学生数 | 人数 |
|  | 2）失听学生数 | 人数 |
|  | 3）手脚残废学生数 | 人数 |
|  | 4）身体其他部位残疾学生数 | 人数 |

续表 12 - 2

| 序号 | 指标 | 测量单位 |
|---|---|---|
| | 5)有复杂缺陷残疾学生数(身体有两处以上部位残疾) | 人数 |
| 6.4.2 | 函授——面授结合式学习,其中: | 人数 |
| | 1)失明学生数 | 人数 |
| | 2)失听学生数 | 人数 |
| | 3)手脚残废学生数 | 人数 |
| | 4)身体其他部位残疾学生数 | 人数 |
| | 5)有复杂缺陷残疾学生数(身体有两处以上部位残疾) | 人数 |
| 6.4.3 | 函授学习,其中: | 人数 |
| | 1)失明学生数 | 人数 |
| | 2)失听学生数 | 人数 |
| | 3)手脚残废学生数 | 人数 |
| | 4)身体其他部位残疾学生数 | 人数 |
| | 5)有复杂缺陷残疾学生数(身体有两处以上部位残疾) | 人数 |
| 6.5 | 硕士生当中残疾人及有健康缺陷的人总人数,其中: | 人数 |
| 6.5.1 | 面授学习(全日制),其中: | 人数 |
| | 1)失明学生数 | 人数 |
| | 2)失听学生数 | 人数 |
| | 3)手脚残废学生数 | 人数 |
| | 4)身体其他部位残疾学生数 | 人数 |
| | 5)有复杂缺陷残疾学生数(身体有两处以上部位残疾) | 人数 |
| 6.5.2 | 面授——函授结合式学习,其中: | 人数 |
| | 1)失明学生数 | 人数 |
| | 2)失听学生数 | 人数 |
| | 3)手脚残废学生数 | 人数 |
| | 4)身体其他部位残疾学生数 | 人数 |
| | 5)有复杂缺陷残疾学生数(身体有两处以上部位残疾) | 人数 |
| 6.5.3 | 函授学习,其中: | 人数 |

| 序号 | 指标 | 测量单位 |
|---|---|---|
| | 1）失明学生数 | 人数 |
| | 2）失听学生数 | 人数 |
| | 3）手脚残废学生数 | 人数 |
| | 4）身体其他部位残疾学生数 | 人数 |
| | 5）有复杂缺陷残疾学生数（身体有两处以上部位残疾） | 人数 |
| 6.6 | 按改编后培养大纲培养的学士、文凭专家当中残疾人及有健康缺陷的学生总数，其中： | 人数 |
| 6.6.1 | 面授学习（全日制），其中： | 人数 |
| | 1）失明学生数 | 人数 |
| | 2）失听学生数 | 人数 |
| | 3）手脚残废学生数 | 人数 |
| | 4）身体其他部位残疾学生数 | 人数 |
| | 5）有复杂缺陷残疾学生数（身体有两处以上部位残疾） | 人数 |
| 6.6.2 | 面授－函授结合式学习，其中： | 人数 |
| | 1）失明学生数 | 人数 |
| | 2）失听学生数 | 人数 |
| | 3）手脚残废学生数 | 人数 |
| | 4）身体其他部位残疾学生数 | 人数 |
| | 5）有复杂缺陷残疾学生数（身体有两处以上部位残疾） | 人数 |
| 6.6.3 | 函授学习，其中 | 人数 |
| | 1）失明学生数 | 人数 |
| | 2）失听学生数 | 人数 |
| | 3）手脚残废学生数 | 人数 |
| | 4）身体其他部位残疾学生数 | 人数 |
| | 5）有复杂缺陷残疾学生数（身体有两处以上部位残疾） | 人数 |

| 序号 | 指标 | 测量单位 |
|------|------|----------|
| 6.7 | 学校残疾员工及有健康缺陷员工在接受高等教育上进行过业务提高的人员数以及占全体员工的比例，其中： | 人数/% |
| 6.7.1 | 残疾教师及有健康缺陷教师在接受高等教育上进行过业务提高的人员数以及占全体教师的比例 | 人数/% |
| 6.7.2 | 残疾教辅人员及有健康缺陷教辅人员在接受高等教育上进行过业务提高的人员数以及占全体教辅人员的比例 | 人数/% |

（资料来源：http://ivo.garant.ru/#/document/70581476/paragraph/416;0）

以上指标完成数量越多，则评估分值越高。这就从根本上解决了大学不愿录取残疾人或录取了但不为他们的学习创造条件等问题。此外，为落实残疾人受教育权俄罗斯针对残疾人教育过程的组织还采取了以下措施：

一是对残障学生实行包容性教育。包容性教育就是根据特殊需求及个人潜质的不同，为所有学生平等地接受教育创造条件。

二是为残疾人研制教学工艺方法。包括为残障人员制定了改编的教育大纲、为残障学生专门制定了经过改编的模块课程以及为残疾学生制定个人教学计划。这种教育大纲是根据残障人员的心理发展特征及个人潜质专为健康缺陷者及残疾人设计的，并纠正他们已经遭到损害的发展，使他们能够适应社会生活，是一套教学方法论文献，规定了残障学生所在培养方向（专业）的教学内容以及残障学生及毕业生的培养质量评估与组织程序。而模块课程的目的就是要把课程内容难度降低至最低程度，在培养残障学生所必需的专长时消除因健康缺陷而带来的影响，对他们的学习能力和交际能力进行个体化校正，促使他们更快地掌握教育大纲内容和更快地适应社会和职业。残障学生个人教学计划是建立在教学内容个性化基础上的，并根据具体某个学生的特点与教育需求拟定教学计划，确保残障学生对教育大纲的掌握。

三是为残障学生制定了个人康复计划与训练计划，这是由政府机关制定的、专门针对残疾人的一套社会医疗康复措施，包括了对残疾人实施医疗、落实职业的种类、方式、期限与程序等，还包括了对残疾人机体功能损坏或消失的恢复与补救措施以及残疾人某些活动能力的恢复与补救。

四是为残障学生成立"心理—医疗—教育委员会"。这是一个教育系统的机构，其作用是对拒绝发展的或者拒绝进入大学学习的 18 岁以下儿童实行诊断咨询与教育纠正。该机构的目的就是根据诊断结果和医疗条件对拒绝发展的

18 岁以下儿童接受高等教育与医疗服务提供帮助。该机构的成员包括教育心理学家、社会心理学家、残疾儿童教师、言语矫正专家、社会教师、医学专家、法学专家及医疗记录员等。

五是建立残疾人教育心理陪伴制度。

六是建立配套的职业适应、社会文化适应、心理适应信息保障制度。

七是为残疾人工作培养教育人才。

总之，俄罗斯教育系统面临的任务就是达成残疾人普通教育与职业教育新的教育质量目的。如果不完善教育制度，不制定残疾人教育过程的配套保障措施要形成相应的残疾人教育复权环境那是不可能的。为此，俄罗斯教育界提出了残疾人继续教育思想，制定了许多保障残疾人受教育权的法律规章与受教育权的落实措施，形成了理念—法制—措施的保障机制。

借鉴俄罗斯的做法，我国党和政府历来重视残疾人教育事业。截至 2017 年，我国残疾人高等教育院校已达 22 所，全部为公办院校，分布在 16 个省市和直辖市。[12]初步形成了多专业、多层次、多类型协调发展的残疾人高等教育体系。

我国对残疾人受教育权的立法和司法保障，除了履行国际公约外，也制订了一系列相关的国内法律法规，如《宪法》《义务教育法》（2015 年）、《高等教育法》（2015 年）、《职业教育法》（1996 年）、《残疾人保障法》（2008 年）、《残疾人教育条例》（2018）等。总体而言，无论是《宪法》的一般性规定还是专门法律法规中的具体条例，侧重点大多在残疾人平等受教育权方面，而对于人权模式下残疾人接受包容性教育的相关规定涉及较少。[13]首先，这些政策法规还比较粗放，都还没有对残疾人高等教育进行详细的规定。对教学条件、教学设备、教学质量评估、残疾人大学生的康复训练、康复服务等机制没有更加细致的要求，这些关键性标准亟待进一步明确。[14]其次，虽然我国残疾人受教育权有法可依，但执法不严，大学拒绝招收残疾学生的状况时有发生。更何况，我国没有针对残疾人受教育权保障的有关法令制定配套的制度，更没有像俄罗斯那样制定专门的落实措施，如为残疾人改编教育大纲、降低课程难度，把接收残疾学生多寡及残疾学生学习条件好坏纳入高等教育自我审核指标体系中。第三，我国针对残疾人教育的理念缺失，还未形成理念—法制—措施保障机制。俄罗斯在残疾人教育领域形成了九大教育理念，这是非常值得我们借鉴的，尤其要借鉴其人文化、人道化教育理念和受教育权保障机制。

### （四）俄罗斯大学教育人文化途径之四：大力开展人文学研究

1994 年 9 月，俄政府"为了进一步支持人文科学的发展，扩大已取得人文教育成就及传播经验，为复兴祖国人文科学传统，保持人文领域现有的世界性地位"，批准建立了俄罗斯人文科学基金会，以加强人文科学的研究。由此，各大学持续跟进，大力开展人文社会科学研究。

以北奥塞梯大学为例，北奥塞梯大学 85 周年诞辰之际该校人文教育中心工作人员筹备出版学术著作集《人文社会研究》，由 A. A. 马戈灭托夫教授任主编，其内容反映了各教研室基本的学术动向。该中心教师积极参与资助竞争及各类联邦规划的制定。由年轻博士 A. Ю. 佩洛古罗维领导的心理学教研室取得了最大成就，教研室所研究的问题《民族地区教育系统个性发展的教育心理特征》被列入俄罗斯教育科学院南院 2004—2007 年的研究计划中。A. Ю. 佩洛古罗夫的研究项目《俄罗斯教育现代化战略中的民族地区因素》获俄罗斯国家科学基金资助。2004—2005 年该教研室工作人员与莫斯科大学心理教研室合作共同开展《恐怖主义活动给人造成痛苦的心理阴影》研究，2005—2007 年又开始了《大学教育前提下经济工作者培养的教育心理附带现象》研究。哲学教研室主任 T. П. 罗拉耶夫教授课题《时间、永恒性与无限性问题》获俄罗斯国家科学基金资助，而《物质自组织成因》获得俄罗斯联邦研究基金资助。罗拉耶夫教授共发表 30 余篇有关时空方面的论文及宇宙方面的哲学论文。圣·彼得堡人文工会大学确定了一个重要的研究主题，即"作为俄罗斯改革因素之一的人文文化"，并把这一课题列入 2000 年前综合研究规划中，在此框架下组建两个研究集体，一个研究《文化权力宣言》，另一个研究《人文教育观》。

大家都知道世界上存在着一个由国际社会通过的《人权宣言》，而《文化权力宣言》至今尚未出台。这一提议是由该校名誉博士季米特里·谢尔盖耶维奇·李哈切夫第一个提出，他设计了《文化权力宣言》方案。彼得堡政府在他所做工作基础上成立了专门委员会。之后这个方案以俄罗斯政府名义提交给联合国教科文组织后并为其所采纳(《世界文化多样性宣言》于 2001 年 11 月 2 日在巴黎通过)。总之，这份文件变成了具有国际意义的文件，并成为加强文化权力的基础并在保护文化遗产方面起着重要作用。对俄罗斯乃至世界而言，《文化权力宣言》是一个巨大的科研领域，他们发表了一系列重要文章，归纳了所有国际国内有关文化问题的文献。该校法律系、文化系及几个教研室正在致力于这方面的工作，还吸收了实践方面的主要专家参与此项工作，本校学生可根据现代科学材料学习这方面的知识。

教育学教研室通过研究生教育、博士生教育及学位申请制度进行人才培养。最近两年有 3 人通过博士论文答辩，18 人通过副博士论文答辩，该教研室的学术成果占了 40%，并且有 5 名博士，他们负责对答辩进行评论，对外撰写博士论文评语，并作为正式评论员公开演说。他们还是该地区其他高校的答辩委员会成员。其科研成果不仅被大学运用到教学过程中，也被该共和国的许多中学采用且教研室的工作人员在这些学校里召开圆桌会议、开展咨询及班级能手"竞赛"，该中心的学者们积极参与国际性的、地区性的及全俄学术大会。最近3年来该中心工作人员发表了近500篇文章，24部专著，该中心的未来愿景是在研究生教育中开办新的专业——民族学和政治学。此外，该中心还组织大学生人文学科研工作，其工作在每年的《科学日》中加以总结。除了阶段性的会议以外，许多教研室还组织奥林匹克竞赛、举办圆桌会议及各类业务竞赛活动。该中心的教师们利用哲学、心理学、教育学、文化学等教育资源积极参与大学生培养工作，以形成大学生科学的世界观及道德行为文化。除此之外，该中心还组织工作人员对各系(部)进行监督工作，组织与创造型的科学精英及政治精英会面，在幼儿园、"爱心"孤老院开展大学生慈善活动。俄罗斯已加入波罗尼亚进程，这是建立统一的欧洲教育空间的一个重要方面，因此，摆在该中心面前有四大任务需要完成。一是要革新人文教育的内容与结构；二是要充分利用当代信息教育技术和质量监控机制；三是要使教学过程与培养过程一体化；四是要保持人文学科及社会经济学科必要的教师资源。

## 参考文献

[1] Добрускин М. Е. Гуманизация как стратегия высшего образования[J]. Философия и общество, 2005(3)：55 - 67

[2] ИванцеваT. Гуманитаризация образования в информационном обществе[J]. Высшее образование в России, 2005(4)：104 - 107

[3] Ильин В. В . Образование в XXI веке [J]. Высшее образование в России, 2004 (1)：168

[4] ИванцеваT. Гуманитаризация образования в информационном обществе[J]. Высшее образование в России, 2005(4)：104 - 107

[5] 梅汉成. 俄罗斯高等学校大力推行通识教育[J]. 中国大学教学, 2007(7)：91 - 93

[6] 刘玉霞. 论俄罗斯高等教育的个性化和人文化改革[J]. 黑龙江高教研究, 2007(1)：29 - 31

[7] 刘永春. 俄罗斯对孤残儿童教育的人道化[J]. 比较教育研究, 1996(4)：56

[8] Доступность высшего образования для лиц с ограниченными возможностями здоровья и инвалидов в рамках инклюзии [EB/OL]. (2018 - 05 - 06). https：//e - koncept. ru/ 2016/76654. htm.

[9] Бобкова О. В. Обучение студентов - инвалидов и студентов с ограниченнымивозможностями здоровья：методические рекомендации для преподавателей МГПИ [M]. Мордов. гос. пед.

ин - т. - Саранск, 2017. 7 - 8.

［10］Федеральный закон от 29 декабря 2012 г. N 273 - ФЗ "Об образовании в Российской Федерации"［EB/OL］.（2018 - 05 - 06）. http：//ivo. garant. ru/#/document/ 70291362/paragraph/6095537：0

［11］Показатель деятельности образовательной организации высшего образования, подлежащейсамообследованию［EB/OL］.（2018 - 10 - 06）. http：//ivo. garant. ru/#/ document/70581476/paragraph/416：0

［12］张兴华, 张玉龙, 刘芳, 王朝荣. 新时代残疾人高等教育的新使命［J］. 中国高等教育, 2018（20）：24 - 26

［13］刘晓希. 残疾人受教育权法律保障机制研究［J］. 学术前沿, 2017（11）：122 - 125

［14］同［12］

# 第十三章

## 俄罗斯高等教育治理对我国的启示

### 一、俄罗斯大学治理改革对我国的启示

通过前面章节的研究与分析我们认为，俄罗斯高等教育治理变革是一种强制性制度变迁，欧洲高等教育一体化、欧洲大学参与式大学治理的推行以及"博罗尼亚进程"要求是其制度变迁的外在动因；高等教育现代化、国际化、体制转型以及世界一流大学建设的迫切要求是促使俄罗斯高等教育治理变革的内在原因。

当前，俄罗斯高等教育进入了一个全面的体制机制创新时代。在国家创新发展战略背景下，俄罗斯实施了国家干预下的新公共管理体制改革，改变大学法人地位，提高"自治机构"比例；调整结构布局，重新分类定位；推行"绩效型"组织文化，实施竞争拨款方式，优化资源配置；转变政府职能，提高管理绩效；完善法律调节机制，注重制度创新，从而实现了高等教育从结构到制度的创新发展。

俄罗斯国立大学正逐步从管理走向治理，其中构建新的治理体系是其主要内容，即建立观察委员会、理事会、学术委员会三者并立的大学治理机制。这种治理机制的优点是削弱了大学校长的权力，逐步使权力流向学术基层，避免了大学集权。

俄罗斯非国立大学享有高度自治权，其治理正在向协同治理模式转变，建立了校长负责制与各委员会协同配合的治理体制，形成了董事会、学术委员会决策，校长负责执行，监事会、国际咨询委员会对执行进行监督的工作机制，较好地解决了在国家监管弱化、大学高度自治情况下谁来监管大学及大学高效运行问题。在治理结构改革上权力分配明晰，体现了全员协同参与理念。

俄罗斯大学自治、学术自由已从理念向制度转变，大学自治制度、学术自

由制度是俄罗斯现代大学制度建设的根基。若没有大学自治制度作保障，大学章程也只能流于形式。

大学集权是大学校长及其职能部门的集权，是一种新的集权形式，俄罗斯大学治理结构变革时应尽量避免这种集权化，让各教学二级单位享有充分的自治权。

俄罗斯大学的治理特征在于：形成了中央、地方、大学、院系多个治理当局，这种治理结构较好地解决了长期以来困扰高校办学的集权、分权问题。

我国在中华人民共和国成立后，大学治理结构主要照搬苏联模式，而苏联模式又建立在对法国、德国模式的借鉴之上，因此我国大学治理模式或多或少有着欧洲传统大学治理模式的影子。如在外部治理结构方面，大学（主要指公立大学）与政府之间存在严重的依附关系，体现在办学权上，是以政府计划式模式为主；在管理权上，主要依靠行政手段、行政命令；而且大学与其他利益相关者之间的关系较为冷漠。在内部治理结构方面，表现为大学决策机构、执行机构、监督机构的权力失衡；校与院、系权力分配的不合理；学术权力和行政权力的失衡等。当前，我们应参照俄罗斯大学的一些做法，使"双一流"建设大学拥有更多的办学自主权，而且这些权力要流向学术基层，即给院系更多的办学自主权，力戒以校长为首的行政职能部门的集权。

## 二、俄罗斯大学学术委员会章程对我国大学学术委员会章程建设的借鉴与启示

### （一）学术委员会章程应由专门的法律委员会起草

历年来我国大学学术委员会章程大都没有明确专门的机构起草，有的是校办起草，有的是发展规划处起草，这就显得很不专业，章程的法律特性及属性不够。反观俄罗斯大学学术委员会章程，由"四委"中的法律专门委员会起草。从喀山大学学术委员会之法律委员会人员构成看，委员中有法律专业教授，有各学科、专业代表，集思广益，保障了章程内容的全面性，有法律专业人士参与，使得章程的法律属性更加凸显，而且章程第三章第九条第二款明确规定，法律委员会"拟定学术委员会章程草案"，这就使得章程的制定具有正式性和权威性。因此我国大学学术委员会章程的制定应由专门的法律委员会执行，哪怕是成立章程起草临时委员会亦可。

### （二）我国大学学术委员会章程中应明确设立专业委员会

俄罗斯大学在学术委员会章程中设置了四个专业委员会，且这"四委"是常

务委员会,并明确了各委的职责与分工,对学术委员会工作负责。其委员任职资格、任期、选举及职责等进行了详细的规定,并且具体学术事务都由各专业委员会针对各领域具体实施。反观我国大学学术委员会章程,有的大学设置了专业委员会,如湖南大学 09 版学术委员会章程第二章第五条明确指出:"校学术委员会设学术评价与发展委员会、学位评定委员会、教学委员会、学风与学术道德建设委员会等专门委员会"[1],但大部分院校没有设置专门委员会,有的设置了学部学术委员会,如湖南大学、复旦大学、河南大学等,但学部学术委员会是介于校学术委员会与院学术委员会之间的机构,其工作内容很多与学院分学术委员会雷同,而且还多了一个环节,不利于工作效率的提高。

我国教育部于 2014 年 3 月出台了《高等学校学术委员会规程》,其目的是对乱象丛生的各大学学术委员会章程进行规范。其中第二章第十一条明确规定,"学术委员会可以就学科建设、教师聘任、教学指导、科学研究、学术道德等事项设立若干专门委员会,具体承担相关职责和学术事务。"[2]因此,我国高等学校学术委员会应下设专业委员会。除了设置学位评定、教学指导、教师聘任、科学研究、学术道德等委员会外,还应设置法律委员会,以便对我国大学遵守国家法律、大学章程及学术委员会决议的执行情况实施监督,对大学结构改革提案、特别是教学院部改革提案进行审查,对各部门的条例草案以及学校对外合作办学及需要签订的合同进行法律预审。

### (三)章程要体现教授治学原则

教师是大学的主体,教授是教师中的佼佼者,是教师的代表,也是一所大学学术成就的代表及智慧的象征。教授们常年工作在教学和科研第一线,对教学及学术研究的方法、学科发展的规律和具体要求、人才梯队的建立等问题有更深入的了解和认识。因此,在人才培养、教学水平提高、学术发展、学科及梯队建设等方面,应该赋予教授们更多的决策权。这正是高校科学决策的客观要求,也是体现教授主体地位、实现民主管理的需要。世界高水平大学都十分重视教授在办学中的重要作用,使得教授治学成为当代世界大学治理结构的发展趋势。1976 年和 1985 年德国分别颁布和修改了《高等学校总纲法》,以法律形式确认了高校治理模式,保障了教授在学校各级管理机构中的话语权,尤其是在学术管理与决策方面具有决定性的影响力。德国实际形成了以教授为代表的教师群体与以校长为核心的行政人员对大学的"共治"模式,教授主要治学[3],实现了教授治校向教授治学的转变。美国大学的内部管理也正式演化为由大学各种利益相关者参与的"共同治校"格局,在共同治校的框架内,各利益群体分享着自己的"利益范围",董事会作重大决策,以校长为代表的行政人员强力控制学校整体运营，以教授为代表的教师群体在学术事务上享有话事权[4]。当前，我国大学基本形成了"党委领导、校长负责、教授治学、民主管理、依法治校"的治理机制。针对教授治学，《高等学校学术委员会规程》专门指出，"担任学校及职能部门党政领导职务的委员，不超过委员总人数的1/4；不担任党政领导职务及院系主要负责人的专任教授，不少于委员总人数的1/2"[6]。但在实际操作过程中，基本上都是职能部门领导及各学院院长担任学术委员会委员，俄罗斯与我国存在类似的问题，这是两国需要共同解决的。

实现学术权力和行政权力的相对分离，才能更好地建设中国特色现代大学制度，促进我国高等教育事业的蓬勃发展。因此，各大学在制定本校学术委员会章程中一定要使一线教授达到规定人数，真正体现教授治学原则。

### （四）章程要体现程序正义原则

程序正义是法治社会的根本标志，学术委员会审查制度无疑应按程序正义来进行设计。如果没有严密的程序制约主体的审查活动，主观能动性的发挥有可能误入主观随意性的歧途。纯粹的程序正义可用游戏来说明，只要游戏规则不偏向某一方且被严格遵守，那么，无论结果如何都应该被认为是公正的。比如，运动员和裁判员只要没违反比赛规则，那么，双方队员就应该接受比赛的胜负结果，而不能怀疑这个结果的公正性。同样，在委员审查前，孰之优劣是不确定的，但只要大学都承认审查程序的公正性，并严格按程序走完审查的全过程（如阅读审查材料、评委名单保密、发表审查意见、进行无记名投票），其结果的公正性就不容置疑。就是说，如果没有公平的程序而仅有评审标准，不一定得到正义的结果，但只要严格遵守正当程序，结果就被视为是合乎正义。因此，遵守程序规则是得出公正审查结论的必要条件。喀山大学学术委员会章程第五章和第六章分别为"学术委员会会议召开程序"和"投票及决议通过程序"，共50条（见表四、表五），充分体现了程序正义原则，而我国大学学术委员会章程中没有这么多的规定，加之我国各种社会关系更加复杂，对程序的规定还要更细、更全，这是非常值得我们借鉴的。

## 三、俄罗斯大学人文教育范式对我国的启示

俄罗斯高等教育改革的显著特点是：确定教育的优先发展地位，教育市场化，教育私有化，教育的多样化，教育个性化、人道化和人文化，这些改革给俄罗斯高等教育带来新的生机和活力，而这些改革的主要推力在于政府。1992年，俄罗斯联邦制订了《俄罗斯联邦教育法》，该法案奠定了俄罗斯国家教育政

策的基础。《教育法》规定：教育要实行"人道主义""多元化"和"民主化"。教育内容应以保证个人的自我选择并为其实现创造条件，以发展公民社会、巩固和完善法治国家为最终目的。要使受教育者形成符合世界标准的教育程度和知识水平，养成符合世界标准的社会总的文化修养和职业修养水平，达到个性在世界文化和民族文化体系中一体化，培养出与现代社会相适应并以完善社会为己任的具有个性的公民，复兴和发展社会的人才。[6]教育个性化、人道化、人文化思想的提出，是俄罗斯教育观念上的一个重大转变。意识到教育的价值不仅仅是为了满足社会发展的需要，还在于人的自我实现和自我发展，这是一种个人本位的教育价值观念，也是高等教育人才培养范式改革的基本方向。

1992 年 3 月，俄联邦科学、高等学校与技术政策部高校委员会颁布《关于发展俄联邦高校中的人文教育的决定》，并成立了直属俄联邦政府的人文科学教育协调委员会。委员会由俄罗斯著名的文化活动家、学者担任成员，专门研讨规划人文科学在高校中的实施办法及重新培训原高校社会科学教研室教师的任务。1993 年 5 月，俄联邦高校委员会颁布《关于在俄罗斯联邦各高校建立人文科学教育中心的命令》，在俄罗斯境内的大学里建立 16 个人文科学教育校际中心。可以说，俄罗斯人文教育的发展是与俄政府的强力推行密不可分的。这对我国高等教育改革也有很好的借鉴意义。我国高教界在 20 个世纪 90 年代对大学实施人文素质教育展开过热烈讨论。文辅相教授曾把我国高等教育的特征概括为"四过"，即过重的功利导向、过窄的专业教育、过强的共性制约、过弱的文化陶冶。时至今日，这些问题仍然存在，未得到完全解决。而且，还增加了"两过"，即过多的技术教育，过少的人文培育。虽然各大学人才培养方案都设有通识课程，但这些通识课程通识性并不强，新出台的《普通高等学校本科专业类教学质量国家标准》也有通识课要求，但不像俄罗斯高等教育国家标准那样规定得详细，因此，我国大学文化素质教育要想取得满意效果，国家层面必须做好顶层设计并由国家强力推行。关于人文教育的意义与价值，张汝伦认为："人文教育是通过文史哲的学习，通过对人类千百年积累下来的精神成果的吸纳和认同，使学生有独立的人格意志、有丰富的想象力和创造力、有健全的判断能力和价值取向、有高尚的趣味和情操、有良好的修养和同情心，对个人、家庭、国家、天下有一种责任感，对人类的命运有一种担待。"耶鲁大学莱文校长也指出，本科生经历的核心是通识教育，它培养学生批判性独立思考的能力，为终身学习打下基础。我国大学教育要实现此种意义与价值，还有很长的路要走。

## 四、俄罗斯世界一流大学建设对我国"双一流" 建设的启示

俄罗斯世界一流大学建设起源于 2012 年 5 月 7 日 "5top – 100 工程"的实施。该项目的目的就是要提高俄罗斯大学教育的声望,让参与该项目的大学起码有 5 所在世界三大排名系统中进入前 100 强。

我国大学也在进行世界一流大学建设。2017 年 1 月,经国务院批准同意,教育部、财政部、国家发展和改革委员会印发《统筹推进世界一流大学和一流学科建设实施办法(暂行)》;9 月 21 日,教育部、财政部、国家发展和改革委员会联合发布《关于公布世界一流大学和一流学科建设高校及建设学科名单的通知》,正式公布世界一流大学和一流学科建设高校及建设学科名单,首批"双一流"建设高校共计 137 所,其中世界一流大学建设高校 42 所(A 类 36 所,B 类 6 所),世界一流学科建设高校 95 所;双一流建设学科共计 465 个(其中自定学科 44 个)。到 2020 年,若干所大学和一批学科进入世界一流行列,若干学科进入世界一流学科前列;到 2030 年,更多的大学和学科进入世界一流行列,若干所大学进入世界一流大学前列,一批学科进入世界一流学科前列,高等教育整体实力显著提升;到 21 世纪中叶,一流大学和一流学科的数量和实力进入世界前列,基本建成高等教育强国。而要实现上述目标,就必须有强有力的措施。当前俄罗斯世界一流大学建设的一些做法值得我们学习与借鉴,一是要参照俄罗斯三所大学的做法,推行参与式大学治理。二是对系与教研室工作效率实施评价,系、教研室及研究中心都应在专门委员会参与评估情况下对本单位工作进行全面评价。考察时间每隔 4 ~ 5 年进行一次。评价标准取决于每所大学的优先发展方面,如大学是否把足够的力量用于提高教学质量与教学效率上,是否强烈追求改善国际排名状况等。三是对现职普通教师、副教授、教授工作效率实施评价。为了提高现有教师参与学校管理的积极性,"双一流"建设大学应要求每一位教学人员每三年就要对自己的工作进行评价(对讲师和副教授第二年就要进行一次自评)。四是把教师分成研究类和教学类。研究型教师教学量要少一些,教学型教师教学量要大一些,而且主要为本科生授课。通过这样一些措施提高教职员工参与高校管理的积极性,变被动参与为主动参与,从而形成"绩效型"组织文化。

## 参考文献

[1] 湖南大学学术委员会章程[EB/OL].(2012 – 11 – 28). http://english. hnu. cn/index.

php？option＝com_content&view＝article&id＝193：2012－11－28－14－56－28&catid＝
87：2012－11－24－13－25－53&Itemid＝170

［2］高等学校学术委员会规程［EB/OL］. （2014－05－08）. http：//baike. baidu. com/view/
12126987. htm. fr＝aladdin

［3］荀朝莉. 大学治理模式的理性思辨：教授治校与教授治学［J］. 国家教育行政学院学报，
2013（4）：11

［4］同［3］

［5］同［2］

［6］吴式颖. 外国教育史教程［M］. 北京：人民教育出版社，2002.

# 结　语

　　从 20 世纪 80 年代开始西方国家乃至全世界范围内兴起了一股公共行政改革浪潮，即推行新公共管理模式，这种新公共管理模式的核心要素就是治理。在我国，习近平总书记在许多场合特别是在中共十九大四次全会上专门提出要推进国家治理体系与治理能力现代化。相信我国高校也会对治理体系进行改革。

　　俄罗斯正在积极探索高等教育领域的治理变革。其治理变革的总体思路是：在外部治理结构上国家对大学的控制逐步弱化，将权力逐步下放至地方与高校，并从苏联时期全能型政府全方位控制高等教育的传统治理模式转变为政府—市场—社会—大学四元分化与互补的现代治理模式。政府职能发生转变，从对大学的直接全方位控制到对大学的宏观调控，市场、社会力量参与大学治理得以扩大，大学自治从理念向实践转变，大学获得了一定的学术、行政和财经自主权。在内部治理结构方面实行一长制与委员会制、大学自治与国家社会控制相结合的策略。具体而言，在国立大学内部建立起了"观察委员会"（наблюдательный совет）、"监事会"（попечительский совет）和"学术委员会"（учёный совет）三委管理大学的治理结构。这种治理结构有其优越性，一是可以解决在政府控制弱化、大学自主权不断扩大的情况下谁来监管大学的问题，二是可以避免以校长为首的大学行政当局的集权，三是贯彻了一长制与委员会制的结合。但这种管理体制仍然存在一些问题，如苏联时期高校管理的惯性还在持续，校长仍然有很强的集权意愿，高校组织文化错位，"绩效型"组织文化未占主导地位，大学的组织文化仍然带有氏族制和官僚制特性，而且"三委"的权力划分在实际运行过程中模糊不清，这就使得大学管理效率低下。2014 年俄罗斯教育部长季米特里·伊凡诺夫指出，2000 年以来俄罗斯对高等教育的投入增长了近 20 倍，但教育质量并没有得到相应提高，原因之一就是陈旧的高等教育管理体制在阻碍，从而导致俄罗斯在世界一流大学建设中处于落后地位。为此，俄罗斯掀起了新一轮大学治理改革试点，其改革的目的，一是要继续深化大学治理体制改革，实现"5top—100"工程规定的任务，即在 2020 年前，有 5 所大学进入世界前 100 强，目前在三所研究型大学推行"参与式大学治理"改革试点，其目的是推进"绩效型"组织文化建设，调动广大师生员工的积极性，发扬师生员工的主人翁意识，平衡校长与教授群体的权力，预计在 5~7 年内完成。二是为了实现"知识经济"和"创新型经济"目标，要对高等教育的范式实施变革，这种范式变革主要围绕如何提高学生培养质量、如何培养创新型人才，高等学校如何适应创新型社会发展而展开的。范式具有很强的规约作用，从现代大学制度建设看，它应是现代大学制度建设的核心部分，高等教育范式转换是一场真正的革命，是真正的创新，它涉及俄罗斯高等教育的灵魂。

当前，我国正大力推行国家治理体系与治理能力现代化，显然，我国高等教育积极推行治理体系与治理能力现代化是题中应有之义。俄罗斯既是高等教育大国，也是高等教育强国，其治理经验与得失对完善我国高等教育治理体系，推进我国高等教育治理体系与治理能力现代化具有一定的借鉴意义。

作 者

2019 年 12 月

**图书在版编目(CIP)数据**

俄罗斯高等教育治理研究／王恩华主编. —长沙：
中南大学出版社，2020.10
　ISBN 978 – 7 – 5487 – 4206 – 7

　Ⅰ.①俄… Ⅱ.①王… Ⅲ.①高等教育－教育管理－
研究－俄罗斯 Ⅳ.①G649.512

中国版本图书馆 CIP 数据核字(2020)第 189605 号

## 俄罗斯高等教育治理研究
**ELUOSI GAODENG JIAOYU ZHILI YANJIU**

主编　王恩华

| | | |
|---|---|---|
| □责任编辑 | 周兴武 | |
| □责任印制 | 周　颖 | |
| □出版发行 | 中南大学出版社 | |
| | 社址：长沙市麓山南路 | 邮编：410083 |
| | 发行科电话：0731 – 88876770 | 传真：0731 – 88710482 |
| □印　　装 | 湖南蓝盾彩色印务有限公司 | |

| | | | | |
|---|---|---|---|---|
| □开　　本 | 710 mm×1000 mm 1/16 | □印张 13.25 | □字数 249 千字 |
| □版　　次 | 2020 年 10 月第 1 版 | □2020 年 10 月第 1 次印刷 | |
| □书　　号 | ISBN 978 – 7 – 5487 – 4206 – 7 | | |
| □定　　价 | 78.00 元 | | |